AMÉRICA LATINA NA ENCRUZILHADA GLOBAL

CLAUDIO KATZ

AMÉRICA LATINA NA ENCRUZILHADA GLOBAL

TRADUÇÃO:
MARIA ALMEIDA

1ª edição
Expressão Popular
São Paulo – 2024

Copyright © Claudio Katz
Copyright © 2024, by Editora Expressão Popular Ltda.

Traduzido de: Katz, Claudio. *América Latina em la encrucijada global*. Ciudad Autónoma de Buenos Aires; La Habana: Batalla de Ideas; Editorial de Ciencias Sociales, 2024.

Produção editorial: *Lia Urbini*
Tradução: *Maria Almeida*
Revisão da tradução: *Lia Urbini*
Preparação de texto: *Marcos Visnadi*
Revisão: *Miguel Yoshida*
Projeto gráfico e diagramação: *ZapDesign*
Capa: *Felipe Canova*
Impressão e acabamento: *Printi*

Dados Internacionais de Catalogação na Publicação (CIP)

K19a   Katz, Claudio

América Latina na encruzilhada global / Claudio Katz ; traduzido por Maria Almeida. – São Paulo : Expressão Popular, 2024.
384 p.

Título original: América Latina en la encrucijada global

ISBN: 978-65-5891-148-7

1. Geopolítica - América Latina. I. Almeida, Maria. II. Título.

CDD: 320.9
CDU: 327

André Felipe de Moraes Queiroz – Bibliotecário – CRB-4/2242

Todos os direitos reservados.
Nenhuma parte deste livro pode ser utilizada ou reproduzida sem a autorização da editora.

1ª edição: setembro de 2024

EDITORA EXPRESSÃO POPULAR
Alameda Nothmann, 806 – Campos Elíseos
CEP 01216-001 – São Paulo – SP
atendimento@expressaopopular.com.br
www.expressaopopular.com.br
🅵 ed.expressaopopular
🅾 editoraexpressaopopular

SUMÁRIO

Introdução 9

PARTE I

1. Auge e declínio da Doutrina Monroe 21
   A estreia imperialista 22
   Decolagem econômica na região...25
   Afastamento da Espanha e da Inglaterra 27
   Consolidação político-militar...29
   Uma doutrina duradoura, mas ineficaz...31
   Impotência diante do novo rival 32
   Recuo ideológico 35
   Sem fórmulas para dominar...37

2. Os Estados Unidos improvisam diante da Rota da Seda 41
   Fracassos diante do surpreendente desafiante 42
   A contraofensiva fracassada 45
   A Rota da Seda na região 49
   A inconsistência do "América Cresce" 51
   Retrato de um grande desconcerto 53
   O recurso militar subjacente...55
   Sanções contra a Rússia para afastar a China..58
   O persistente assédio à Alba...60
   Compromissos e indefinições 63
   Os atoleiros na vizinhança 65

3. As multiplicidades da China na América Latina.............................67
   Astúcia geopolítica...68
   Negócios sem apoio militar 70
   Denúncias habituais, questionamentos hipócritas 73
   Sem agressões, mas em detrimento da região..75
   Uma diferenciação essencial 77
   Encruzilhadas com a China...80
   Lições da Parceria Econômica Regional Abrangente (RCEP).............84
   Outros tipos de acordos 86

PARTE II

4. A confusão do neoliberalismo 91
    Fantasias do bom servidor 92
    O mito da latinização 94
    Dilemas diante de dois poderosos 97
    Sequências de adversidades 100
    Receituário de frustrações 104
    Contrastes históricos instrutivos 107
    Balcanização reciclada 111

5. O formato renovado da velha direita 117
    Perfis, crenças e posturas 118
    Adaptações na Europa 121
    A centralidade do trumpismo 123
    Singularidades latino-americanas 125
    Nova cruzada com primazia do Norte 127
    O golpismo recarregado 129

6. Fascismo, populismo ou ultradireita? 131
    Formas passadas e contemporâneas 131
    Presença diferenciada na periferia 134
    Distinções básicas e acertadas 137
    A polissemia de um conceito 139

7. Investidas da ultradireita 143
    Uma aventura fracassada 143
    Mudança de cenário 145
    Implantação e fragilidades do bolsonarismo 147
    Golpismo frustrado na Bolívia 150
    A frustração da referência venezuelana 153
    Gestação na Argentina 156
    Estratégias e projetos 158
    Contradições e incógnitas 162
    O pesadelo dos mafiosos colombianos 164
    O pinochetismo dos novos tempos 167
    Os guardiões do fujimorismo 170
    Modelos em andamento e variantes em gestação 172
    Experiências contrapostas 175

PARTE III

8. Seis experiências do novo progressismo 183
    Inimigos de peso 183
    Colômbia nos inícios 186

Os riscos do retorno...189
Os pontos de interrogação sobre a economia 192
O retumbante fracasso na Argentina 194
Expectativa contínua no México 196
Frustração no Chile 200
Decepção no Peru 204
Polarização assimétrica 206

9. OS DILEMAS REGIONAIS DO PROGRESSISMO.........................209
O Mercosul será recomposto? 210
Debilidades estruturais...212
Fratura por dentro 215
Inconsistências em relação aos Estados Unidos................218
Divergências e evasões 220
Passividade em relação à China 222
Os matizes da Celac Social 225

PARTE IV

10. DISCUSSÕES NA ESQUERDA 233
Justificativas para o progressismo 233
Olhares complacentes...235
Problemas do "pós-progressismo"....................................237
México e Equador...239
Definições táticas no Brasil..242
Polêmicas na esquerda argentina.....................................244
Confirmação no Chile 246

11. TRÊS CAMINHOS NO EIXO ALTERNATIVO...........................249
O novo cenário da Venezuela...249
Desafogo econômico e repensar político..........................251
Propostas econômicas em disputa....................................255
Os questionamentos da esquerda......................................259
O teste da luta social..260
Analogias e diferenças com a Bolívia 262
Contrapontos na economia...265
As dualidades da Nicarágua...267
A esquerda diante da Nicarágua 270

12. PROEZAS E ENCRUZILHADAS DE CUBA 275
Adversidades econômicas...276
Dilemas inevitáveis 278
Avaliação dos protestos 280
Mutações na mesma estrutura 282

Debates e batalhas no exterior 285
O engano social-democrata 287
Emaranhados e contradições 288
Alternativas e humores 290

PARTE V

13. A NOVA RESISTÊNCIA POPULAR 297
Revoltas com efeito colateral..298
Vitórias de outro tipo...301
Três batalhas relevantes 304
Abordagens focadas na resistência 307
Comparações com outras regiões..309

14. INTEGRAÇÃO, SOBERANIA E SOCIALISMO 313
Negociar em bloco com a China...314
Outro cenário dos TLC...315
Negociações inovadoras e alternativas 318
Pluripolaridade versus multipolaridade...322
Repensar socialista...324

APÊNDICE

OS ENIGMAS DA ARGENTINA 329
Mitos reciclados..330
A remodelação agroexportadora 333
Desequilíbrios aumentados..334
Fracassos neoliberais e fracassos neodesenvolvimentistas..................336
Ajuste imediato com negócios posteriores.......................................339
Hegemonias fracassadas...341
Direitistas convencionais e extremistas...343
A decepção com o quinto peronismo..346
A crise do justicialismo 349
Os pilares da resistência 351
Empate social reciclado...354
Forças alternativas 356
Desfecho em aberto 357

REFERÊNCIAS 359

LISTA DE SIGLAS E ABREVIAÇÕES..379

INTRODUÇÃO

Na América Latina, está sendo travada uma importante batalha da nova guerra fria que os Estados Unidos promovem, em escala global, para recuperar sua primazia. A região recuperou relevância internacional porque se transformou em um butim disputado pelas grandes potências. Todas cobiçam seu imenso caudal de recursos naturais. A análise desse confronto é o primeiro objetivo deste livro.

Com 7% da população mundial, a América Latina tem entre 42% e 45% da água doce, a metade da biodiversidade e imensuráveis reservas de petróleo, gás e minerais. Além disso, abriga grande parte das matérias-primas mais demandadas no mercado mundial (lítio, fluorita, prata, rênio, estanho).

Essa variedade de insumos é muito requisitada nas cadeias globais de valor, e poucas áreas podem fornecer esses recursos na quantidade que a América Latina oferece. Por esse motivo, o manejo desse manancial é uma prioridade para Washington.

Tal controle seria coerente com o domínio que os Estados Unidos têm exercido sobre a região, um controle sem equivalência em outras partes do mundo. Desde que se constituiu como nação, o gigante do Norte trata a vizinhança como seu "quintal".

Com a Doutrina Monroe, o colosso do Norte transformou um princípio defensivo em um guia estratégico para afastar competidores e reforçar o domínio em seu "quintal". Utilizou esse critério para legitimar a ampliação territorial e impor o controle da América Central, a supremacia no Caribe e o monitoramento da América do Sul. Com base nessa doutrina, solapou a influência da Espanha e da Inglaterra e convalidou a primazia das empresas estadunidenses. O mesmo critério apoiou, durante a Guerra Fria, a cruzada anticomunista.

Este velho padrão reaparece no século XXI, mas com eficácia decrescente. Os Estados Unidos não conseguem dissuadir a presença chinesa nem os negócios asiáticos com as classes dominantes da América Latina. Também perdem importância o autoelogio, o apadrinhamento e a terminologia imperialista diante da dificuldade que Washington enfrenta para retomar sua dominação.

O pano de fundo dessa limitação é a perda da primazia econômica ante a presença avassaladora da China. A produtividade decrescente obstrui todas as iniciativas estadunidenses no terreno do livre-comércio e reduz o espectro de negócios factíveis com os parceiros regionais. A China, ao contrário, introduz aceleradamente a Rota da Seda na América Latina, sem nenhuma tradição de apropriações compulsivas.

A resposta mais recente da Casa Branca a esse desafio não tem a projeção da Área de Livre-Comércio das Américas (Alca) nem o suporte do Consenso de Washington. O fracasso da Cúpula das Américas em Los Angeles, em 2022, retratou com muita clareza essas limitações. Mas o Departamento de Estado não contempla qualquer retirada e reforça a presença do Pentágono. Também redobra a pressão para alinhar a região contra Moscou e Beijing, escalando agressões contra os governos radicais.

Na primeira parte do livro, analisamos como a China cumpre todas as etapas de sua planejada presença comercial, financeira e de investimentos na América Latina. O país demonstra grande astúcia para evitar confrontos com os Estados Unidos, ao mesmo tempo que acrescenta países à sua queda de braço com Taiwan; expande sua influência econômica sem correlatos militares e, ao contrário dos Estados Unidos, não atua como uma potência imperialista. Na nossa opinião, é imprevisível se alcançará ou não esse *status*.

Os acordos com a China geram maior dependência econômica, mas não submissão política da América Latina. Essa diferenciação é omitida quando se comparam as duas principais potências ou se presume que estão ligadas a um mesmo capital transnacional. Nossa visão propõe evitar a idealização da China para, assim, registrar a adversidade dos atuais tratados, mas estabelece uma categórica distinção entre ela e os Estados Unidos. Por isso, entendemos que, nesse terreno, a grande encruzilhada contrapõe a passividade predominante com estratégias de resistência a Washington e renegociação com Beijing.

Os Estados Unidos contam com dois aliados políticos para tentar a restauração de seu decrescente controle sobre a América Latina: os velhos neoliberais e os novos da ultradireita. O estudo desses posicionamentos é o segundo propósito deste livro.

Os neoliberais desenvolvem uma intensa campanha ideológica para exaltar as vantagens da subordinação a Washington. Com essa pregação, recriam as velhas fantasias de bom servo, ao lado de novos mitos de prosperidade latino-americana, ancorados no peso crescente dos imigrantes hispânicos. Essa dependência político-cultural com Washington imobiliza os principais grupos conservadores frente à crescente tentação de fazer negócios com Beijing.

No século XXI, o neoliberalismo repete as mesmas fórmulas de concentração agrária que, historicamente, distanciaram a região da industrialização estadunidense. Ignora completamente a influência da soberania política na trajetória histórica seguida por ambas as zonas de forma contraposta. Por isso, ignora o impacto da balcanização na vulnerabilidade latino-americana. O conservadorismo contemporâneo potencializa todas as adversidades legadas pelos seus antecessores, mas apresenta um novo perfil de extrema-direita que avaliaremos nos demais capítulos da segunda parte.

O principal propósito da direita latino-americana é o de submeter as sublevações populares e impedir o surgimento de um novo ciclo progressista. Com esse objetivo, repete todas as imposturas da demagogia punitiva e abjura os seus antecessores desenvolvimentistas, adotando posições de submissão a Washington. A direita não se apaziguou nem se modernizou em nenhuma parte da região. Ela disfarça o conservadorismo com mensagens de rebeldia e culpa as minorias desprotegidas pelos infortúnios gerados pelo capitalismo.

Para avaliar os contornos específicos dessas vertentes, apresentamos uma comparação com a direita europeia, que não consegue conciliar no Velho Mundo o discurso de soberania com o apoio ao euro e a subordinação à Organização do Tratado do Atlântico Norte (Otan). Enfatizamos que a liderança trumpista da onda reacionária internacional é coerente com o comando estadunidense do sistema imperialista.

Também distinguimos a ultradireita contemporânea do fascismo clássico, determinado por perigos revolucionários e guerras interimperialistas ausentes na atualidade. As atuais correntes de reação convergem com dinâmicas conservadoras mais tradicionais, mas num contexto de potencial recriação da violência em larga escala. Nosso estudo destaca que a sombra do fascismo persiste, como uma carta dos poderosos contra as revoltas populares.

No plano conceitual, salientamos que a noção de populismo não oferece uma caracterização esclarecedora do ressurgimento da direita, pois coloca no mesmo saco os expoentes e os opositores desse processo, dissolve a sua contraposição com a esquerda e obscurece os interesses sociais em jogo. Essa parte se encerra avaliando como a batalha contra a ultradireita – travada nas ruas e nas urnas – definirá o futuro da região. Analisamos por que razão somente a firmeza em ambos os terrenos nos permitiria derrotar um inimigo que pretende perpetuar a opressão política e a dependência econômica da América Latina.

Concluímos a segunda parte investigando as investidas e os limites enfrentados pelos grupos reacionários, começando com uma avaliação do bolsonarismo e suas bases no Exército, no agronegócio e nas igrejas evangélicas. Estudamos como fracassou na Bolívia um golpe racista que incluía uma grave chantagem de secessão territorial e a ligação desse resultado com as numerosas e frustradas conspirações perpetradas contra a Venezuela.

A ação da ultradireita é levada a cabo por diferentes figuras, que na Argentina procuram restabelecer uma agenda econômica agressiva, apoiada na repressão e na tutela judicial da política. Esses setores atuam na Colômbia em estreita sintonia com a estrutura paramilitar e vertentes semelhantes ressurgiram no Chile, com uma matriz pinochetista que recria a sustentação conservadora da ditadura. No Peru, apoiaram ativamente um golpe civil-militar, para perpetrar a sanguinária repressão aos protestos.

Pela importância regional e internacional apresentada pela tentativa da ultradireita na Argentina, acrescentamos ao livro um apêndice sobre esse país, no qual avaliamos a guerra contra o povo promovida por Javier Milei com seu projeto autoritário de neoliberalismo extremo. Analisamos as contradições desse atropelamento e investigamos a enigmática crise enfrentada por essa nação.

A terceira parte do livro examina a recente onda de governos progressistas, observando que essa sequência é mais generalizada e fragmentada do que a sua precedente da década anterior. No livro, avaliamos os problemas de seis experiências do novo ciclo. Analisamos como a pacificação que emerge na Colômbia é desafiada pela ultradireita e obstruída pela inviabilidade de um capitalismo inclusivo. Observamos que a renovada expectativa no Brasil se choca com a adaptação ao *establishment* e com a persistência de estratégias desmobilizadoras que frustraram as gestões anteriores.

Também registramos como a inação econômica potencializou a fulminante deterioração política do progressismo na Argentina e destacamos as consequências da quebra de promessas, do esvaziamento da Assembleia Constituinte e da aceitação do receituário dos poderosos no Chile. Essas mesmas limitações no Peru levaram a uma administração caótica, que evitou o apoio popular. Referimo-nos também à situação peculiar criada no México pela combinação de laços econômicos com os Estados Unidos, com maiores regulamentações estatais e gestos de autonomia.

No capítulo seguinte é analisada a posição do novo progressismo frente aos dilemas colocados pela integração regional. Avaliamos essas atitudes constatando seus projetos de reconstruir a União de Nações Sul-Americanas (Unasul) e a Comunidade de Estados Latino-Americanos e Caribenhos (Celac) e suas propostas para reativar o Mercado Comum do Sul (Mercosul). O Brasil apoia essa última iniciativa para equilibrar os negócios regionais da indústria com a expansão internacional do agronegócio. Mas destacamos também que a consistência dessa agenda é muito duvidosa devido à erosão sistemática da integração, imposta pela validação dos acordos de livre-comércio.

Essas inconsistências são aproveitadas pelo dominador estadunidense para obstruir qualquer tentativa de unidade regional. A primeira potência não oferece alternativas econômicas significativas ao projeto de integração zonal e limita-se a exigir a subordinação da região às suas prioridades. Perante a pressão, o progressismo não define um programa de resistência, e essa atitude hesitante mina a convergência latino-americana.

O resultado desse espectro variado de ensaios progressistas dependerá também do desenvolvimento de alternativas de esquerda. A análise das opções é tema da quarta parte do livro, na qual se postula que um resultado do cenário atual que seja favorável ao povo requer a criação de opções que superem a debilidade característica dos governos de centro-esquerda.

A construção dessa opção política exige expor críticas, destacar acertos e se opor às capitulações do progressismo, em uma batalha comum contra a direita. A derrota dos setores reacionários é essencial para criar um quadro favorável à ação em prol das reivindicações sociais e democráticas. No texto, expomos esse princípio num debate contra as posições que não distinguem inimigos de adversários.

Abordamos também um balanço sobre a Venezuela, destacando que o imperialismo estadunidense promoveu a derrocada econômica daquele país, sem conseguir destruir o processo bolivariano. Devido a esse fracasso, Washington reelabora a sua estratégia no novo cenário de uma economia dolarizada que aumenta a desigualdade. O contexto tem vários caminhos abertos, que serão definidos em sintonia com a alocação estatal de divisas e as respostas oficiais às demandas sociais.

No caso da Bolívia, expomos como a direita foi derrotada com respostas enérgicas. Analisamos também o modelo econômico produtivo que se desenvolveu no Altiplano, na direção oposta ao fracassado esquema venezuelano. Em nosso enfoque, a Nicarágua constitui um caso mais específico de conflito com os Estados Unidos e de repressão interna, a partir da reviravolta que transformou o sandinismo em orteguismo. Entendemos que não se deve silenciar sobre as perseguições, tampouco sobre a responsabilidade primordial do imperialismo.

A quarta parte termina com um estudo sobre Cuba que destaca a destrutiva obsessão dos Estados Unidos pela ilha, após seis décadas de conspirações e bloqueios. Constatamos que as reformas para reverter a estagnação da economia são adiadas por medo de minar as conquistas sociais da Revolução. Mas também salientamos que uma nova combinação de mercado e acumulação, com proeminência estatal, é inevitável para recuperar o crescimento.

Consideramos, além disso, que os protestos refletiram tensões que o governo conseguiu administrar, neutralizando a utilização do mal-estar social pela direita. Numa avaliação polêmica com outras posturas, acreditamos que o sistema político vigente permite processar a mutação econômico-social em andamento.

O livro termina com uma avaliação das resistências e dos projetos populares. Na quinta parte, descreve-se como a América Latina recupera a centralidade devido ao importante lugar ocupado pelas lutas populares. Desde 2019, várias revoltas tiveram efeitos eleitorais imediatos, provocando a precipitada saída de lideranças neoliberais na Bolívia, no Chile, no Peru, em Honduras, na Colômbia e na Guatemala.

O descontentamento social não provocou protestos equivalentes no México, na Argentina e no Brasil, mas deu lugar a vitórias do mesmo tipo nas urnas. No Equador e no Panamá, foram alcançadas importantes vitórias nas ruas, e no Haiti se desenvolveu uma consistente ação popular contra o caos imposto pelas elites. Uma batalha igualmente acirrada ocorreu contra os golpistas peruanos.

A análise dessas mobilizações é decisiva, porque a ação, frequentemente, é negligenciada nos estudos sociopolíticos, exclusivamente focados nas formas de gestão das classes dominantes. Ao omitir as resistências vindas de baixo, perde-se de vista o principal terreno de disputa entre a grande parcela da população oprimida e as minorias dominantes.

Destacando a centralidade desse enfrentamento, o texto finaliza conectando os dilemas da região a uma hipótese sobre o futuro. Destaca que a batalha pela integração econômica e pela soberania política da América Latina poderia pavimentar o caminho em direção a um renovado projeto socialista. Nessa convergência, a garantia da independência regional e a reversão do retrocesso produtivo facilitariam o percurso em direção a uma sociedade igualitária.

Esse percurso poderia se conectar, por sua vez, com uma estratégia internacional de pluripolaridade baseada no protagonismo popular. Enfatizamos a relevância de uma ação vinda de baixo, em contraposição à expectativa multipolar de mudanças decorrentes apenas de conflitos geopolíticos. O protagonismo latino-americano volta a emergir em convergência com o anseio global de substituir a tirania do lucro por novas bases de igualdade, democracia e justiça.

PARTE I

1. AUGE E DECLÍNIO DA DOUTRINA MONROE

A Doutrina Monroe organiza a primazia dos Estados Unidos em todo o continente há 200 anos. Ela sintetiza a estratégia concebida pelos fundadores da maior potência contemporânea para controlar a região. É um princípio que exige a gestão do território pelo Norte e a eliminação de qualquer concorrente do mandante ianque. Todos os gestores da Casa Branca aplicaram e aperfeiçoaram esse guia.

A doutrina foi inicialmente concebida como um instrumento defensivo da nascente potência para se contrapor às ambições do colonialismo europeu. Surgiu quando James Monroe rejeitou a proposta de ação conjunta dos Estados Unidos com a Inglaterra e a França para bloquear as tentativas de reconquista espanhola, em 1823.

Essa recusa incluiu um princípio de supremacia da nação emergente sobre o restante do continente, que foi codificada com a curiosa denominação de "América para os americanos". A frase não implicava a soberania da população nativa sobre o seu território, mas sim a substituição da dominação europeia pela gestão estadunidense.

A proposta foi apresentada há dois séculos como projeto de um país em surgimento e orientou a conversão dessa nação em potência dominante da região. Monroe postulou a legitimidade desse direito devido ao papel inaugural que os Estados Unidos tiveram na independência do continente. Considerou que essa antecipação conferia a seu país a responsabilidade de comandar todo o desenvolvimento regional (Rinke, 2015).

Durante a primeira metade do século XIX, Inglaterra, França e Espanha desafiaram essa pretensão. Tentaram impedir a expansão do território estadunidense ou forçar a sua divisão, mas perderam uma batalha travada em todos os cantos da América Latina.

A estreia imperialista

A Doutrina Monroe inspirou a própria definição das fronteiras estadunidenses, promovendo a absorção de territórios que pertenciam à esfera hispano-americana. Essa expropriação marcou, desde a sua origem, o grande impulso do novo país de estender-se para o Sul e considerar todo o continente como uma área que lhe pertencia.

O primeiro motor dessa expansão foi a captura de terras por fazendeiros escravistas. Eles precisavam espalhar seus campos de forma permanente para incluir uma modalidade de cultivo intrinsecamente extensiva. Dado que essa forma de exploração pré-capitalista substituía as melhorias da produtividade agrária pela mera multiplicação das áreas plantadas, a absorção de novas terras era indispensável para a sobrevivência dos confederados do Sul.

O expansionismo precipitou a espoliação do México, que acabou perdendo metade de sua configuração original. Essa amputação começou com a revolta separatista e a anexação do Texas em 1845 e levou a uma guerra resolvida com dinheiro. A potência emergente do Norte apropriou-se, por pouquíssimos dólares, de enormes porções do Sudoeste para formar o perfil definitivo dos Estados Unidos.

Essa captura determinou os contornos da fronteira, mas não diluiu as ambições do novo colosso sobre seu debilitado vizinho. As tropas ianques entraram no México inúmeras vezes, durante a segunda metade do século XIX, para neutralizar as expedições dos rivais europeus. Com aquelas incursões, frustraram a pretensão de reconquista espanhola e uma aventura de apropriação francesa.

Os *marines* [fuzileiros navais] também intervieram nas primeiras décadas do século passado, para lidar com os efeitos da Revolução Mexicana (1910). Nessas intervenções, a intenção de sufocar a ação dos rebeldes na fronteira do novo império foi mais importante do que a pretensão expansionista. Assim, as tropas ianques anteciparam o papel de polícia internacional que o Pentágono desempenharia ao longo de todo o século XX.

Um processo semelhante ocorreu ao mesmo tempo no Mar do Caribe. Com a captura de Porto Rico (1898) e as sucessivas ocupações de Cuba (1906-1909), do Haiti (1915-1934) e da República Dominicana (1916-1924), o gigante do Norte esboçou o sonho imperialista de um Mediterrâneo estadunidense. O objetivo foi apenas parcialmente alcançado, com a apropriação de algumas ilhas e o domínio efetivo de uma enorme configuração marítima.

Washington ocupou as alfândegas de vários países para garantir a cobrança de dívidas questionáveis, apropriou-se das plantações de açúcar e impôs a sua gestão dos portos. Também garantiu uma presença militar permanente e se associou com diferentes elites para incentivar confrontos locais e reprimir revoltas populares nas ilhas invadidas.

Nessas intervenções constatou-se o caráter precoce e fulminante do projeto de expansão estadunidense. O novo império

AUGE E DECLÍNIO DA DOUTRINA MONROE

mesclou as antigas formas de dominação colonial com novos mecanismos de sujeição semicolonial. A Doutrina Monroe sintetizou ambas as dimensões.

Outra variante do mesmo expansionismo foi implementada na América Central, após a tentativa de apropriação consumada pelo flibusteiro William Walker. A incursão na Nicarágua desse aventureiro do Tennessee que se autoproclamou presidente (entre 1855 e 1856) fracassou, mas abriu caminho para a sucessão de ocupações levadas a cabo pelos *marines* até 1925.

Essa combinação de empreendimentos militares privados com intervenções formais do Exército delineou outra modalidade, que reapareceu em inúmeras ocasiões posteriores. Basta recordar o trabalho autônomo dos mercenários contratados pelo Pentágono no Afeganistão ou no Iraque para perceber a continuidade da mistura de uniformizados com pistoleiros nas incursões dos Estados Unidos.

Tal como no México e no Caribe, a ativa presença dos *marines* nas primeiras décadas do século XX reforçou o afastamento dos rivais, que resistiam à primazia estadunidense. Os britânicos não conseguiram garantir as suas frágeis bases em Honduras, e a disputa com diversas potências europeias sobre a construção do Canal do Panamá começou a ser resolvida. Na batalha pelo controle do trânsito interoceânico, ficou clara a força do novo imperialismo frente a seus pares do Velho Continente. O princípio Monroe foi fortalecido com o resultado.

Os Estados Unidos também fizeram valer a sua ameaça militar na América do Sul frente aos concorrentes europeus. O país exibiu poder em diversos conflitos pelo usufruto dos recursos naturais de Chile, Peru, Bolívia e Paraguai. O protagonismo ianque foi especialmente relevante face ao bloqueio da costa da Venezuela por Inglaterra, Alemanha e Itália para exigir a cobrança de uma dívida (1902).

Nesse caso, os Estados Unidos impuseram a sua arbitragem, alertando que não tolerariam a incursão de navios europeus. A intervenção contundente demonstrou quem tinha a última palavra no Novo Mundo (Cockcroft, 2002).

Theodore Roosevelt tornou explícita essa predominância com a sua política de canhoneiros e iniciou a conversão dos embaixadores ianques em funcionários dominantes da política local latino-americana. Essa primazia ratificou, em cada âmbito nacional, a supremacia do princípio Monroe.

Decolagem econômica na região

Na América Latina, a consolidação econômica dos Estados Unidos como um imperialismo ascendente se consumou nas primeiras décadas do século passado. Nesse território, expandiram-se inicialmente as empresas estadunidenses, que usufruíram de todas as vantagens do investimento externo.

A nova potência foi bem-sucedida na disputa com os rivais europeus pelo controle dos mares e pela pilhagem dos recursos naturais. A América Latina foi o grande mercado inicial para uma economia que se expandiu em ritmo vertiginoso. Entre 1870 e 1900, a população dos Estados Unidos duplicou, o produto interno bruto (PIB) triplicou e a produção industrial se multiplicou por sete (Rinke, 2015).

Ao sul do Rio Grande, foram forjadas as rotas marítimas necessárias para descarregar os excedentes e capturar as valiosas matérias-primas. De todos os investimentos ianques, 44% estavam localizados nessa área, com grande centralidade dos transportes (estradas, canais, ferrovias) e das atividades mais lucrativas da época (mineração, açúcar, borracha, banana).

O modelo de enclaves exportadores teve preeminência junto a um processo de recolonização. Os Estados Unidos combinaram a ocupação de territórios (Porto Rico, Nicarágua, Haiti,

Panamá) com a apropriação de alfândegas (Santo Domingo), a gestão do petróleo (México), o controle de minas (Peru, Bolívia, Chile), o controle dos frigoríficos (Argentina) e a gestão financeira (Brasil).

A nova potência tomou a dianteira num período muito curto, transformando os apelos iniciais de Monroe em realidades palpáveis. A soberania dos países latino-americanos ficou abruptamente reduzida devido à subjugação econômica estrangeira (Katz, 2008, p. 10). A emancipação política precoce – que a América Latina havia conseguido em sintonia temporal com os Estados Unidos – foi drasticamente revertida. A América Central foi balcanizada, tornada estrangeira a si mesma e invadida à vontade pelo irmão mais velho, enquanto a América do Sul iniciava uma associação subordinada com o gigante do Norte (Vitale, 1992a).

O projeto pan-americano sintetizou a ambição ianque de predomínio irrestrito. A ideia inicial de uma grande união aduaneira, sob o comando de Washington (1881), foi promovida em três conferências sucessivas. Incluiu a construção de uma ferrovia transcontinental e vários contratos para garantir a primazia estadunidense, por meio de um tribunal de arbitragem controlado pelo Norte.

O plano fracassou devido à resistência convergente interposta pelos três objetores da iniciativa. Os questionamentos do setor mais protecionista do capitalismo ianque coincidiram com as objeções das economias mais autônomas (como a Argentina) e com o recuo das pressões da Inglaterra na região.

Esse fracasso precoce do pan-americanismo ilustrou o grande peso do setor industrial americanista, hostil ao comércio irrestrito, num cenário altamente favorável para os exportadores estadunidenses. Cem anos depois, a mesma oposição bloqueou várias tentativas de competir com a China na arena do livre-comércio. O que no início do século XX passou despercebido como um episódio menor da ascensão estadunidense constitui hoje uma manifestação da crise enfrentada pela principal potência mundial.

Afastamento da Espanha e da Inglaterra

O perfil explicitamente ofensivo da Doutrina Monroe começou a se plasmar na guerra contra a Espanha (1898-1899). O conflito consagrou a virada para operações agressivas dos Estados Unidos em toda a região. Adiantando um estratagema repetido em inúmeros episódios posteriores, o Departamento de Estado forjou uma agressão externa para se apoderar das antigas colônias hispânicas do Caribe e conseguiu transformar todas as ilhas dessa rede em protetorados ianques.

O passo seguinte foi o afastamento dos rivais britânicos da América Central, por meio de uma combinação de intervenções militares, capturas geopolíticas e negócios vantajosos. A apropriação do Panamá consagrou o vencedor da disputa.

Após frustrar as tentativas inglesas (e franco-alemães) de construir o canal pela Nicarágua, os Estados Unidos compraram a concessão para construir a passagem interoceânica (1903). Para realizar esse trabalho, o país converteu o Panamá em uma colônia sob seu estrito domínio. Dessa forma, conectou as duas costas do território e assegurou o comércio do Pacífico, aberto com a aquisição das Filipinas.

A Doutrina Monroe foi utilizada com a mesma intensidade para impulsionar o afastamento (menos vertiginoso) do concorrente inglês de seus bastiões sul-americanos. Os Estados Unidos apoiaram o seu aliado peruano nas disputas com os anglófilos governos chilenos e afirmaram sua autoridade de arbitragem nos conflitos da Venezuela com a Grã-Bretanha pela Guiana.

A Inglaterra perdeu a preeminência que mantinha, por meio de investimentos maiores do que o adversário estadunidense, desde o início do século passado. O equilíbrio foi revertido com a grande expansão industrial dos Estados Unidos, que primeiro igualou (1880) e depois duplicou (1894) a produção industrial britânica (Soler, 1980). Nessa base econômica, foi estabelecido o predomínio ianque na América Central antes da Primeira Guerra Mundial (1914-1918) e na América do Sul depois dessa conflagração.

A vitória estadunidense sobre a Inglaterra foi completamente consumada no final da Segunda Guerra Mundial (1939-1945). O dominador do Norte surgiu como vencedor pela imensurável vantagem que sua própria retaguarda territorial lhe proporcionou. Não emergiu, como os seus concorrentes do Velho Mundo, de uma localidade pequena (Holanda, Portugal) ou média (Grã-Bretanha), mas sim apoiado por um gigantesco assentamento povoado por torrentes de imigrantes.

Esse território maleável e diversificado alimentou um modelo econômico autocêntrico (nutrido pelo mercado interno), muito superior ao esquema extrovertido (dependente do mercado mundial) dos seus rivais. Com tal base, a nova potência teve tempo suficiente para expandir, primeiro, a sua fronteira agrícola, depois desenvolver uma indústria protegida e, finalmente, forjar o poderoso sistema bancário que facilitou a conquista do mundo (Arrighi, 1999).

Enquanto a Grã-Bretanha teve de recorrer rapidamente ao estrangeiro para escoar excedentes industriais produzidos com matérias-primas importadas, os Estados Unidos emergiram como o principal exportador de ambos os recursos. Em vez de expulsar a mão de obra excedente, absorveu massas de colono sem restrições mercantis, atraídas pela elevada mobilidade social.

Além disso, os Estados Unidos alcançaram uma superioridade militar que a Grã-Bretanha não teve nem mesmo durante o seu esplendor vitoriano. Eles obtiveram um controle do espaço mais significativo do que a gestão inglesa dos mares e, com essa vantagem, impuseram a Doutrina Monroe em todo o continente americano.

Consolidação político-militar

A Primeira Guerra Mundial foi um ponto de inflexão para a primazia estadunidense na América Latina, e não apenas por causa do avanço econômico sobre o rival britânico. Washington conquistou o seu domínio com instrumentos geopolíticos, ao constranger a maior parte do hemisfério a entrar na guerra.

A adesão foi imposta a oito governos, que declararam guerra, e a outros cinco, que romperam relações diplomáticas com o adversário. Os poucos países que mantiveram neutralidade exibiram uma autonomia que os Estados Unidos se empenharam em restringir de diferentes maneiras. As conflagrações mundiais emergiram como um novo terreno para erradicar os rebeldes e consumar a subordinação à supremacia da potência do Norte.

Nos anos do entreguerras, a Casa Branca começou a praticar uma política de Estado, compartilhada por republicanos e democratas, em relação à América Latina. Aperfeiçoou o uso do porrete e da cenoura e misturou ameaças com cooptação. A virulência agressiva de Theodore Roosevelt foi articulada com as mensagens de boa vizinhança de Franklin Delano Roosevelt. Esse jogo de agressividade e consideração seguiu um roteiro sempre definido pelo *establishment* de Washington para garantir o controle do hemisfério.

A primazia ianque alcançou maior força na segunda metade do século XX. O seu domínio tornou-se indiscutível tanto pelo deslocamento econômico da Europa como pela conversão da América Latina numa área de confronto com a União das Repúblicas Socialistas Soviéticas (URSS). Os Estados Unidos afirmaram seu comando do sistema imperialista para reafirmar a pertença de toda a região aos seus ditames.

De forma nítida, Washington estabeleceu domínio sobre os opressores locais como contrapartida pela proteção contra o perigo do socialismo. A América Latina foi configurada como um "quintal" dessa polícia, que lutava contra a insurgência popular em todos os cantos do planeta. O Pentágono garantiu a cruzada mundial impondo uma opressão política ilimitada no continente.

A dominação assumiu formas de controle militar direto após a imposição do pacto de guerra denominado Tratado Interamericano de Assistência Recíproca (Tiar, 1947) e a criação da Organização dos Estados Americanos (OEA, 1948), para alinhar toda a região a uma fanática campanha contra o comunismo. A América Latina transformou-se numa grande retaguarda da Guerra Fria, com intervenções descaradas do Departamento de Estado para conter o perigo vermelho. A escalada de agressões desestabilizou estruturalmente toda a região.

Para garantir a preeminência de governos servis, os Estados Unidos recorreram à ajuda de ferozes ditaduras. Só entre 1962 e 1968, manejou 14 golpes de Estado, com a presença da Agência Central de Inteligência (CIA) em alguns casos (Guatemala, 1954) e dos *marines* em outros (República Dominicana, 1965). A Guerra Fria garantiu uma sucessão de tiranias sangrentas, intercaladas com pausas de fachada constitucional (Guerra Vilaboy, 2006, p. 195-196). A cruzada anticomunista foi a desculpa utilizada pelo imperialismo estadunidense para consolidar o seu reinado absoluto na região (Godio, 1985).

O uso do porrete (Harry S. Truman, Dwight D. Eisenhower) foi novamente combinado com mensagens de cooperação

(Roosevelt, John F. Kennedy), antecipando a subsequente mistura de arrogância (Reagan, George W. Bush, Trump) com contemplação (James Carter, Bill Clinton, Barack Obama). A dominação imperialista estadunidense sobre a América Latina naturalizou-se nesse período como um fato comum no cenário regional.

Uma doutrina duradoura, mas ineficaz

A Doutrina Monroe foi a bússola do Departamento de Estado para a América Latina durante a segunda metade do século XX. Nenhum rival europeu desafiou Washington e em todos os conflitos prevaleceu a subordinação à Casa Branca. Na Guerra das Malvinas, por exemplo, Margaret Thatcher agiu em consulta permanente com o seu par estadunidense. Essa mesma orientação prevaleceu em todas as administrações.

No contexto de maior adversidade do novo milênio, Obama ameaçou aposentar a Doutrina Monroe, em 2009. Anunciou o início de uma nova "relação entre iguais" com os países da região. O seu secretário de Estado, John Kerry, declarou explicitamente o fim do princípio em vigor desde 1823 (Morgenfeld, 2018).

Mas essa virada foi enterrada na década seguinte por Trump, que em 2018 revitalizou a doutrina para confrontar a Rússia e a China. A norma foi recriada com a mesma intensidade, utilizando o léxico da Guerra Fria.

Na realidade, o magnata limitou-se a enunciar a continuidade de um princípio que nunca foi abandonado (García Iturbe, 2018). A submissão da América Latina aos ditames de Washington não foi seriamente reconsiderada por nenhum administrador da Casa Branca.

O assédio sistemático sofrido pela Venezuela é a prova mais recente dessa continuidade. Todos os mandatários estadunidenses apoiaram conspirações para esmagar os governos bolivarianos. Foi confirmado que a Doutrina Monroe tenta bloquear a presença de outras potências na região, porque de antemão sufoca qualquer indício de soberania latino--americana.

Biden também confirmou a vigência dessa doutrina na Cúpula das Américas. Ordenou a exclusão de Cuba, Nicarágua e Venezuela da reunião, reforçando o princípio da supremacia imperialista. Essa discriminação ilustrou até que ponto a Doutrina Monroe continua a orientar a política de Washington.

Mas a Cúpula também demonstrou que o Departamento de Estado já não pode manejar a América Latina como um fantoche. Na reunião, Biden não conseguiu implementar nenhuma das suas iniciativas. Ficou isolado, desprestigiado e enfraquecido, porque a Doutrina Monroe não basta mais para subjugar os países da região com a naturalidade do passado, tampouco é eficaz para deter o novo desafiante asiático.

Impotência diante do novo rival

A vertente trumpista revive a bandeira de Monroe contra a presença econômica da China na América Latina. Seus expoentes (Matt Gaetz) exigem a atualização urgente desse princípio para expulsar Beijing, em sintonia com declarações anteriores de outros funcionários, como Rex Tillerson. Eles promovem uma geoestratégia neomonroísta para o século XXI, com o objetivo de expulsar o gigante asiático do "quintal" (Paz y Miño Cepeda, 2023).

A agressividade é complementada, nos casos mais extremos, com uma linguagem retirada do universo gângster (Borón, 2023a). Mas ninguém foi capaz de transformar essas brutais convocatórias em ações efetivas. Os funcionários de Biden vêm repetindo com mais elegância os mesmos apelos, com resultados idênticos.

Esta impotência das duas vertentes do *establishment* estadunidense é muito ilustrativa do revés que afeta a principal potência do mundo. Pela primeira vez em dois séculos, a Doutrina Monroe é simplesmente ignorada por um rival. A causa desse fracasso é visível. Washington impunha uma supremacia econômica sobre a América Latina que está sucumbindo frente à pujança investidora, comercial e financeira da China.

Para o gigante oriental, a região nunca teve a mesma gravitação que para o seu concorrente. Não é o território vizinho que apoia a decolagem da nova potência. Os mercados asiáticos desempenharam esse papel no início da expansão de Beijing. Devido a esse lugar secundário para a China e decisivo para os Estados Unidos, a disputa pela América Latina é duplamente ilustrativa do avanço oriental e do recuo ocidental.

A Doutrina Monroe serviu para consolidar, primeiro, a nascente economia estadunidense frente à Europa, e mais tarde para afastar o Velho Continente. Nessa era de elevada competitividade, os Estados Unidos impuseram acordos comerciais e de investimento adaptados às suas vantagens. Para garantir a proteção do seu imenso mercado interno, evitaram aplicar plenamente o livre-comércio, mas utilizaram todos os mecanismos do liberalismo para fortalecer sua ingerência na América Latina.

Essa mesma carta agora está sendo jogada pela China na região, com os tratados firmados em detrimento do mandante ianque. O país concretiza uma ampla variedade de tratados de livre-comércio (TLCs) de forma mais rápida e eficaz do que os acordos pan-americanos anteriores. Uma comparação entre ambos os processos confirma que a vertiginosa mudança em curso está baseada na perda de competitividade estadunidense.

O pertencimento da "América" (Latina) aos "americanos" (do Norte) que a Doutrina Monroe postulava sempre sustentou os negócios dos Estados Unidos com a ameaça militar.

Esse pilar bélico permanece inalterado, mas agora deve apoiar uma economia em recesso, face a um adversário que confunde Washington.

No passado, os *marines* afirmavam a preponderância dos Estados Unidos na região com guerras devastadoras (Espanha), desembolsos rápidos (França) ou manobras de liderança (Inglaterra). Outros contendores menos influentes (Japão, Alemanha) nunca ousaram pisar no território do dominador ianque.

No entanto, no século XXI, a China chega à América Latina com negócios atrativos, que despertam a ganância dos parceiros locais, ao mesmo tempo que evita qualquer conflito com o Pentágono. A Doutrina Monroe carece de respostas para um desafio desse tipo. Basta observar o que aconteceu com o Panamá para corroborar essa dificuldade.

O bastião que o imperialismo estadunidense construiu em torno do canal foi corroído pela relação financeiro-comercial privilegiada que Beijing estabeleceu com os governantes do istmo. Sem enviar um único militar, a China ameaça o controle histórico de Washington sobre uma travessia essencial para o domínio dos oceanos.

No passado, a Casa Branca teria resolvido a adversidade com uma advertência militar de envergadura. Atualmente, o Pentágono considera essa opção, mas as suas margens de intervenção ficaram significativamente reduzidas.

Essa mudança substancial também se verifica no comportamento das classes dominantes latino-americanas. Todas as pressões do Departamento de Estado para anular os acordos firmados com o governo chinês têm sido infrutíferas. Nenhum país renunciou ao aumento das suas exportações ou à chegada de investimentos proporcionados por Beijing. Ao contrário do passado, Washington exige uma subordinação geopolítica sem oferecer contrapartidas econômicas.

Essa orfandade explica a resistência demonstrada pelos grandes capitalistas latino-americanos ao alinhamento passivo com as exigências do Departamento de Estado. Confrontada com a guerra na Ucrânia, a maior parte dos governantes da região optou pelo pronunciamento ou pelo aval diplomático, evitando as sanções contra Moscou.

A resposta difere bastante do rompimento de relações ou do envio de tropas que prevaleceu durante a Primeira ou a Segunda Guerra Mundial. Tampouco está em sintonia com a subordinação total das elites latino-americanas à subsequente cruzada anticomunista. Também nesse plano, a Doutrina Monroe já não dissuade os negócios das classes dominantes com o rival asiático.

Recuo ideológico

A Doutrina Monroe também vacila no âmbito ideológico. Esse princípio alimentou os conceitos propagados pelos teóricos do imperialismo para postular a superioridade dos anglo-saxões do Norte sobre os latinos do Sul.

A hipótese começou com a ideia de um hemisfério ocidental separado da matriz europeia, consubstanciado no nome "América", que os políticos estadunidenses adotaram como sinônimo do seu próprio país. Uma apropriação que pressupunha, desde logo, a inexistência (ou desqualificação) do restante do continente (Frade, 2021).

Essa identificação linguística reforçou o significado da Doutrina Monroe ("América para os americanos") como uma pertença de todo o continente ao dominador do Norte. A associação consolidou-se, ainda mais, com outra generalização linguística para o resto do continente.

A antiga denominação de Hispano-América ou Ibero--América (antes da independência) foi substituída por América

Latina, adotando um nome de inspiração francesa que contrastava o universo latino-romano com seu equivalente anglo-saxão. Inspirada num distanciamento crítico em relação ao colosso do Norte, a designação levou posteriormente à captura estadunidense do termo América (sem complementos) para seu próprio e exclusivo uso.

Essas peripécias da língua tiveram sérias conotações ideológicas para o significado que cada termo assumia. Na visão imperialista, a América ficou definitivamente identificada com a prosperidade, o bem-estar e o apadrinhamento do Norte. Ao contrário, a América Latina foi comparada ao subdesenvolvimento, à corrupção e à incapacidade de se autogovernar.

Durante os dois séculos de surgimento e apogeu do expansionismo ianque, essa contraposição foi promovida pelos ideólogos do império e aceita pelas elites do continente. O atual declínio da primeira potência vem corroendo esse legado. "América" persiste como sinônimo comum dos Estados Unidos, mas sem o peso do elogio, da admiração ou da reverência do passado.

O mesmo declínio se estende a outros conceitos, como "destino manifesto", que justificava a expansão territorial dos Estados Unidos. Esse termo foi introduzido em meados do século XIX para validar com mandatos divinos a expansão violenta da fronteira por meio do genocídio de indígenas, da escravização de pessoas negras e da subjugação de pessoas latinas.

A captura de territórios era apresentada como uma missão confiada por Deus para afirmar a superioridade da brancura anglo-saxã e das crenças protestantes. A mesma mitologia foi usada na segunda metade daquele século para enaltecer os massacres perpetrados pelos *marines* no exterior.

A ideologia imperialista combinou a demonstração de superioridade com mensagens paternalistas de domesticação da vizinhança latino-americana, que era frequentemente enquadrada em algum estereótipo de selvagem ou incivilizado. O pan-americanismo deveria corrigir os obstáculos pré-coloniais com o liberalismo cultural que era fornecido pelos investidores, funcionários e intelectuais que os Estados Unidos ofereciam aos seus vizinhos.

Nenhuma dessas caracterizações vergonhosas persiste atualmente com a crueza do passado. Seus propagadores costumam adoçá-las ou encobri-las para dissimular sua obsolescência. O declínio econômico tira a credibilidade do autoelogio estadunidense.

Pelas mesmas razões, já não é tão simples estigmatizar os latinos com as desqualificações que eram utilizadas anteriormente para desprezar os povos originários. O contraste entre o próspero empresário anglo-saxônico e o inepto assalariado do Sul se choca com o evidente fracasso do capitalismo estadunidense em enfrentar um concorrente asiático, significativamente afastado do protótipo ocidental.

Sem fórmulas para dominar

Até recentemente, os chineses ocupavam um lugar semelhante ao de outros grupos étnicos desprezados pelo dominador ocidental. A derrota econômica que os Estados Unidos sofrem em território latino-americano frente a seu rival asiático abala todos os vestígios de identificação do capitalista anglo-saxão com o êxito mercantil.

Como esse retrocesso econômico teve impacto no sistema político estadunidense, a plutocracia bipartidária (partilhada por democratas e republicanos) não pode repetir as falácias do passado. Após o ataque perpetrado pelos seguidores de Trump ao Capitólio, a zombaria imperial com as "repúblicas das bananas" da América Latina perdeu sentido. Em Washington ocorrem o mesmo golpismo e as mesmas disputas entre máfias que nos desprezados territórios da região.

Os contrapontos entre os americanistas do interior e os globalistas da costa também acentuam a erosão da mitologia estadunidense. Essas tensões sempre afetaram o gigante do Norte, como correlato dos interesses que contrapõem a enorme economia doméstica aos negócios no exterior.

Tal fratura foi atenuada no pós-guerra, por meio da síntese que gerou um programa comum de dominação econômica global. Essa convergência reconciliou o isolacionismo rural e industrial do Meio-Oeste com o internacionalismo financeiro das regiões costeiras. As fortunas geradas em outros países aumentaram os lucros de todos os setores internos (Anderson, 2013, p. 20-35).

Mas a antiga divisão tem reaparecido nas últimas décadas, a compasso dos fracassos econômicos, e essa fratura se projeta para fora. Os discursos e atitudes de personagens como Trump derrubam a antiga veneração das elites latino-americanas pelo irmão mais velho.

A ideologia imperialista estadunidense tem sido mais duradoura do que sua congênere europeia porque substituiu o velho discurso colonialista pela simples exaltação do capitalismo. Tal como o seu antecessor, enalteceu a superioridade do homem branco, promoveu preconceitos eurocentristas e exaltou as virtudes do Ocidente. Mas substituiu a mensagem da primazia colonial por uma veneração vazia da liberdade, procurando suscitar identificações emblemáticas com os ideais de desenvolvimento e de democracia. Substituiu a veneração obsoleta do colonizador por uma ilusão de bem-estar, associada com a expansão do capitalismo estadunidense (Anderson, 2010).

Esse mito conseguiu um profundo enraizamento em inúmeros lugares do planeta, mas na América Latina sempre bateu de frente com as modalidades gritantes da opressão estadunidense. Inclusive, a singularidade não colonial do imperialismo ianque ficou muito limitada, e o "quintal" sofreu um recorde de ocupações, intervenções e golpes de Estado.

A ideia de um império estadunidense meramente informal, com presenças militares breves e restritas e sustentado estruturalmente pela dominação econômica, não é plenamente aplicada na região. A América Latina sempre foi cenário da Doutrina Monroe contra os rivais estrangeiros e as rebeliões anti-imperialistas.

A singularidade do "quintal" como reserva privilegiada da supremacia estadunidense enfrenta atualmente um questionamento sem precedentes. A presença chinesa abala o suposto bicentenário e empurra os gestores da Casa Branca a procurar alguma forma de preservação da antiga hegemonia. Até agora nenhum governante encontrou a fórmula para a preservação na grande disputa com a China.

2. OS ESTADOS UNIDOS IMPROVISAM DIANTE DA ROTA DA SEDA

O domínio dos Estados Unidos sobre a América Latina não tem equivalente em outras partes do mundo. Em nenhuma outra zona houve um controle tão direto com intervenções tão prolongadas. O país sempre considerou a região um simples prolongamento de seu próprio território.

Dada essa gravitação singular, o retrocesso estadunidense ao sul do rio Grande ilustra uma crise de poder. Washington perde terreno em seu antigo feudo a um ritmo surpreendente.

A evidência do declínio no plano econômico foi esmagadora após o fracasso da Alca. A falência da integração comercial e financeira de toda a região sob seu controle afetou um mercado tradicional do capitalismo estadunidense. O projeto frustrado não foi substituído por nenhum outro plano do mesmo porte. Os tratados bilaterais não deram o resultado esperado e o antigo desejo de supremacia pan-americana foi arquivado.

Essa adversidade econômica estende-se ao plano geopolítico--militar. Um maior destacamento para o Comando Sul, a Quarta Frota e as bases colombianas, ou a presença da CIA, da Administração de Controle de Drogas (DEA) e do Escritório Federal de Investigação (FBI) não reverteram a erosão da liderança ianque nas últimas duas décadas. A Casa Branca não pôde repetir as ocupações de Granada (1983) ou do Panamá (1989). Reforçou o bloqueio a Cuba e ensaiou conspirações contra a Venezuela, mas não conseguiu reconstruir a OEA nem organizar o contragolpe continental ansiado pelo Grupo de Lima.

O mesmo retrocesso é corroborado no plano ideológico. O "sonho americano" não deslumbra mais como antes. Persistem a exaltação do capitalismo puro e a adulação da empresa ou a idealização da concorrência, mas a referência estadunidense perdeu a sua tradicional e excludente centralidade. As dificuldades enfrentadas pela economia do Norte desencorajam as apologias do passado. Além disso, o aumento da desigualdade torna inverossímil a identificação do sistema político estadunidense com o bem-estar das maiorias.

Também perde adeptos a velha imagem da primeira potência como protetora do continente. Ela continua a encarnar os valores comuns da humanidade apenas para setores decrescentes das elites regionais. A intervenção internacional de Washington já não é vista como o único antídoto frente ao caos. Fica óbvio que os *marines* só intervêm para garantir os benefícios de uma minoria capitalista do Norte. Essa revisão geral do papel dos Estados Unidos foi precipitada pela chegada impetuosa de um novo ator externo.

Fracassos diante do surpreendente desafiante

A fulminante expansão da China na América Latina corrobora a deterioração da dominação estadunidense. O gigante asiático não repete o perfil competitivo da Europa ou do Japão, que em diversas ocasiões fizeram incursões sem sucesso sobre a região controlada por Washington. Durante a segunda metade do século XX, tais intervenções estiveram sempre restritas a determinados ramos da economia e nunca ameaçaram a primazia geral da primeira potência.

A chegada da China traz outra magnitude e produz uma inflexão sem precedentes em toda a região latino-americana, que os dominadores do Norte chamaram, de forma depreciativa, de "quintal". A velocidade da penetração asiática é inédita. Começou na esfera comercial, por meio de operações que cresceram a um ritmo de 26% ao ano. O volume do intercâmbio saltou de 18 bilhões de dólares, em 2002, para 450 bilhões, em 2021. Hoje, a China tornou-se o principal parceiro de Argentina, Brasil, Chile, Peru e Uruguai, e o segundo de México e Colômbia (Quian; Vaca Narvaja, 2021).

O interesse inicial de Beijing se centrou na aquisição de matérias-primas, com a aposta de garantir o fornecimento de insumos para a região que abriga as maiores reservas do planeta. Isso desafiou abertamente a tutela ianque dessas riquezas. Na América Latina estão localizados 40% da biodiversidade mundial, 25% das florestas e 28% dos aquíferos. O território possui também 85% das jazidas conhecidas de lítio, 43% das de cobre, 40% das de níquel e 30% das de bauxita. A China levou em conta esse acervo para sustentar o seu extraordinário crescimento.

A investida na América Latina reflete a expansão do gigante oriental no resto do mundo. Mas, neste caso, solapa diretamente a preeminência do seu principal rival num território de antiga primazia estadunidense. A surpresa de Washington tem sido enorme e o *establishment* não consegue definir um contra-ataque diante de tal desafio. Eles jamais imaginaram que o avanço asiático pudesse alcançar essa dimensão em seus próprios domínios.

A China aproveitou o fracasso da Alca enfrentado por Bush e as hesitações de Obama na gestão do livre-comércio para introduzir os seus acordos. Dessa forma, em apenas 20 anos, conseguiu ocupar um lugar muito próximo ao dos Estados Unidos em toda a região.

Trump tentou uma virulenta reação protecionista. Congelou a via multilateral, adotou a agenda do setor interno americanista e buscou a recaptura dos velhos mercados cativos. Mas a sua aposta mercantilista também não funcionou. Não reverteu o déficit comercial dos Estados Unidos com a China nem melhorou o superávit ianque com os clientes latino-americanos.

O magnata só conseguiu uma trégua com a renovação do tratado com o México (T-MEC), o que deixou as empresas estadunidenses satisfeitas e garantiu os enormes benefícios das *maquilas*.[1] Além disso, introduziu barreiras às empresas alemãs e japonesas que tentam penetrar no mercado do Norte. Também impôs veto aos atraentes acordos que a China oferece ao México há 20 anos.

Mas essas conquistas não compensam a perda de espaço para Beijing em todo o continente. Os Estados Unidos não conseguiram expandir o modelo do T-MEC à América Central e ao Caribe. Também não conseguiram evitar que governos muito próximos do Ocidente expandissem os seus acordos com a China.

O fracasso econômico teve correlações políticas. A contraofensiva de Trump para alinhar os presidentes de direita do continente com Washington não teve impacto significativo nos negócios. Em nenhum caso induziu as classes dominantes da região a reduzirem seus intercâmbios com Beijing.

A adversidade que os Estados Unidos enfrentam fica óbvia numa comparação entre a gestão de Trump e a de um de

---

[1] Empresas de manufatura parcial, encaixe ou empacotamento situadas na fronteira norte do México. Não fabricam bens próprios, apenas prestam serviço para empresas estrangeiras que desejam vender nos Estados Unidos aproveitando a mão de obra barata mexicana. Foram estabelecidas por um programa pactuado pelos dois países em 1965, também com o objetivo de reter migrantes que buscariam emprego nos Estados Unidos. [N.E.]

seus antecessores, Nixon. Para enfrentar o desafio criado pela renovada competitividade das economias da Alemanha e do Japão, na década de 1970 o presidente republicano ordenou a inconversibilidade do dólar e um forte aumento das tarifas. Fez um pacto com a China para separá-la da URSS e compensou a derrota no Vietnã com o sucesso do parceiro Pinochet no Chile e com a contraofensiva do apêndice israelita no Oriente Médio.

Por sua vez, todas as iniciativas geopolíticas de Trump foram inconsistentes, tímidas e revertidas pelo seu próprio gestor antes de alcançar quaisquer resultados. Ele vacilou na guerra comercial com a China, exibiu inúmeros vaivéns frente à Rússia, conjugou diatribes e inação ante a Coreia do Norte e o Irã e foi incapaz de impor as suas exigências de militarização à Europa. Esse contraste com Nixon oferece outro indício do atual declínio dos Estados Unidos.

A contraofensiva fracassada

Os Estados Unidos já não recorrem a ofertas de livre-comércio para obstruir a expansão da China, uma vez que não conseguem competir nesse domínio com o seu rival. O intercâmbio sem tarifas sempre foi a bandeira das economias mais competitivas. Tornou-se o grande lema de Londres no século XIX, de Washington no século passado e de Beijing na atualidade.

Os Estados Unidos só adotaram esse princípio quando a sua economia começou a se dobrar aos seus concorrentes. Nessa altura, os setores isolacionistas perderam o jogo contra os seus pares globalistas, que impuseram a agenda de liberalização.

Na América Latina, tal rumo foi antecipado pelo pan-americanismo e, posteriormente, ampliado com programas de abertura comercial. No final da Segunda Guerra Mundial, a bandeira do livre-comércio ficou associada a uma economia estadunidense que triplicava o PIB da URSS, quintuplicava o volume produtivo da Grã-Bretanha e abrigava a metade da atividade industrial do mundo (Anderson, 2013, p. 97-102).

O declínio dessa produtividade foi perceptível, num primeiro momento, frente às economias reconstruídas do Japão e da Alemanha e, agora, fica evidente com a ascensão da China. A competitividade do gigante asiático explica a sua defesa fervorosa da desregulamentação comercial nas cúpulas de Davos. A fidelidade formal a esse ideal na maior parte do Ocidente contrasta com a promoção real dessa meta pelo novo epicentro do Oriente.

O fracasso da resposta protecionista a esse dilema ensaiada por Trump induziu Biden a experimentar instrumentos keynesianos para emparelhar a corrida com a China. O presidente democrata chegou à Casa Branca com uma retórica de *New Deal* e propostas ousadas de maior gasto público para recompor a receita e apoiar o investimento em infraestruturas. Prometeu reverter as reduções de impostos e penalizar os paraísos fiscais, reunindo assim os recursos necessários para relançar a economia estadunidense.

Biden não retomou o multilateralismo de Obama nem as iniciativas de livre-comércio dos seus antecessores globalistas. Ele pretendia apenas alguma aproximação a esse caminho para dar partida nos motores do ressurgimento estadunidense. Mas essa estratégia não começou no primeiro biênio do seu mandato.

Seu pacote para aumentar os gastos públicos obteve no Congresso muito menos do que o esperado, devido à rejeição dos representantes republicanos e às objeções de sua própria bancada. Primeiro, o *lobby* farmacêutico bloqueou qualquer restrição ao império das patentes; posteriormente, as grandes empresas vetaram as melhorias nos benefícios sociais e o aumento dos impostos. Em seguida, os banqueiros opuseram-se à ampliação do gasto público e, finalmente, as empresas petro-líferas obstruíram a arrancada de uma *economia verde*.

Todas as iniciativas de financiamento ambiental, aumento dos cuidados de saúde e impostos progressivos foram transformadas em pacotes desarticulados de incentivos convencionais. O relançamento keynesiano também teve que lidar com o novo cenário de inflação que se seguiu à pandemia e ao renovado gasto militar introduzido pela guerra da Ucrânia (Tooze, 2022).

Essa trava impede o adiado relançamento dos projetos comerciais transatlânticos e transpacíficos que os Estados Unidos mantêm na indefinição. O bloqueio enfrentado por essas iniciativas confirma os obstáculos da primeira potência. A primazia internacional do dólar, as vantagens da alta tecnologia e a influência do Pentágono não proporcionam apoio suficiente para disputar com a China. Por esse motivo, Biden não consegue reverter o avanço contínuo do dragão oriental na América Latina.

As classes dominantes da região estão redobrando os seus negócios com a China, contrariando todas as pressões de Washington para obstruir tais empreendimentos. Biden repete o fracasso do seu antecessor, que não conseguiu quebrar essa associação. Os dois pupilos de Trump na América Latina – Macri e Bolsonaro – apenas fingiram algumas medidas iniciais de distanciamento com Beijing, abandonadas quando os exportadores de ambos os países exigiram preservar as suas enormes vendas para a China (Crivelli Minutti; Lo Brutto, 2019). O atraso que Macri introduziu nas obras de infraestrutura financiadas por Beijing e o flerte de Bolsonaro com Taiwan foram neutralizados pelas exigências do grande capital local.

Essa continuidade na relação financeira e comercial com Beijing é a resposta pragmática das classes dominantes latino--americanas à ausência de ofertas compensatórias dos Estados

Unidos (Fuenzalida Santos, 2022). Trump simplesmente se irritou com Argentina, Jamaica, Panamá e Colômbia, após exigir rupturas sem qualquer tipo de compensação. Biden modificou a retórica, mas procurou recriar o mesmo patrocínio estadunidense com pouco apoio complementar.

O seu projeto fiscal internacional exemplifica a fragilidade das propostas para os parceiros latino-americanos. A iniciativa penaliza a evasão por meio de uma nova taxa de impostos sobre grandes empresas localizadas em paraísos fiscais. Mas, como esse imposto seria cobrado tendo em conta a localização das matrizes (e não os locais de produção), os 100 bilhões de dólares que geraria para o Tesouro seriam integralmente embolsados pelas economias do centro. Washington obteria um novo fluxo de recursos que, em grande parte, seriam gerados em territórios latino-americanos (*Página/12*, 2021). Biden mantém a antiga tradição de exaurir a região, mas sem deter a expansão de um rival que negocia com todos os capitalistas locais no "quintal".

Essa limitação afeta a mudança para uma intervenção econômica estatal ativa, que é atualmente patrocinada por todo o *establishment* do Norte. Há uma maior incidência de empresas estatais e subsídios para fabricar localmente carros elétricos, tecnologias verdes e *microchips*. Também se multiplicam as estratégias de protecionismo seletivo e as iniciativas para regionalizar as cadeias de valor.

Nesse terreno, verificam-se muitas semelhanças entre a *Bidenomics* e o *America First* de Trump. Entre as elites de Washington, existe uma convicção crescente de que a batalha contra a China exige um maior controle estatal dos investimentos do setor privado. Por isso, validam agora o crescente gasto público e exigem maior penalização dos paraísos fiscais.

Mas essa virada neokeynesiana não está sendo implementada no ritmo necessário para rivalizar com a vertiginosa expansão da

China. É uma mudança que exige também a recomposição da autoridade desgastada da primeira potência sobre a América Latina.

A Rota da Seda na região

A batalha pela supremacia econômica na América Latina também está sendo dirimida no terreno dos megaprojetos internacionais. A China está empenhada na criação de um gigantesco cinturão de infraestruturas, portos e rotas, que já abarcou 145 países, que abrigam 70% da população e 55% do produto bruto mundial. A Rota da Seda envolve um empréstimo de 8 bilhões de dólares e supera os planos de reconstrução que se seguiram à Segunda Guerra Mundial.

Esse empreendimento colossal avança no meio das tempestuosas tensões geradas pela guerra, pela inflação e pelo curto-circuito de abastecimento que surgiram após a pandemia. Além disso, a China deve lidar com conflitos gerados pelo endividamento dos países participantes do projeto. Já é um grande credor de economias muito frágeis (Mongólia, Laos, Maldivas, Montenegro, Djibuti, Tajiquistão e Quirguistão) e refinancia os compromissos com países muito afetados por essas dívidas (Bangladesh, Tanzânia, Nigéria).

Por sua vez, a negociação de cada trecho da Rota da Seda provoca conflitos com aqueles que a integram, quando essas incorporações são feitas sem consultar os parceiros regionais. As negociações que a Itália manteve à revelia da Europa exemplificam essas tensões.

Nessa variedade de circunstâncias, a China aposta alto e, em 2023, alcançou progressos substanciais em sua corrida global, na conflituosa região do Oriente Médio. Ali realizou acordos estratégicos com a Arábia Saudita, que por meio da reciclagem financeira das exportações de petróleo funciona como o principal apoiador da primazia monetária do dólar.

Tal cenário problemático se espalhou pela América Latina. Em apenas quatro anos, a Rota da Seda adicionou 20 países da região, que começam a ter um impacto comparável ao do continente africano nesse projeto. A Argentina foi a incorporação mais recente. Com sua entrada, aumentou a pressão pela adesão dos três ausentes importantes: Brasil, México e Colômbia.

A economia do Cone Sul foi tentada com maiores créditos para financiar a aquisição de manufaturas e serviços da China. A Argentina recebe menos pressão de Washington contra Beijing do que o México ou a Colômbia, e tem menos indústria do que o Brasil para se proteger da avalanche de importações. Mas as ofertas que o Itamaraty está avaliando estão alinhadas com a expansão do intercâmbio comercial do Brasil com a China, que saltou de 2 bilhões de dólares em 2000 para 100 bilhões em 2020.

O México aguarda resposta à proposta de celebração de um TLC direto com Beijing, o que é vetado pelas cláusulas do T-MEC, assinado com os Estados Unidos. Muitas vozes impulsionam a adoção desse passo conflituoso, a fim de situar o país em um *status* de real equidistância frente aos dois poderosos do planeta (Dussel Peters, 2022). Mas essa aposta apresenta uma carta que no momento ninguém quer jogar.

A China negocia com todos os seus interlocutores, sem os mesmos compromissos que os Estados Unidos costumam exigir. Não carrega a tradição de um credor que consome dotações de territórios, empresas ou recursos de devedores insolventes.

Os julgamentos por quebra de obrigações tramitados no Centro Internacional para Resolução de Disputas sobre Investimentos (Icsid) ilustram a magnitude das penalidades impostas por empresas estadunidenses (ou europeias) aos Estados latino-

-americanos. O número dessas punições saltou de seis, em 1996, para 1.190, em 2022, com indenizações que ultrapassam 33 bilhões de dólares (Ferrari, 2022).

A passagem do tempo resolverá todas as questões sobre o comportamento futuro da China em situações semelhantes. Alguns analistas consideram que o gigante oriental já começou a prevenir cenários deste tipo (*Ecuador Today,* 2021), substituindo os créditos de Estado a Estado por empréstimos privados com garantias patrimoniais (Marcó del Pont, 2022). Mas a efetivação dessas salvaguardas ainda não foi verificada e a China continua a apresentar um perfil mais amigável do que o seu concorrente norte-americano. Avança com a Rota da Seda a uma velocidade que desconcerta o mandante estadunidense.

A inconsistência do "América Cresce"

Diante da impactante investida da China, Trump patrocinou uma muralha defensiva desde 2019 com o seu projeto América Cresce. Acima de tudo, incentivou acordos privilegiados da América Latina com empresas estadunidenses nos setores mais promissores da atividade energética. Em particular, promoveu investimentos para expandir as conexões do gás mexicano para a América Central e para aumentar a presença ianque nas redes elétricas de Colômbia, Equador, Peru e Chile. Enfatizou especialmente as reservas de gás da Bolívia e as jazidas de Vaca Muerta (Argentina) e do pré-sal (Brasil)

Para acelerar essas iniciativas, colocou o seu delegado Mauricio Claver-Carone como presidente do Banco Interamericano de Desenvolvimento (BID) e forçou a concessão de um megacrédito do Fundo Monetário Internacional (FMI) ao insolvente Estado argentino. Promoveu também uma modificação drástica dos sistemas de compras estatais vigentes e propôs a assinatura de compromissos de forma acelerada, ignorando negociações e controles parlamentares. Recorreu ao jeito trumpista de forçar, em tempo recorde, acordos de legalidade duvidosa.

Mas, com esse libreto improvisado, o magnata não conseguiu introduzir qualquer alternativa à Rota da Seda. As suas iniciativas ficaram flutuando no universo frouxo dos projetos, enquanto os governos latino-americanos continuavam a fechar acordos efetivos com clientes e fornecedores da China. A aura que surgira em torno do lançamento do América Cresce desapareceu antes de suscitar qualquer interesse significativo.

As indefinições recriaram tensões dentro dos Estados Unidos entre as frações protecionistas e globalistas. Esse conflito reforçou a obstrução de uma iniciativa que carece de apoio financeiro estatal considerável. O América Cresce foi concebido como um plano de abertura de negócios para o setor privado, que define quais são os investimentos a serem desenvolvidos.

A abordagem é o oposto do apoio direto ao Estado propiciado pela China. Enquanto o América Cresce está sujeito à aprovação de cada empresa estadunidense, a Rota da Seda avança com recursos fornecidos por Beijing. Sem essa disponibilidade direta, Washington não pode competir com o rival asiático.

Biden herdou essa obstrução sem fornecer qualquer solução. Retomou o mesmo esquema do América Cresce com o nome mais pomposo de Aliança para a Prosperidade Econômica das Américas (Apep). Colocou maior ênfase no programa complementar de incentivos ao retorno das empresas ianques sediadas na Ásia (*Back to the Americas*). Também reforçou fundos do BID para oferecer créditos de equiparação com a China e procurou reduzir a inimizade gerada com a região pelo seu antecessor, deslocando funcionários trumpistas dessa organização (Merino; Morgenfeld, 2021).

As negociações estabelecidas com 11 países latino-americanos para promover o novo projeto avançam muito lentamente e não despertam o interesse que a Alca despertou no passado (Oppenheimer, 2023b). A convocatória para expandir na América Central o modelo de associação com o México (T-MEC) não resolve nenhum dos problemas que paralisaram a iniciativa de Trump.

O enorme déficit fiscal que afeta o Tesouro estadunidense restringe a oferta de dinheiro necessária para desenvolver esse tipo de proposta. A carência de fundos limita o relançamento keynesiano interno que Biden imaginou e obstrui a concorrência externa com o gigante oriental. Por essa razão, o BID navega na indefinição, enquanto o Fórum China-Celac aumenta a sua agenda bilateral. Os Estados Unidos tampouco conseguem forjar as articulações políticas alcançadas no passado com o Consenso de Washington.

A magnitude do retrocesso estadunidense é bem visível por meio de uma simples comparação com as iniciativas adotadas pela Casa Branca na década de 1960 para neutralizar o impacto da Revolução Cubana. Naquele momento, recorreu à Aliança para o Progresso com montanhas de créditos e investimentos em todos os países, sem enfrentar rivalidades econômicas de qualquer outra potência da região. Atualmente, os Estados Unidos não contam com esses recursos e enfrentam um concorrente chinês que penetra no seu próprio "quintal". As burguesias latino-americanas, que naqueles anos se alinhavam automaticamente com o mandante, agora se distanciam e embaralham o seu próprio jogo.

Retrato de um grande desconcerto

A Cúpula das Américas, de junho de 2022, ilustra o retrocesso dos Estados Unidos na região. Esse evento é a principal instância de articulação política do continente e cada um dos oito encontros, realizados nas últimas três décadas, retratou o estado dessas relações.

Nas três primeiras cúpulas (Miami, 1994; Santiago do Chile, 1998; Quebec, 2001) a recuperação alcançada por Washington foi muito visível, com a ascensão do neoliberalismo e o colapso da URSS. Mas esse ressurgimento foi abruptamente revertido no quarto evento (Mar del Plata, 2005), com a derrota da Alca. A virada coincidiu com a erosão da unipolaridade e o início de uma sequência de fracassos estadunidenses.

Obama conseguiu um cenário de empate nas três cúpulas subsequentes (Porto de Espanha, 2009; Cartagena, 2012; Panamá, 2015). Não conseguiu concretizar os tratados bilaterais substitutos da Alca e teve que aceitar a presença de Cuba. Inclusive, empregou uma retórica conciliatória, de equivalência de todos os países, e distanciou-se do pan-americanismo.

Trump modificou radicalmente esse roteiro, a fim de restaurar a dominação explícita do império. Combinou sua grosseria com exibições de força nas reuniões e esteve ausente da própria cúpula de 2018, em Lima, para evitar protestos e rejeição a suas provocações xenófobas. Mas essa ausência apenas encobriu o fracasso das suas conspirações contra a Venezuela e o naufrágio da coligação de extrema-direita que tentou construir na região.

Na última reunião continental (Los Angeles, 2022), Biden enfrentou um acúmulo maior de adversidades. Ele elaborou uma agenda com todos os temas em voga (energia limpa, infraestrutura digital, economia verde, governança democrática) para encobrir seu propósito de retomar a primazia estadunidense (Lucita, 2022). Tentou dar uma demonstração de força com a exclusão de Nicarágua, Cuba e Venezuela para agradar os de direita da Flórida, e assumiu o duplo papel de anfitrião formal e patrão do encontro. Mas, com a repetição de uma grosseria própria de Trump, precipitou os protestos que arruinaram o evento.

O México liderou a ausência dos governos que não aceitaram as exclusões e induziu um esvaziamento da própria cúpula. A reunião se manteve como um espetáculo medíocre, questionado por quase todos os participantes (Casari, 2022). As exclusões baseadas em violações dos direitos humanos revelaram-se particularmente absurdas, em plena reconciliação ianque com a monarquia criminosa da Arábia Saudita. Biden foi até desprezado por vários governos de direita que optaram pelo não comparecimento (Morgenfeld, 2022b).

Essa ausência o impediu de avançar no pacto planejado para conter a enxurrada de migrantes de diversos territórios da América Central. Também não obteve o almejado aval para as sanções contra a Rússia e teve que aceitar um princípio de anulação de exclusões em futuros encontros. Os oradores que postularam esse princípio transformaram-se nos verdadeiros protagonistas da cúpula. Nem mesmo as alusões da Casa Branca a um iminente conflito bélico mundial alinharam os governos latino-americanos com o seu irmão mais velho (Verzi Rangel, 2022).

O que aconteceu retratou a mudança nas relações de força prevalecentes na região. Os Estados Unidos tentam investidas, sem reverter as adversidades que enfrentam, e começam a competir com encontros promovidos pelo rival chinês que não excluem nenhum concorrente. Ao contrário de Mar del Plata, a cúpula de Los Angeles não fracassou devido ao surgimento de um alinhamento latino-americano, mas pela própria impotência da administração estadunidense.

O recurso militar subjacente

Os Estados Unidos tentam se contrapor às suas deficiências econômicas com uma maior ação geopolítica e militar. Essa carta é embaralhada por todos os ocupantes da Casa Branca para conter a presença chinesa e desgastar a autonomia das classes capitalistas locais.

Ambos os objetivos são compartilhados pelas cúpulas de republicanos e democratas, que propõem a combinação de políticas de agressão e negociação para reconstruir o poder estadunidense. A mistura do porrete com os bons modos persiste como a principal combinação de todas as administrações de Washington.

Nenhum mandatário do Norte contempla a hipótese de uma retirada estadunidense da América Latina. Essa inflexibilidade é um ingrediente intrínseco da primeira potência, que não pode (nem quer) entrar em acordo com a China sobre a transferência de domínios – como o que foi firmado com a Grã-Bretanha na primeira metade do século XX.

Os Estados Unidos pretendem manter a sua primazia fazendo valer a monumental estrutura militar que o Pentágono mantém na região. O Comando Sul, a Quarta Frota e as bases da Colômbia articulam um dispositivo de magnitude muito semelhante ao implantado pelos *marines* no golfo Pérsico ou no mar Mediterrâneo.

A América Latina é a base histórica do intervencionismo estadunidense. Entre 1948 e 1990, o Departamento de Estado esteve envolvido na derrubada de 24 governos. Em quatro casos, as tropas estadunidenses atuaram; em três ocasiões, prevaleceram os assassinatos da CIA; em 17, houve golpes controlados remotamente a partir de Washington. Grande parte desses ataques foi perpetrada pelos 70 mil soldados que o Pentágono treinou, entre 1961 e 1975, para realizar massacres de todo o tipo.

A "guerra às drogas" tem sido a modalidade mais recente dessas escaladas. Incluía uma presença duradoura da Agência Antidrogas dos EUA (DEA, na sigla em inglês), especialmente no México, na Colômbia, no Peru e na Bolívia.

Deixou um número dramático de latino-americanos assassinados, sem qualquer efeito na redução do narcotráfico. A ineficácia foi consequência da própria ação da CIA, que tolerou a comercialização de entorpecentes para complementar o seu financiamento.

Além disso, esse circuito facilitou lucros multimilionários para fabricantes de armas e para bancos, que transformam o dinheiro proveniente de atividades ilegais em operações comuns. Por essa lavagem de capitais, entidades envolvidas no crime – como a Wells Fargo – foram penalizadas com multas irrelevantes (Miguel, 2022).

Apesar do comprovado fracasso das suas campanhas contra o narcotráfico, Washington prepara-se para repetir a mesma receita no Equador. Já assinou acordos com o presidente daquele país, Daniel Noboa, de direitapara autorizar a presença marítima e territorial do Pentágono em uma nação dilacerada pela ação sangrenta de gangues criminosas. Com a intervenção, os Estados Unidos voltarão a mobilizar as suas tropas e tentarão recuperar o controle direto de uma área que geriram a seu critério até o desmantelamento da base militar em Manta. O objetivo inegável da primeira potência é pulverizar a soberania do país e condicionar a ação de todos os governos locais.

O Departamento de Estado disfarça sempre as suas agressões com pretextos inverossímeis. Os *marines* e a embaixada têm sido tradicionalmente apresentados como salvadores de inimigos muito mutáveis. Primeiro foram os comunistas, depois os talibãs, posteriormente os narcotraficantes e agora os terroristas. Hollywood contribui ativamente para esta encenação, massificando estereótipos que a cada conjuntura se adaptam às mistificações fomentadas por Washington (Cook, 2022).

Os Estados Unidos têm atualmente 12 bases militares no Panamá, 12 em Porto Rico, nove na Colômbia, oito no Peru, três em Honduras e duas no Paraguai. Também mantêm instalações do mesmo tipo em Aruba, Costa Rica, El Salvador e Cuba (Guantánamo). Nas ilhas Malvinas, o parceiro britânico assegura uma rede da Otan conectada às localidades do Atlântico Norte (Rodríguez Gelfenstein, 2023).

Mas Washington adota a sua estratégia face a restrições que não enfrentou no passado. Já não pode despachar soldados com o mesmo descaramento que prevaleceu na segunda metade do século XX. Prioriza a sua atividade nas sombras, para derrubar governantes que incomodam e instalar ditadores simpatizantes.

Basta observar a confissão de John Bolton, ex-conselheiro de Segurança durante a administração Trump, para perceber quão persistente é a meticulosa preparação estadunidense dos golpes de Estado (*El País*, 2022). Ao mesmo tempo, os homens de Washington apoiam a feroz repressão que a usurpadora Boluarte desencadeia contra o povo peruano (Ruiz, 2023).

Com a mesma crueza e sem qualquer filtro, a chefe do Comando Sul, Laura Richardson, proclamou o direito do Pentágono de gerir os recursos naturais da América Latina como se fossem seus (Reyes, 2023). Valorizou especialmente o lítio, o petróleo e as reservas de água doce. Com essa ordem, um corpo estadunidense de engenheiros remodela o circuito navegável dos rios que atravessam o Paraguai. No seu confronto com Beijing, Washington evita qualquer relaxamento da presença militar no "quintal".

Sanções contra a Rússia para afastar a China

A subordinação geopolítica das chancelarias latino-americanas é outro instrumento da contraofensiva dos Estados Unidos contra a China. O Departamento de Estado busca utilizar a guerra da Ucrânia para comprometer os governos latino--americanos nas campanhas de condenação a Vladimir Putin. Exige penalização da incursão russa sem nenhuma menção à

Otan. Essa pressão pretende dobrar numerosos mandatários que resistem a um cego alinhamento com Washington.

As punições contra Moscou exigidas pelos Estados Unidos procuram reduzir a margem de autonomia da região. Com esse tipo de submissão, a Casa Branca sepultou, durante o século XX, todos os vestígios de independência latino-americana.

Os grandes meios de comunicação comandam essa pressão para forçar a reprovação de Moscou exigida por Washington. Potencializam o clima de russofobia que se estabeleceu na opinião pública e questionam as hesitações em emitir censuras mais virulentas contra Putin. A campanha visa ressuscitar a OEA e neutralizar a Celac.

A pressão ianque não produziu resultados sobre os mandatários em conflito com a Casa Branca (Venezuela, Bolívia, Cuba e Nicarágua), mas teve impacto nas administrações que oscilam periodicamente entre o distanciamento e a submissão a Washington (Argentina, Chile). Em diferentes ocasiões, esses governos forneceram os votos de censura contra a Rússia exigidos pelo mandante do Norte.

Os Estados Unidos não escondem a sua irritação com o México por ignorar esses pronunciamentos. O próprio presidente da Ucrânia, Volodymyr Zelensky, criticou duramente López Obrador. Ele questiona a sua proposta de cessação das hostilidades e de uma trégua de cinco anos. A mesma tensão se estendeu ao Itamaraty desde a posse de Lula.

O clima belicista promovido pelos Estados Unidos não ganhou muitos adeptos na América Latina. A maior parte da região permanece distante da tensão de guerra que impera na Europa. Por essa razão, o pedido do Pentágono a vários governos para enviar suprimentos de origem russa ao exército ucraniano foi totalmente rejeitado (Kersffeld, 2023). Washington não conseguiu recriar a tradicional submissão às suas manobras geopolíticas.

Essa limitação contrasta com a subordinação que impôs à Europa. A diferença se deve à localização do conflito no Velho Continente. Mas a submissão a Washington antecedeu a guerra em curso e foi cuidadosamente programada pelos estrategistas da Otan. Na sua longa e traumática experiência com o opressor ianque, a América Latina gerou mais anticorpos do que a Europa às provocações do Departamento de Estado (Beluche, 2023).

A Casa Branca não esconde os objetivos econômicos do seu ataque. Chantageia todos os países para cancelarem os seus escassos negócios com a Rússia. Exige que o Equador corte as vendas de banana, que o Paraguai reduza as exportações de carne, que o Brasil restrinja as vendas de soja e café e que o México cancele a venda de carros, computadores e cerveja. A pressão sobre a Argentina concentra-se na delicada questão da energia nuclear (López Blanch, 2022b).

Mas como o impacto econômico da Rússia na América Latina é muito limitado, o principal propósito estadunidense aponta em outra direção. Pretende usar o conflito na Ucrânia para minar a presença do aliado chinês de Moscou. Biden está obcecado em conter Beijing. Ele sabe que a contagem regressiva para o controle dos recursos naturais da região se acelera e tem pressa em restaurar a dominação ianque.

A batalha pelos minerais a serem utilizados na transição energética é uma prioridade na competição com a China. Vários países latino-americanos detêm os insumos que as duas potências pretendem monopolizar (Feliu Poch, 2021). O belicismo é o principal trunfo dos Estados Unidos para vencer a disputa.

O persistente assédio à Alba

A contraofensiva imperialista inclui novas barreiras contra o bloco de governos latino-americanos mais em desacordo com Washington, que integram a Aliança Bolivariana para os Povos de Nossa América (Alba). A escalada contra Cuba, Venezuela, Nicarágua e Bolívia ficou clara na exclusão desses países da Cúpula das Américas. Biden tentou arquivar os grosseiros rompantes de Trump no início de sua gestão, mas depois adotou posturas agressivas que estão em sintonia com sua própria trajetória. O atual presidente apoiou Thatcher na Guerra das Malvinas, apoiou os crimes do Plano Colômbia e administrou as operações da DEA na América Central.

A Casa Branca retomou os seus grandes gastos em diplomacia, financiamento de fundações e protagonismo das embaixadas para remodelar alianças com o *establishment* latino-americano. Além disso, é muito sensível ao *lobby* ultradireitista de Miami, que exige ações de brutal intervencionismo.

Essa influência verifica-se, sobretudo, na continuidade das agressões a Cuba. Biden não revogou a classificação daquele país como Estado terrorista e tentou expulsar a delegação de Havana do Conselho de Direitos Humanos da Organização das Nações Unidas (ONU).

O presidente não é exceção na longa lista de mandatários ianques que tentaram destruir a Revolução Cubana, por meio de bloqueios e conspirações armadas. A principal potência mundial nunca se recuperou da sua maior derrota na região e não se resignou a conviver com um processo socialista a pouco mais de 140 quilômetros de Miami. Esse desafio teve um enorme efeito a longo prazo, demonstrando a vulnerabilidade dos Estados Unidos no seu próprio feudo. Cuba estabeleceu as bases para uma gradual virada autônoma de toda a região.

É verdade que Washington conseguiu conter as reverberações expansivas da revolução em direção ao restante do continente durante a onda geral de 1960-1970. Também freou o ressurgimento centro-americano da década seguinte. Recorreu ao terror das ditaduras e a uma guerra de desgaste que terminou com a invasão do Panamá.

Tal como em outras partes do mundo, os Estados Unidos compensaram a sua grande derrota em Cuba com outras conquistas de contenção contrarrevolucionária. No Extremo Oriente perdeu a China e o Vietnã, mas reconquistou a Indonésia, forçou a divisão da Coreia e derrotou Mianmar e as Filipinas. Um equilíbrio do mesmo tipo poderia ser exposto para o caso latino-americano (Anderson, 2013). Mas Cuba teve um impacto de maior alcance para a dominação imperialista, porque se consolidou no próprio entorno da primeira potência. Como todos os seus antecessores, Biden não conseguiu lidar com essa adversidade.

A partir da Casa Branca, também tentou manter o assédio à Venezuela com novas provocações, como o sequestro do diplomata Alex Saab e o confisco contínuo de bens venezuelanos em diferentes partes do mundo.

As usurpações incluem toneladas de ouro no Banco da Inglaterra e as propriedades da CITGO, que é a oitava maior refinaria dos Estados Unidos e o maior ativo externo da PDVSA, a petroleira nacional. O governo bolivariano conseguiu recuperar outra empresa imobilizada na Colômbia (a petroquímica Monómeros) e disputa a recuperação de um avião retido na Argentina.

A perseguição imperialista à Venezuela foi a mais longa e brutal dos últimos tempos. Incluiu todo o tipo de complô e foi motivada pelo interesse óbvio em recuperar a gestão estadunidense das maiores reservas de petróleo do continente (Petras, 2019).

Por sua vez, Biden manteve o financiamento para a oposição nicaraguense para derrubar Ortega e promulgou uma lei que permite novas sanções. Além disso, deu a sua aprovação a diversas conspirações na Bolívia, mas se deu conta das dificuldades que os Estados Unidos enfrentam na região.

Compromissos e indefinições

A insolência e as inconsistências de Trump na América Latina deixaram um saldo de fracassos para Washington, que Biden não reverteu. Para lidar com essa adversidade, ele combinou o continuísmo com tentativas de outra política.

A deterioração da OEA persistiu, o Grupo de Lima se dissolveu e nenhum organismo efetivo fez cumprir as exigências dos Estados Unidos. Biden buscou um rearranjo para conseguir essa adaptação, mas não encontrou uma orientação para suas ações.

Inaugurou a sua administração demitindo os personagens mais reacionários que Trump instalou no Departamento de Estado. Também se distanciou de antigos aliados de direita em El Salvador e na Guatemala para limpar a imagem de seu governo.

Com grande intensidade, retomou as listas elaboradas pelo Departamento de Justiça para exigir a extradição de funcionários comprometidos com a corrupção ou o tráfico de drogas. Essa individualização atingiu 62 pessoas de Guatemala, Honduras e El Salvador que ocuparam cargos em governos ligados a Washington. Alguns ex-presidentes (como Orlando Hernández) e seus familiares (ou pessoas próximas) foram deportados e presos nos Estados Unidos.

Como acontecera com Manuel Noriega, no Panamá, Biden se desvinculou dos seus servidores que caíram em desgraça. Com esse tipo de ação extraterritorial, fez valer a sua autoridade, reforçou o seu próprio passado e reafirmou o princípio de impor as suas leis a outros territórios. Dessa forma, tentou disciplinar todos os governos segundo as suas necessidades (Veiga, 2022b). Essa política estendeu-se à América do Sul com a renúncia forçada do vice-presidente do Paraguai, Hugo Velázquez, por simples exigência do embaixador estadunidense naquele país.

Biden também apontou para um lado mais pragmático e substituiu os atos de força por negociações com os seus interlocutores mais contestadores. Com López Obrador manteve uma postura muito diferente da arrogância de Trump. Em vez de construir o muro, buscou formas de conter os migrantes no Sul do México. Essas normas foram especificadas no encontro entre presidentes que se seguiu ao embate registrado durante a Cúpula das Américas. Chegou a negociar um acordo mais ousado com a Venezuela para adquirir petróleo, que ficou mais caro com a guerra na Ucrânia. Os Estados Unidos precisam importar petróleo bruto de locais mais próximos para garantir o seu abastecimento, sustentar as vendas de gás para a Europa e manter as sanções contra a Rússia

Várias empresas ianques concordaram em reiniciar as perfurações para aumentar a capacidade de extração dos poços venezuelanos. Mas tal operação exigiria o levantamento das sanções e o reconhecimento do governo bolivariano, o que Biden evitou devido às enormes implicações políticas de tal decisão. Essa reconciliação constituiria um precedente para estender a mesma estratégia ao Irã, e a Casa Branca não consegue decidir como essa reviravolta incidiria na queda de braço com a China.

Como em outros tópicos importantes, Biden governou adiando as decisões de política externa. A disputa presidencial de 2024 está sendo definida em um cenário contraditório, de relativa estabilidade econômica interna e grande indefinição estratégica entre as elites que controlam o poder em Washington. Os mandantes concordam em lançar uma contraofensiva internacional para reconstruir as forças do império, mas os inimigos prioritários e as principais zonas de conflito ainda não foram definidos pelo comando estadunidense.

Os atoleiros na vizinhança

A penetração vertiginosa da China na América Latina confirma a impotência do belicismo ianque para se contrapor ao declínio econômico estadunidense. Em nenhuma outra região do mundo Washington exerceu uma preeminência tão evidente. Se suas armas, espiões e embaixadores não conseguirem conter a máquina de negócios de Beijing nessa região, terá pouca possibilidade de fazê-lo em outros rincões do planeta. Por esse motivo, a América Latina é um teste do futuro.

A chegada da China à região corrói o controle direto que os Estados Unidos têm exercido no continente, sem rivais, há muito tempo. Diferentemente do que ocorreu na Ásia, a Casa Branca administrou seu comando na área sem a ajuda de antigas potências (Japão) ou grandes parceiros (Austrália). Diferentemente do que ocorre no Oriente Médio, ela não utiliza apêndices estratégicos integrados à sua própria estrutura imperialista, como Israel. A gendarmeria regional supervisionada pelo Pentágono (Colômbia) nunca teve esse grau de simbiose com o *establishment* do Norte. Diferentemente do que ocorreu na Europa Oriental, os Estados Unidos não recorreram aos seus parceiros da Otan para resolver disputas estratégicas com a Rússia.

O que sempre distinguiu a dominação estadunidense na América Latina foi sua interferência direta, explícita e avassaladora ao sul do rio Grande. É por isso que a chegada da China é tão significativa.

Os Estados Unidos nunca se furtaram a empregar todos os tipos de ações para demonstrar domínio e fazer com que as classes dominantes locais soubessem quem estava no comando. Eles recorreram a um cardápio variado de cooptação, chantagens e ameaças para explicitar essa liderança. No entanto, essa combinação de códigos de guerra e retórica de coexistência não

impede mais as negociações comerciais das burguesias latino-
-americanas com Beijing.

Esse fracasso coloca o dominador ianque em uma situação sem precedentes e sem roteiro. Ele não enfrenta um desafio revolucionário vindo de baixo (como nas décadas de 1960 e 1970) nem uma competição geopolítica (equivalente à Guerra Fria). Também não pode recuar, como fizeram os impérios decadentes diante da descolonização africana. Ele deve disputar no terreno da competição econômica e recorre a pressões militares que não conseguem seu objetivo. As singularidades do rival chinês explicam esse atoleiro estadunidense.

3. AS MULTIPLICIDADES DA CHINA NA AMÉRICA LATINA

A China não improvisou seu arrojado desembarque na América Latina. Elaborou um plano estratégico de expansão, codificado em dois *white papers* (2008 e 2016). Primeiro, priorizou a assinatura de acordos de livre-comércio com países conectados ao seu próprio oceano. Posteriormente, incentivou a articulação desses acordos no conglomerado zonal da Aliança do Pacífico (AP).

Esse avanço comercial foi seguido por uma onda de financiamento que, na última década, alcançou 130 bilhões de dólares em empréstimos bancários e 72 bilhões de dólares em aquisições corporativas. A consolidação de crédito foi sustentada por uma sequência de investimentos diretos focados em obras de infraestrutura para melhorar a competitividade de seu abastecimento.

A enorme rede de portos, estradas e corredores bioceânicos torna mais barata a aquisição de matérias-primas e a colocação de excedentes industriais. A América Latina já é o segundo maior destino desses projetos, que estão se expandindo em um ritmo galopante. Com o apoio chinês, estão sendo construídas novas pontes no Panamá e na Guiana, metrôs na Colômbia, dragagens no Brasil, na Argentina e no Uruguai, aeroportos no Equador, ferrovias e hidrovias no Peru e rodovias no Chile (Fuenzalida Santos, 2022).

A aquisição de empresas está concentrada nos segmentos estratégicos de gás, petróleo, mineração e metais.

A China está ávida pelo cobre do Peru, pelo lítio da Bolívia e pelo petróleo da Venezuela. As empresas estatais da nova potência desempenham um papel protagonista nessas aquisições. Elas antecipam ou determinam a presença subsequente de empresas privadas. O setor público chinês alinha todas as sequências a serem seguidas em cada país, de acordo com um plano elaborado por Beijing.

A entidade financeira desse comando, o Banco Asiático de Investimento em Infraestrutura (Aiib), fornece os fundos necessários para elevar as taxas de investimento direto a níveis recorde na região. Essas médias anuais saltaram de 1.357 milhões (2001-2009) para 10.817 bilhões de dólares (2010-2016), transformando a América Latina no segundo maior destino para colocações desse tipo.

A China está começando a coroar sua penetração econômica integral com o fornecimento de tecnologia. Já disputa a primazia de equipamentos 5G por meio de três empresas principais (Huawei, Alibaba e Tencent). Em cada país, está negociando contra o relógio a implantação desses equipamentos, em um confronto com seus concorrentes do Ocidente. Ela chegou a acordos favoráveis no México, na República Dominicana, no Panamá e no Equador, enquanto está testando a predisposição do Brasil e da Argentina (Crivelli Minutti; Lo Brutto, 2019).

Astúcia geopolítica

A China conquista os mercados latino-americanos combinando audácia econômica com astúcia geopolítica. Não confronta abertamente com o rival estadunidense, mas, para concluir acordos, exige de todos os seus clientes a ruptura de relações diplomáticas com Taiwan.

O reconhecimento do princípio de "uma só China" é a condição de qualquer acordo comercial ou financeiro com a nova potência. Por meio dessa via indireta, Beijing consolida seu peso global e corrói a tradicional submissão dos governos latino-americanos aos ditames de Washington.

É impressionante a velocidade com que a China conseguiu impor essa mudança. A influência que Taiwan havia conseguido manter na América Central e no Caribe até 2007 foi corroída pela diplomacia de Beijing, que conquistou o Panamá, a República Dominicana e El Salvador a seu favor. Essa sequência demoliu as representações de Taipei, que só mantiveram escritórios em países pequenos ou pouco representativos na região, após uma sequência surpreendente de rupturas (Regueiro Bello, 2021).

Esse resultado é muito marcante em uma região tão sensível aos interesses dos Estados Unidos. O gigante do Norte sempre privilegiou a proximidade da área e sua importância para o comércio mundial. A China penetrou no coração da influência ianque, erradicando as delegações de Taiwan e se tornando o segundo maior parceiro da região.

Beijing estabeleceu sua influência regional após afirmar sua presença no Panamá, rompendo a esmagadora dominação de Washington sobre o istmo. Um governo pró-ianque e declaradamente neoliberal garantiu negócios com a China, depois que o gigante asiático exerceu uma pressão dissuasiva com sua ameaça de construir um canal alternativo na Nicarágua.

O abandono desse projeto foi seguido pelo rompimento com Taiwan e pela conversão do Panamá no país centro-americano com maiores investimentos chineses e em local escolhido para uma linha de trem de alta velocidade (Quian; Vaca Narvaja 2021). Esses números representam um grande golpe no predomínio exercido pelos Estados Unidos.

Beijing estendeu a mesma estratégia para a América do Sul e está negociando com grande tenacidade o rompimento do Paraguai, que é um dos 15 países do mundo que ainda reconhecem Taiwan. Nesse caso, também está agindo com muita paciência, ocupando gradualmente mais espaço sem confrontar abertamente Washington. As ofertas de negócios são o prêmio tentador que Beijing oferece às elites que simpatizam com os estadunidenses. Convoca a priorização dos ganhos econômicos em detrimento das preferências ideológicas.

Durante a pandemia, a China acrescentou mais uma carta ao coquetel de atrações que põe à disposição dos governos latino-americanos para ganhar seu favoritismo. No cenário dramático que prevaleceu durante a crise sanitária, empregou uma diplomacia inteligente, com grandes ofertas de vacina. Forneceu os suprimentos de saúde que o governo Trump regateava a seus tradicionais protegidos no hemisfério.

Beijing forneceu cerca de 400 milhões de doses de vacinas e quase 40 milhões de insumos para saúde em um momento em que esses produtos estavam em falta e Washington respondia com indiferença às solicitações de seus vizinhos do Sul. O contraste entre a boa vontade de Xi Jinping e o egoísmo brutal de Trump deu outro impulso à reaproximação da América Latina com a China.

Negócios sem apoio militar

A China está concentrando suas baterias na esfera econômica, evitando confrontos na esfera geopolítica ou militar. Selecionou o campo de batalha mais favorável para seu perfil atual. Contorna o universo bélico e aposta todas as cartas no avanço da Rota da Seda.

Essa estratégia coloca a nova potência em um terreno distante da norma imperialista, que pressupõe a utilização de forças extraeconômicas para obter vantagem na luta por uma fatia maior do mercado mundial.

O distanciamento do imperialismo tradicional distingue a China do rumo seguido por outras potências no passado. Não está repetindo o caminho do Japão ou da Alemanha, que no século passado optaram pelo confronto militar.

A China protege suas fronteiras, moderniza suas tropas e aumenta seu orçamento bélico no mesmo ritmo de seu desenvolvimento produtivo. Mas não mobiliza essa força pelo mundo a compasso da vertiginosa internacionalização de sua economia. Ela separa rigorosamente negócios e apoio militar, e não acompanha seus investimentos com bases, tropas ou efetivos para garantir o reembolso.

Beijing está assumindo o risco de criar uma nova rede de negócios que seja mais autônoma em relação à antiga proteção imperialista. Espera-se que a própria globalização da economia neutralize as tendências ao deslocamento e ao consequente resultado de confronto. A viabilidade de tal horizonte a médio prazo é altamente duvidosa, mas no interregno foi criado um cenário sem precedentes. Uma potência captura enormes porções da economia mundial sem utilizar a correspondente força militar. O imperialismo estadunidense não encontrou, até agora, nenhuma resposta frente a tal desafio.

A China reage com grande contundência a qualquer ameaça em suas fronteiras terrestres e estende sua presença à costa marítima do país. Com grandes demonstrações de força, ela lembra que Taiwan faz parte de seu território. Mas essa firmeza militar não se estende a outras partes do planeta, onde a nova potência se transformou em investidora dominante ou sócia principal. Nessas regiões da Ásia, África ou América Latina continua privilegiando os TLC, a aquisição de empresas ou a simples captura dos recursos naturais.

Após várias décadas de intensa expansão, instalou apenas uma base militar em um ponto estratégico da África (Djibouti) e não se envolveu em nenhum conflito armado. Na década de 1960, enfrentou tensões armadas com a Índia e entrou em conflito com o Vietná na crise do Camboja. Mas esses fatos do passado não reaparecem na estratégia defensiva atual.

O comportamento da China na América Latina oferece outro exemplo categórico desse rumo. Beijing conhece a grande sensibilidade de Washington frente a qualquer presença estrangeira em um território que considera seu. Por esse motivo, demonstra especial cautela nessa região. Evita ingerências na esfera política e se limita a ganhar posições por meio de negócios frutíferos. Sua única exigência extraeconômica envolve seus próprios interesses de reafirmar o princípio de "uma única China" por meio de rompimentos com Taiwan.

A singularidade dessa política salta à vista em comparação com a implementada por Moscou. Embora os interesses econômicos da Rússia na região sejam infinitamente menores do que os já desenvolvidos pela China, Putin demonstrou, em diversas ocasiões, a presença das suas tropas em exercícios militares conjuntos com a Venezuela. Com esses atos, implementa uma lógica geopolítica de reciprocidade para dissuadir agressões de Washington em suas próprias fronteiras euro-asiáticas.

Esse tipo de presença bélica simbólica no hemisfério é totalmente inconcebível para a China, que, ao contrário da Rússia, restringe as suas ações militares ao próprio campo e evita qualquer ação fora dessa órbita. Por enquanto, essa conduta exclui a nova potência oriental do escaninho imperialista.

Denúncias habituais, questionamentos hipócritas

Os porta-vozes da Casa Branca costumam denunciar os propósitos imperialistas da presença chinesa na América Latina. Alertam contra o expansionismo de Beijing e sublinham a intenção de restabelecer o seu domínio milenar, a partir de uma nova base ao sul do rio Grande. Apontam que a penetração comercial constitui a antecipação de uma futura implantação política e militar (Povse, 2022).

Essas advertências nunca incluem evidências de qualquer tipo. Os agentes do imperialismo estadunidense observam o seu rival como um igual que deveria seguir a sua própria conduta. Mas essa suposição não tem corroboração.

Um enorme abismo separa a expansão chinesa do padrão imperialista estadunidense. Beijing não possui bases militares na Colômbia nem mantém uma frota no Caribe. Também não utiliza as suas embaixadas para organizar conspirações. Não financiou as conspirações de Juan Guaidó na Venezuela, o golpe de estado de Áñez na Bolívia, a retirada de Manuel Zelaya da presidência hondurenha, a remoção de Aristide no Haiti ou a destituição de Fernando Lugo no Paraguai.

A China também não repete os ataques da CIA, as operações da DEA ou as capturas do FBI. Faz negócios com todos os governos sem influenciar a política interna. A contraposição com o descarado intervencionismo de Washington salta à vista.

Esses contrastes elementares são omitidos na apresentação da China como uma potência que retoma as suas antigas ambições imperialistas. Os denunciantes compensam a falta de dados com advertências sobre acontecimentos futuros. Reconhecem que seu rival não possui bases militares na região, mas anunciam sua próxima instalação. Admitem que a economia é o principal instrumento do seu concorrente, mas alertam para os efeitos colonialistas dessa modalidade. Corroboram o respeito chinês pela soberania latino-americana, mas anunciam a iminente violação desse princípio.

Alguns expoentes dessas inconsistências afirmam que a dominação chinesa irromperá por meio da cultura, do idioma ou dos costumes (Urbano, 2021). Mas não explicam como ocorrerá essa abrupta supressão do predomínio ocidental na vida social latino-americana. Escondem, além disso, o pesadelo oposto de um século de preconceitos racistas contra as minorias asiáticas na região.

A campanha contra o "neocolonialismo" chinês, divulgada por uma publicação da Força Aérea estadunidense, é particularmente ridícula (Urbano, 2021). Omite a sua especialidade em bombardear a população civil de vários continentes. Basta olhar a lista dessas incursões para perceber a hipocrisia de Washington. Desde o final da Segunda Guerra Mundial, os Estados Unidos realizaram ataques contra Coreia e China (1950-1953), Guatemala (1954 e 1960), Indonésia (1958), Cuba (1959 e 1961), Congo (1964), Laos (1964-1973), Vietnã (1961-1973), Camboja (1969-1970), Granada (1983), Líbano (1983 e 1984), Líbia (1986, 2011, 2015), El Salvador (1980), Nicarágua (1980), Irã (1987), Panamá (1989), Iraque (1991, 2003, 2015), Kuwait (1991), Somália (1993, 2007-2008, 2011), Bósnia (1994, 1995), Sudão (1998), Afeganistão (1998, 2001-2015), Iugoslávia (1999), Iêmen (2002, 2009, 2011), Paquistão (2007-2015) e Síria (2014-2015).

Os acusadores da China esquecem-se dessa sequência atroz, para ressaltar os efeitos nefastos da "diplomacia da dívida" desenvolvida por Beijing. Consideram que o seu rival utilizará esse instrumento para subjugar as economias insolventes da região.

O perigo existe, mas sua enunciação carece de credibilidade na boca dos especialistas em cobrar dívidas com invasões de *marines* e ajustes do FMI. O que se vislumbra como uma ameaça da China é, na verdade, a prática habitual dos Estados Unidos nos últimos dois séculos.

Os imperialistas críticos da presença asiática tampouco omitem a reiterada contraposição entre a democracia propiciada por Washington e o autoritarismo que vigora em Beijing. Mas a propagação desse mito entra em conflito com o recorde de ditaduras produzidas pelo Departamento de Estado para a região.

Outros porta-vozes da Casa Branca evitam elogiar os Estados Unidos nas suas denúncias sobre a presença chinesa. A duplicidade do contraponto é tão fraudulenta que preferem ignorá-la. Limitam-se a alertar sobre o avanço do rival com simples apelos para conter a expansão. Alguns estimam que a primeira potência já perdeu o domínio da África e deve priorizar a manutenção da América Latina (Donoso Álvarez, 2022).

Essas confissões ilustram o grau de retrocesso imperialista que uma parte da elite estadunidense já constata. Observam com mais realismo a estratégica perda de posições no próprio continente, sem encontrar receitas para reverter esse recuo.

Sem agressões, mas em detrimento da região

A equivocada denúncia da China como uma potência semelhante aos Estados Unidos baseia-se por vezes na banalização do conceito de imperialismo. Objetivando suscitar o interesse do leitor, qualquer avanço feito por Beijing no plano comercial ou financeiro é tipificado nestes termos. A noção é apresentada como sinônimo de vileza, sem qualquer preocupação com sua fundamentação conceitual.

Esta visão costuma confundir a dependência econômica gerada pelos acordos desfavoráveis que a América Latina assina com o gigante asiático, com a opressão política imperialista. Ambos os processos mantêm ligações potenciais, mas podem desenvolver-se em caminhos separados e é importante registrar os momentos de cruzamento ou divórcio de ambos os percursos.

O imperialismo envolve o uso explícito ou implícito da força para garantir a supremacia das empresas de uma potência opressora no território de uma economia dominada. Existem inúmeras evidências desse tipo de agressões por parte dos Estados Unidos, mas até agora não há indícios desses abusos no caso da China. Essa diferença é corroborada em todos os países da América Latina.

A ação militar estrangeira é o típico ato imperialista que a China evita. Enquanto ignorar esse recurso, continuará se desenvolvendo abaixo do limiar imperialista. Não há dúvida de que a sua expansão no mundo (e a sua consequente conversão em potência dominante) abrirá uma séria tentação para a sua transformação em uma força opressora. Até agora, essa eventualidade constitui uma possibilidade, um presságio ou um cálculo, e não uma realidade verificável. Até que se verifiquem os fatos, não é apropriado colocar a China nas fileiras dos impérios.

Essa passagem para um *status* imperialista explícito dependerá da dimensão alcançada pelo capitalismo chinês. Nos últimos dois séculos, foi muito frequente a incursão militar dos grandes Estados no exterior para ajudar os seus parceiros capitalistas. Na China, essa dinâmica atual exigiria uma grande consolidação da classe dominante, com a sua consequente capacidade para impor ajuda militar aos governantes de Beijing.

Essa sequência era muito comum na Europa, nos Estados Unidos e no Japão. Mas a China ainda não enfrenta cenários deste tipo, porque o regime político prevalecente provém de uma experiência socialista, mantém características híbridas e não completou a sua transição ao capitalismo. Por essa razão, não se observam as típicas ações do intervencionismo imperialista.

A consolidação definitiva do capitalismo dentro da China e a sua correlação imperialista no exterior são limitadas por dois fatores. Por um lado, a onipresença do setor público (central, provincial e municipal) com 40% do produto bruto (Mendoza, 2021). Por outro lado, a liderança institucional do Partido Comunista Chinês (PCCh). Já existe uma classe dominante muito poderosa e estabelecida, mas ela não administra os recursos do Estado e são limitadas as suas possibilidades de exigir intervenções em seu benefício exclusivo.

A impressionante expansão do PIB – que se multiplicou por 86 entre 1978 e 2020, e retirou 800 milhões de pessoas da pobreza – tem um efeito contraditório sobre essa evolução: deu origem a um circuito capitalista que fortalece os interesses de uma minoria privilegiada, ao mesmo tempo que consolidou uma incidência inédita da intervenção estatal, o que reforça o contrapeso das maiorias populares à perpetuação do lucro e da exploração. Essa originalidade do desenvolvimento chinês obriga-nos a tratar com muita cautela as previsões sobre o futuro de uma economia híbrida, sujeita à gestão regulatória do Estado.

Uma diferenciação essencial

A equiparação da China com os Estados Unidos também é um erro frequente de alguns analistas de esquerda. Costumam atribuir às duas potências um *status* semelhante, de Estados imperialistas que disputam nos mesmos termos o butim da periferia.

Uma variante dessa visão considera que a China foi socialista no passado, depois adotou um perfil capitalista e atualmente amadurece sua conversão imperialista. Considera que esse novo *status* se verifica em sua transição de uma economia exportadora de mercadorias a outra, investidora de capitais. Considera que essa mudança promoveu a consolidação do *soft power*, que complementa o desenvolvimento da sua força militar. Os TLC e a

Rota da Seda são vistos como instrumentos opressivos, muito semelhantes aos forjados pelos Estados Unidos (Laufer, 2019).

Essa visão confunde as relações de dominação entre Washington e seu "quintal" com a rede de dependência que a China forjou com a região. No primeiro caso, os lucros econômicos baseiam-se no controle geopolítico militar, que está ausente no segundo caso.

A diferença é omitida ou relativizada, afirmando que a China está gestando em tempo recorde o que os Estados Unidos construíram no decorrer de um longo século. Mas se Beijing ainda não constituiu esse emaranhado de poder, não seria apropriado caracterizar sua presença como a de uma força imperialista já existente. Se essa estrutura estiver sendo erigida, existe também a possibilidade de nunca ser concluída. O imperialismo não é um conceito assentado no universo das hipóteses.

A equalização da rivalidade sino-estadunidense restringe as evidências dessa luta à esfera econômica. Por isso, vê a disputa como uma competição intercapitalista entre duas potências da mesma natureza. Essa perspectiva destaca analogias formais, sem perceber os diferentes comportamentos dos dois contendores.

Os investimentos da China em mineração, agricultura e combustíveis apresentam muitos pontos de contato com os corredores extrativistas da Iniciativa para a Integração da Infraestrutura Regional na América do Sul (Iirsa), que os Estados Unidos promovem há décadas. Mas a gestão dessa infraestrutura depende, no primeiro caso, das empresas e dos Estados nacionais que assinaram esses contratos. Ali não funciona o dispositivo militar, judicial, político e midiático que os Estados Unidos mantêm em todo o continente para proteger seus negócios.

Perante ambas as situações, não há dúvida de que é oportuno patrocinar políticas de proteção dos bens comuns para apoiar os processos de integração regional que permitam uma utilização produtiva dos recursos. Em relação a esse corolário, não existem divergências significativas na esquerda latino--americana. A discrepância reside na forma como os processos políticos soberanos devem ser posicionados face ao dominador estadunidense e ao financiador, cliente ou investidor chinês. Um tratamento equivalente para ambos os casos obstrui a batalha efetiva pela unidade regional.

O mesmo problema gera o desconhecimento dos conflitos que opõem ambas as potências, supondo que as grandes empresas dos dois países participam de um mesmo e indistinto capital transnacional. Essa visão observa uma relação simbiótica de benefício mútuo entre os dois gigantes.

Mas o chamado capital transnacional refere-se apenas a misturas de recursos de diferentes países. Essa variedade limitada de empresas não substitui as empresas líderes do capitalismo atual nem reduz a preeminência de Estados nacionais, muito diferenciados na gestão dos recursos da economia. Mesmo no momento de maior auge da globalização, uma fusão geral desses capitais não foi consumada e nunca surgiram classes dominantes ou Estados transnacionalizados (Katz, 2011, p. 205-219).

Os defensores dessa abordagem perderam a influência que tinham na última década e os problemas de sua visão vieram à luz na tese errônea de uma fusão de empresas sino-americanas. A expectativa dessa convergência foi totalmente demolida pelo atual cenário de rivalidade. Essa competição também se reflete no novo cenário de duas posições em relação aos acordos de livre-comércio.

Na década de 1990, a bandeira do intercâmbio livre de tarifas foi levantada principalmente pelos Estados Unidos. Posteriormente, ela espalhou-se de forma mais limitada pela Europa e pelo Japão, mas houve uma mutação completa quando a China a adotou como sua grande bandeira. A cúpula de livre-comércio de Davos tornou-se um espaço de elogios generalizados a Beijing, e Washington perdeu a sua bússola, prendendo-se numa indefinição que persiste até hoje (Cernadas; Santos, 2022).

As correntes protecionistas e globalistas travam uma luta dentro dos Estados Unidos, uma situação que paralisa a Casa Branca. Esse confronto produziu a impotência de Obama, a hesitação de Trump e as vacilações de Biden. Devido a essa sequência, os TLC tornaram-se uma batata quente que nenhum presidente ianque consegue pôr em prática. Enquanto a China tem objetivos bem definidos na promoção desses acordos, o seu rival oscila ao compasso de grandes conflitos internos.

Encruzilhadas com a China

Apontar as diferenças substanciais que separam a China dos Estados Unidos não implica ignorar o distanciamento da perspectiva socialista que entranha o restabelecimento de uma classe capitalista no gigante asiático. A crítica a essa involução é essencial para sustentar a batalha que está sendo travada naquele país contra a restauração definitiva do capitalismo.

É fundamental esclarecer esse confronto, antes que o processo desemboque em um fato consumado e irreversível. O principal erro de grande parte da esquerda em relação à URSS foi o silêncio diante de uma ameaça semelhante. Tal passividade destruiu todas as tentativas de renovação do socialismo.

A apresentação da China – por diferentes autores – como o epicentro do projeto socialista atual reproduz o erro. É uma visão que não se limita a destacar os indiscutíveis progressos econômicos e sociais alcançados pela nova potência e acredita que o rumo seguido pelo gigante asiático constitui o caminho a transitar para o socialismo do novo século.

Esse tipo de avaliação lembra os escritos do comunismo oficial, que no século passado elogiavam os avanços da URSS sem qualquer observação crítica. O vertiginoso desmoronamento desse sistema deixou sem palavras os adoradores do regime.

A China está seguindo por um caminho muito diferente daquele da União Soviética. Seus dirigentes tomaram consciência do que aconteceu com o seu vizinho e em cada decisão avaliam o perigo da repetição. Mas a melhor contribuição externa para esse tipo de alerta é apontar os dilemas que a nova potência enfrenta. Em vez de copiar o que aconteceu na URSS ou avançar por um caminho de mera atualização do socialismo, a China enfrenta um dilema constante entre renovação e retorno ao capitalismo.

A disputa está presente em cada passo dado pelo gigante asiático, desde que se reconstituiu uma classe burguesa que acumula capital, extrai mais-valia, controla empresas e ambiciona conquistar o poder político. As alavancas do sistema continuam nas mãos do Partido Comunista e de uma elite que mantém o equilíbrio entre crescimento e melhorias sociais. Tais contrapesos ficariam debilitados se os capitalistas estendessem a sua liderança econômica ao controle do sistema político.

A renovação do socialismo é apenas uma possibilidade das diversas alternativas em jogo, que dependerão, em grande medida, da importância alcançada pelas correntes de esquerda. Essa perspectiva requer políticas de redistribuição de renda, redução da desigualdade e limitações drásticas ao enriquecimento dos novos milionários do Oriente (Katz, 2020b).

Para recuperar um projeto socialista em escala global, essas tensões devem ser analisadas, tomando partido das vertentes revolucionárias e evitando a simples repetição dos discursos protocolares do oficialismo.

Tornar transparentes as tensões que o país enfrenta – na sua encruzilhada entre as direções socialistas e capitalistas – é também inevitável para definir estratégias nas regiões que têm laços comerciais mais estreitos com a China. Supondo-se que

Beijing simplesmente encarne a dinâmica contemporânea do socialismo, seria apenas apropriado reforçar os atuais termos da relação com esse farol do pós-capitalismo.

Essa política seria semelhante à estratégia seguida por grande parte da esquerda em relação à URSS, que era vista como o grande pilar do bloco socialista. Ao contrário desse precedente, a China evita pronunciamentos e afinidades políticas com os diferentes regimes do planeta. Apenas enaltece o comércio, o investimento e os negócios com governos neoliberais, heterodoxos, progressistas ou reacionários. Esses dados não só contradizem a simples apresentação de Beijing como a principal referência do socialismo, mas também levam a considerar estratégias que não convirjam com a política externa da China.

Os desafios colocados pelos TLC e pela Rota da Seda exemplificam esses dilemas. Ambos os projetos incluem um duplo conteúdo de expansão produtiva mundial do gigante asiático e de enriquecimento dos capitalistas chineses. O equilíbrio entre os dois processos está determinado pela direção estatal dos acordos e da rede de transporte.

É muito difícil afirmar que, no seu formato atual, tais iniciativas apoiem um horizonte socialista para o mundo. As correntes da esquerda chinesa opõem-se a essa crença no seu país e os questionamentos são mais frontais na maior parte da periferia. A América Latina oferece um exemplo dessa inconveniência.

Todos os tratados que a China promoveu aumentam a subordinação econômica e a dependência. O gigante asiático consolidou o seu *status* de economia credora, lucra com intercâmbio desigual, capta os excedentes e apropria-se da renda.

A China não atua como um dominador imperialista, mas tampouco favorece a América Latina. Os atuais acordos aumentam a primarização e a drenagem da mais-valia. A expansão externa da nova potência está guiada por princípios de maximização do lucro e não por normas de cooperação. Beijing não é um simples parceiro e nem faz parte do Sul Global.

A própria mutação da China modificou o significado dos conceitos geográficos e políticos de Norte e Sul. Quando essa distinção surgiu, há cinco décadas, diferenciava um bloco de países avançados e as nações subdesenvolvidas. O gigante asiático era invariavelmente incluído no segundo grupo, de economias atrasadas.

No início do século XXI, essas mesmas noções foram reformuladas em torno dos progressos registrados na mundialização da economia. As melhorias obtidas pelo Norte Global foram contrastadas com a contínua estagnação do Sul Global (Estenssoro, 2023). Mas, nesse contraponto, a localização da China no segundo grupo perdeu sentido. Enquanto em 1991 o PIB da China representava apenas 1,4% do PIB mundial, frente a 26% dos Estados Unidos, em 2021 rondava os 18,4%, contra 24,2% do seu grande rival. Tendo em conta esse desenvolvimento fenomenal, não é lógico manter a inclusão da segunda potência do planeta no bloco do Sul Global.

Beijing ajusta os acordos com cada país da região segundo sua própria conveniência. No Peru e na Venezuela, firmou parcerias com empresas estatais. Na Argentina e no Brasil, optou pela compra de empresas já estabelecidas. No Peru, tornou-se um importante partícipe no setor energético-mineiro: administra 25% do cobre, 100% do minério de ferro e 30% do petróleo. Essa flexibilidade dos tratados com cada país é determinada na China por rigorosos cálculos de benefícios.

A América Latina precisa de uma estratégia própria para retomar o seu desenvolvimento e criar as bases de um rumo socialista. Esses pilares podem estar em sintonia, mas não convergem espontaneamente com a política externa da China. O gigante asiático é um potencial parceiro do desenvolvimento, mas não um aliado natural, por isso é fundamental registrar essas diferenças observando o que aconteceu em outras zonas do planeta.

Lições da Parceria Econômica Regional Abrangente (RCEP)

Em diferentes partes do mundo, a China avança e fortalece a influência da sua própria economia à custa do rival estadunidense. Esse duplo movimento poderia apoiar o desenvolvimento da periferia, se contemplasse acordos consistentes com ele e não meros lucros para os capitalistas locais associados ao gigante asiático. Só o primeiro tipo de ligação permitiria apoiar um projeto emancipatório comum.

A estratégia que a China segue no seu próprio entorno regional não é guiada por esses princípios. Gera avanços e sucessos que reforçam a sua influência, mas sem laços visíveis com futuros socialistas.

O recente acordo denominado Parceria Econômica Regional Abrangente (RCEP) é um exemplo desse divórcio. A China assinou um acordo de livre-comércio com quase todos os países do Indo-Pacífico. O tratado não inclui apenas Indonésia, Brunei, Camboja, Vietnã, Laos, Malásia, Mianmar, Filipinas, Singapura e Tailândia, mas também vários aliados dos Estados Unidos (Japão, Coreia do Sul, Austrália e Nova Zelândia).

A China alcançou o acordo após uma ofensiva fulminante. Primeiro, desmantelou o fracassado projeto de Obama para a região (Parceria Transpacífica ou TPP), que o Japão tentou alterar com um tratado substituto (Acordo Abrangente e Progressivo para a Parceria Transpacífica ou CPTPP). Depois conteve a virada protecionista de Trump (Pérez Llana, 2022) e por fim limitou o espaço para a recente iniciativa comercial de Biden, chamada Marco Econômico do Indo-Pacífico (Ipef) (Aróstica, 2022).

Beijing demoliu, um após outro, todos os obstáculos que Washington tentou erguer para conter a sua primazia econômica naquela região estratégica. Aproveitou a enorme dissidência que os TLC geram no *establishment* estadunidense e a manifesta impotência dos parceiros da Casa Branca. Em particular, neutralizou o Japão, que age em relação à China como a Alemanha em relação à Rússia. Tóquio tenta ações autônomas do mandante estadunidense, mas alinha-se com o Ocidente ao menor puxão de orelha (Ledger, 2022).

O mesmo acontece com a Austrália, a Nova Zelândia ou a Coreia do Sul, que foram chamadas pelo Pentágono a assinar um tratado militar (Diálogo Quadrilateral de Segurança ou Quad), que se contrapõe a sua aproximação com Beijing. O conflito de Taiwan e as exigências de livre navegação no mar da China foram reavivados pela Casa Branca precisamente para minar o êxito conseguido pela China com o RCEP. O acordo improvisado de Biden (Ipef) é apenas um complemento dessa pressão militar.

No momento, a Índia é o único país importante que mantém uma posição de autonomia real diante dos dois grandes rivais. A sua antiga rivalidade com a China a levou a rejeitar o RCEP, os TLC e a Rota da Seda para apostar em projeto próprio de desenvolvimento econômico. Somou-se ao Quad dos Estados Unidos para contrabalançar a nova afinidade do Paquistão com a China. Os seus últimos governos optaram por uma virada pró-Ocidente que, da mesma forma, preserva um rumo geopolítico com perfis próprios.

A Indonésia e a Malásia, que lideravam o bloco da Associação das Nações do Sudeste Asiático (Asean), também evoluíram para uma postura de maior autonomia, recusando aderir ao Quad. Mas não conseguiram conter a pressão comercial chinesa, que levou à sua integração na RCEP (Serbin, 2021). Beijing impôs a transformação de acordos bilaterais em multilaterais, o desmantelamento da união aduaneira e a dissolução de todas as medidas destinadas a criar uma moeda dessa associação.

Esse resultado poderia ser visto com olhos sul-americanos como uma prévia do que acontecerá com o Mercosul se os TLCs com a China continuarem avançando no formato atual. Uma variante do RCEP na região poderia sepultar os projetos de integração que são delineados na América Latina.

O que aconteceu no Indo-Pacífico é ilustrativo para a nossa região. Ali verifica-se com mais nitidez o avanço econômico da China e a resposta geopolítica e militar dos Estados Unidos. As mesmas tendências emergem na América Latina, com a diferença de que Washington não tolera no seu "quintal" os movimentos que Beijing faz com maior audácia na sua zona fronteiriça.

O mais importante, porém, não é avaliar quem ganha o jogo em cada região, mas sim quais as políticas favoráveis aos povos da periferia. Essa orientação exige estratégias de resistência a Washington e de negociação com Beijing.

Outros tipos de acordos

A China concorre, com negócios desvinculados de pressão bélica, com um rival que prioriza as manobras militares para proteger as suas empresas em dificuldades. Essa diferença não faz do dragão asiático a potência colaboradora da América Latina que a fraseologia diplomática exalta.

As louvações à "cooperação Sul-Sul" por meio de acordos de "aprendizagem mútua" em que "todos ganhariam" (Quian; Vaca Narvaja, 2021) são compreensíveis nos códigos das chancelarias. Mas essas imagens não esclarecem a realidade do cenário sino-latino-americano.

Muitos analistas repetem tais avaliações por admiração pelo desenvolvimento alcançado pela China ou por desejo de contágio, por meio da mera associação com o novo gigante. Com essa perspectiva, alimentam todas as crenças em uma cooperação mutuamente favorável, o que não se verifica nas relações atuais. Reconhecer essa falta é o ponto de partida para promover outros tipos de acordos que apoiem o desenvolvimento latino-americano, ao lado do objetivo popular de um futuro de crescente igualdade social.

PARTE II

4. A CONFUSÃO DO NEOLIBERALISMO

O retrocesso dos Estados Unidos não demove a tradicional submissão dos neoliberais ao dominador do Norte. Os seus porta-vozes afirmam que é hora de aproveitar a preeminência da vertente globalista de Biden para criar incentivos à chegada de investidores ianques (Oppenheimer, 2022b).

Em certos países, incentivam esse caminho com o leilão de minerais, terras ou bacias marítimas. Em outras nações, incentivam a instalação de fábricas ou o desenvolvimento de serviços com mão de obra barata e alto grau de exploração. Com diferentes variantes, patrocinam a reinstalação de empresas estadunidenses em território latino-americano para aproveitar a grande proximidade de fabricantes e clientes (*nearshoring*). O Banco Interamericano de Desenvolvimento exalta essa iniciativa como um mecanismo para reconstruir a irmandade do continente (*friendshoring*) frente ao desembarque da China.

Com esse discurso, são retomados os mitos do grande desenvolvimento que acompanham a presença protagonista da primeira potência no "quintal". Mas não se explica o fracasso sofrido por esse mesmo percurso nas últimas décadas. O extrativismo mineiro enriqueceu as empresas patrocinadas por Washington, sem qualquer compensação favorável para a região. O mesmo aconteceu com o modelo fragmentário das *maquilas*, que tem sido a antítese de um crescimento inclusivo na América Latina.

Adversidades desse tipo são verificadas na carga de trabalho enfrentada pelos jovens da região, que têm sido integrados aos patrocinados *call centers*. Essa atividade não melhora a qualificação ou a educação desses setores e não propicia circuitos virtuosos de expansão do poder aquisitivo.

Fantasias do bom servidor

Os neoliberais repetem um discurso do passado sem sequer registrarem a própria relutância das empresas estadunidense em investir. A maioria delas busca lucros rápidos com pouco risco e não oferece as imaginárias oportunidades propagadas pelos seus admiradores do Sul. Com a sua conhecida brutalidade, Trump tornou transparentes tais restrições, que Biden mais uma vez mascarou com os habituais enganos da propaganda imperialista.

Essas relutâncias dos capitalistas ianques estão em sintonia com os enormes desequilíbrios das economias latino-americanas. Em vez de reconhecerem a adversidade estrutural, os neoliberais continuam culpando os seus próprios concidadãos pelos infortúnios da região. Enfatizam as responsabilidades dos "governos populistas", que desperdiçam a oportunidade de recuperar a condescendência do Norte com renovados atos de docilidade. Mas eles não apresentam um único exemplo bem-sucedido dessa mansidão.

A avaliação dos presidentes latino-americanos mais obedientes a Washington tem sido desastrosa, tanto para as maiorias populares como para o desenvolvimento dos seus países. As penúrias do capitalismo dependente foram invariavelmente reforçadas por essas gestões. O apogeu neoliberal no início do novo século foi tão desastroso (Salinas, Cardoso,

Menem, Aylwin) quanto a sua reprodução durante a recente restauração conservadora (Macri, Duque, Peña Nieto, Bolsonaro, Piñera).

Os neoliberais substituem a avaliação dessas trajetórias pela repetição de lugares-comuns. Reiteram que "o problema é nosso" e que ele é alheio à presença estadunidense, como se a dominação exercida pela primeira potência mundial durante mais de um século fosse irrelevante para os infortúnios da região.

Essa visão atribui o subdesenvolvimento à idiossincrasia, aos costumes e aos comportamentos da população. Mas omite que, na maior parte da história regional, os rumos da sociedade não foram ditados pelas maiorias populares, mas pelos capitalistas e os burocratas da vez.

Essa elite despreza os seus compatriotas, demonstrando uma admiração inegável pelas potências que dominaram a América Latina, lucrando com a apropriação dos bens comuns e a exploração da força de trabalho. Primeiro, adularam o opressor europeu e depois, o seu substituto estadunidense.

Desde o século XIX, o liberalismo regional tem demonstrado um manifesto fascínio pelo Norte e um simétrico desdém pelos povos originários dos seus territórios. Os liberais forjaram os seus próprios Estados exaltando a civilização estadunidense, em contraposição com a barbárie que observavam no Sul. Essa tradição elitista nunca desapareceu e ganhou força em todas as conjunturas políticas de preeminência conservadora (Rinke, 2015).

Alguns herdeiros desse legado reconhecem com maior realismo que os Estados Unidos já não operam como a indiscutível potência hegemônica. Constatam que a perda dessa liderança torna muito difícil a mera louvação ou a simples submissão. Mas também postulam a conveniência de preservar um laço de dependência, apontando a vantajosa conexão que uma potência enfraquecida ofereceria face à crescente importância da China (Barrenechea, 2022).

Mas não esclarecem por que razão este contínuo apadrinhamento de Washington seria benéfico para a América Latina. Recorrem a um curioso raciocínio invertido, em que estar atado a uma potência em declínio prediz lucros. Se o postulado neoliberal das vantagens do *status* dependente é insustentável, os benefícios adicionais que a lealdade a uma potência em declínio traria são ainda mais ilusórios. É sabido que os impérios em declínio multiplicam a extração de recursos das periferias subjugadas.

O mito da latinização

Outro argumento da direita neoliberal para renovar a subordinação aos Estados Unidos é a latinização acelerada da primeira potência. Destacam as vantagens geradas pelo aumento da população de origem hispânica. Este grupo se igualaria ao segmento anglo-saxão no ano de 2060, em um país que já conta com uma massa significativa de falantes de espanhol. Consideram que dessa forma surgirá uma fusão demográfica, linguística e cultural de ambos os polos do continente, o que sustentará o desenvolvimento do Sul, há muito adiado (Barrenechea, 2022).

Certamente, a presença dos latinos na vida estadunidense multiplicou-se, sintonizada a um setor que se expande a um ritmo mais rápido do que os demais. Mas essa incidência não gera, por si só, efeitos positivos na América Latina. Aqueles que consideram cegamente essa influência omitem as enormes tensões que ela gera no cenário político estadunidense.

A emergência do trumpismo é a expressão mais contundente dessa tensão. A extrema-direita contemporânea foi forjada com mensagens de hostilidade, desprezo e confronto face à imigração latina. Exige maior punição na fronteira, implantação de patrulhas, confinamento dos recém-chegados e expulsão dos imigrantes indocumentados. Ela reavivou o imaginário conservador, atribuindo o declínio do "sonho americano" à afluência de trabalhadores estrangeiros. Incita o ressentimento dos brancos empobrecidos para propagar projetos de ampliação do muro fronteiriço e medidas para separar as famílias que chegam do Sul do continente.

Com essas campanhas, semeia uma fratura entre os trabalhadores que favorece os capitalistas e permite uma maior exploração de ambos os setores. A direita também esconde que os jovens estrangeiros compensam o envelhecimento da força de trabalho e contribuem para pagar a seguridade social. Em alguns casos, realizam tarefas descartadas pelos trabalhadores nativos e, em outros, nutrem o pensamento de setores mais dinâmicos.

O trumpismo estimula o ressentimento dos brancos empobrecidos contra os latinos, com um velho roteiro de ódio da classe média aos desamparados. Ele retomou a velha receita do racismo sulista contra os afro-americanos para criar antagonismo em relação aos hispânicos.

Essa tensão é ignorada ou subvalorizada pelos neoliberais na América Latina, que continuam a apresentar os Estados Unidos como uma terra prometida. Supõem que, a longo prazo, predominará uma integração indolor da massa hispânica naquele país, esquecendo que a assimilação graciosa não foi o destino dos povos nativos massacrados ou dos afro-americanos escravizados.

O que aconteceu com esse último setor refuta a crença ingênua em florescentes misturas de todos aqueles que chegam ao território estadunidense. A opressão da enorme minoria de origem africana perdurou na forma brutal de racismo retomado por Trump e na vertente hipócrita do multiculturalismo encarnado por Biden.

Em ambas as versões, reciclam-se formas complementares de discriminação para garantir a exclusão de um segmento oprimido da gestão elitista do Estado. Não há nenhuma razão para supor que um futuro diferente aguarde a maioria dos latinos. A experiência do que aconteceu aos afro-americanos também demonstra que qualquer avanço efetivo dos direitos da população hispânica só será conquistado por meio da luta. Essa resistência se contrapõe categoricamente ao imaginário neoliberal.

O crescimento demográfico e a grande presença idiomático-cultural dessa minoria são importantes quando apoiam essa ação e criam pontes com a América Latina para uma batalha convergente contra o imperialismo (Grosfogel, 2020). As ligações entre o Norte e o Sul – que o neoliberalismo avalia em termos de subordinação pan-americana – devem ser observadas com essa perspectiva contraposta de luta comum contra o mesmo opressor.

A ilusão neoliberal de uma fusão amigável da primeira potência com os seus subjugados do continente, por meio do vínculo imigratório, deu origem a inúmeros panegíricos. A louvação mais comum exalta o novo universo da "transamérica" que emergiria desse entrelaçamento. Esse tipo de fantasia é propagado para esconder a redobrada exploração laboral sofrida pela maioria dos trabalhadores hispânicos, contratados em empregos mal remunerados do Norte. Com esse sonho, também é mascarada a política bipartidária de penalização dos imigrantes, implementada por todos os administradores da Casa Branca.

Com Biden, a construção do muro foi interrompida e foi freada a deportação dos *dreamers*, mas a militarização da fronteira persiste, com a mesma intensidade que a perseguição aos imigrantes. O sucessor de Trump optou apenas por negociar com López Obrador para manter o êxodo centro-americano em localidades mais distantes da fronteira. Mas a tragédia social imposta pelas políticas imperialistas recria as caravanas dos despossuídos, que buscam alguma forma de sobrevivência atravessando o rio Grande.

Dilemas diante de dois poderosos

A idealização neoliberal dos Estados Unidos continua atada à exaltação dos acordos de livre-comércio, que a primeira potência já não consegue sustentar. Os seus fascinados seguidores na região não tomaram conhecimento dessa contradição. Simplesmente mantêm o velho roteiro de reivindicação dos acordos promovidos pelo Consenso de Washington, que agora não encontram substitutos adaptados ao declínio do Norte.

O futuro que a Aliança do Pacífico tem perseguido é muito representativo desse cenário incerto. A associação – criada sob instigação direta dos Estados Unidos pelos governos neoliberais de México, Colômbia, Peru e Chile – é elogiada pelos economistas ortodoxos como um exemplo bem-sucedido do seu paradigma. Eles destacam os princípios de abertura comercial que orientam essa rede e reivindicam a variedade de acordos assinados com vários países (Castro Alegría; Pastrana Buelvas, 2020).

Mas o que é considerado uma expressão plena de "regionalismo aberto e cruzado" implica, na verdade, uma intensificação da dependência das quatro economias aos seus fornecedores e clientes no exterior. A abertura comercial, a liberalização financeira e a flexibilidade laboral introduzidas por esses acordos multiplicaram a desigualdade, a exploração laboral e o extrativismo que prevalecem nesses países.

Essas consequências adversas são omitidas pelos elaboradores do tratado, que destacam o grande afluxo de investimentos estrangeiros que se seguiu à assinatura do acordo (Schamis, 2021). Contudo, eles não esclarecem que essas aplicações de capital foram realizadas em setores que acentuaram a primarização, ou em setores básicos da indústria, divorciados de qualquer projeto de desenvolvimento inclusivo.

A Aliança do Pacífico está sujeita ao mesmo padrão de dependência que predomina em toda a região. Seus patrocinadores não conseguem indicar nenhuma característica que diferencie esse quarteto do restante da América Latina. Os elogios que os neoliberais exibem (desde o seu lançamento, em 2011) não se baseiam em qualquer justificação.

A Aliança não aumentou o crescimento, a produtividade ou a competitividade dos seus membros. A estabilidade equilibrada que mantiveram durante uma década foi abruptamente minada nos últimos anos por revoltas populares massivas, que eclodiram em três dos quatro países do bloco.

Essas revoltas revelaram o terrível nível de opressão, desigualdade e exploração avalizado pelo acordo do Pacífico. Se esse tratado tivesse aberto o horizonte de desenvolvimento que os seus patrocinadores exaltam, não haveria irrompido tanto mal-estar (de forma tão coincidente) entre os signatários.

O acordo nem sequer melhorou a capacidade de negociação dos seus integrantes, uma vez que nunca atuou como um minibloco comercial nas tratativas com os seus interlocutores. Nesse terreno, um abismo separa a Aliança do Pacífico de outros conglomerados regionais do mundo (González, 2020).

A aliança tampouco se estendeu a outros países. A ausência de novos integrantes confirma a sua falta de atratividade. O Equador procurou uma adesão associada, compatível com os tratados bilaterais que já tem com os Estados Unidos e com a dolarização integral da sua economia. Mas nem mesmo essa adaptação foi suficiente para incluí-lo. A Costa Rica e o Panamá iniciaram um processo de adesão que nunca foi além dos protocolos iniciais.

Uma crise semelhante enfrenta o Tratado de Livre-Comércio entre Estados Unidos, América Central e República Dominicana (Cafta-DR), assinado entre 2004 e 2009 pela maioria dos membros daquela região. A destruição das economias camponesas, o agravamento da insegurança alimentar e o desequilíbrio comercial com o gigante do Norte destruíram todas as ilusões nesse acordo (Suazo, 2023).

A Aliança do Pacífico cumpriu outras funções como braço econômico dos projetos políticos mais direitistas da região. Sintonizou-se com Bolsonaro, Macri, Lenín Moreno e Áñez e contou com o patrocínio de Trump e seu Grupo de Lima para criar um efêmero Fórum para o Progresso e Integração da América do Sul (Prosur).

Mas o carimbo livre-cambista da Aliança do Pacífico colidiu com o protecionismo do magnata estadunidense, que tentou transformar esse acordo em um bastião de guerra tarifária contra a China. Ele aspirava introduzir as mesmas regras de veto aos acordos com o gigante asiático que impôs no T-MEC com o México. O objetivo ficou por cumprir, após a sua própria saída da Casa Branca.

Frente ao vazio gerado pelo abandono por parte de Trump do projeto de livre-comércio do Pacífico promovido por Obama (TPP), o quarteto latino-americano optou por aderir à iniciativa substitutiva mantida pelo Japão (CPTPP) durante o mandato protecionista do magnata estadunidense. O quarteto também explorou acordos com Austrália, Nova Zelândia, Coreia do Sul e avançaram em negociações específicas com Singapura (Acordo de Livre-Comércio entre a Aliança do Pacífico e Singapura ou Pasfta).

Mas a Aliança do Pacífico não definiu uma posição clara face ao grande interveniente chinês, que propõe acordos fulminantes para avançar no sentido de uma rápida redução tarifária. Para consumar essa remodelação, a China oferece a estrutura que está forjando na região do Indo-Pacífico.

Perante esse desafio, Biden propagou mensagens de globalismo liberal sem definir uma estratégia alternativa. Apenas reforçou as pressões para distanciar o quarteto latino-americano de qualquer acordo com a China.

Os fascinados neoliberais da aliança não conseguem encontrar um roteiro comum para lidar com o dilema. Promovem negócios com a nova potência oriental, mas preservam uma grande dependência política, ideológica e cultural do mandante estadunidense. A mesma pressão para intensificar os negócios com a China ou aceitar as restrições exigidas pelos Estados Unidos paira sobre o Mercosul.

Os neoliberais perderam a bússola diante do cenário atual. Por um lado, promovem as iniciativas de grupos capitalistas que conduzem negociações lucrativas com a China e, por outro lado, mantêm o seu alinhamento tradicional com Washington. Nenhuma das duas opções inclui qualquer desenvolvimento econômico com avanços sociais para a região.

Sequências de adversidades

A cartilha neoliberal é particularmente desastrosa no cenário atual. A América Latina tornou-se um grande butim para duas potências, que cobiçam o seu caudal de recursos naturais. Com 7% da população mundial, a região possui de 42% a 45% da água doce do mundo, metade da biodiversidade e reservas imensuráveis de petróleo, gás e minerais. Além disso, abriga 80% do lítio, 93% do estrôncio, 61% da fluorita, 59% da prata, 56% do rênio, 54% do estanho e 44% da platina.

Essa variedade de matérias-primas recuperou importância devido à sua enorme disponibilidade e ao seu impacto nas cadeias globais de valor. Esses circuitos exigem uma oferta constante de insumos, o que poucas áreas conseguem fornecer com a quantidade que a América Latina oferece. Devido à sua proximidade geográfica, o controle desse manancial de insumos é a grande prioridade do imperialismo estadunidense.

A conjuntura bélica que se seguiu à pandemia aumentou o impacto dessas fontes de abastecimento. A guerra na Ucrânia encareceu drasticamente o custo dos alimentos e dos combustíveis, que a região pode fornecer em grandes quantidades e a baixos custos. Mas a revalorização do continente recria a velha adversidade da especialização nas exportações básicas que o neoliberalismo exalta e valida.

O recuo para os patamares básicos da atividade produtiva acentua o desperdício da enorme renda latino-americana, que não é utilizada para os processos endógenos de acumulação e crescimento sustentável. Essa massa de fundos vaza para o exterior, em detrimento do desenvolvimento interno. Os modelos neoliberais que administram essa drenagem impedem de aproveitar momentos favoráveis de preços elevados das matérias-primas e agravam os efeitos dos períodos opostos, de depreciação das exportações.

Essa falta de gestão explica as recorrentes asfixias financeiras, que geram estrangulamento do setor externo, desequilíbrios comerciais e fugas de capital. E essas tensões agudas são frequentemente processadas por meio de situações dramáticas de inflação, desvalorização e retração do poder de compra.

As adversidades do capitalismo dependente latino-americano gerido pelo neoliberalismo vieram à tona, com grande dramaticidade, na recente crise da pandemia. A região não careceu apenas de recursos para lidar com as suas desmanteladas estruturas de saúde pública. Também teve que enfrentar um novo agravamento da pobreza (33% da população) e da miséria (13,1% dos habitantes). Ambos os indicadores registraram o maior aumento anual das últimas duas décadas. Esse retrocesso também aumentou o número de indivíduos desnutridos devido ao subsequente aumento no custo dos nutrientes básicos.

Tal como em todo o mundo, o desemprego aumentou na América Latina durante a crise, mas, ao contrário das economias avançadas, a miséria atingiu especialmente o setor informal, que reúne a metade dos trabalhadores urbanos.

A mesma escala de sofrimento foi observada com a desigualdade que o neoliberalismo tem promovido na região mais desigual do planeta. No continente, os 10% mais ricos detêm 71% da riqueza total (dados de 2014), o número de bilionários (pessoas com patrimônio superior a bilhões de dólares) saltou de 76 para 107 e as suas fortunas aumentaram de 284 bilhões para 480 bilhões de dólares, em 2020. Para piorar a situação, 27% da riqueza de toda a região está expatriada em paraísos fiscais.

Além disso, o colapso do produto bruto durante a pandemia duplicou o declínio registrado no resto do mundo. A América Latina começou o decênio atual arrastando outra "década perdida". O PIB de 2020 foi praticamente igual ao seu equivalente de 2011, como consequência de um declínio econômico persistente de longo prazo. O PIB regional cresceu 5% anualmente entre 1951 e 1979, 3% entre 1980 e 2009, e 1,6% entre 2010 e 2024.

O produto *per capita* também foi rebaixado em relação à média mundial e, para piorar a situação, a recuperação que se seguiu à pandemia foi inferior à do restante do mundo. Os prognósticos de vários organismos internacionais preveem um crescimento na América Latina inferior às médias internacionais. O neoliberalismo acentua essas adversidades em todas as áreas, gerando uma degradação que amplia o fluxo contínuo de migrantes para o Norte. Multiplica também a destruição do tecido social e a consequente expansão do narcotráfico.

A devastação que o México, a Colômbia e o Peru sofreram devido ao crescimento descontrolado desse flagelo estende-se atualmente ao Equador. O território não é mais um país de trânsito ou centro de coleta, mas um local estratégico para processamento e exportação de drogas. Os seus portos foram capturados por gangues que aproveitam a presença de uma economia dolarizada para promover a comercialização internacional de entorpecentes. Essa gravitação é congruente com o aumento do mercado estadunidense de drogas sintéticas, que deslocou a produção de coca para o Sul do continente, facilitando o surgimento de novas rotas para o Pacífico.

A violência também cresceu em sintonia com a rivalidade sangrenta entre as máfias, que estenderam as suas disputas mexicanas a todo o continente. Esses bandidos transformaram as prisões em centros de recrutamento e gestão de seu monumental negócio. O assassinato de um candidato à presidência, a resposta bélica frente a qualquer retaliação do Estado e a corrupção de juízes, políticos e policiais já fazem parte do cotidiano do Equador.

As afinidades entre o neoliberalismo e a narcocriminalidade não estão restritas à derrocada social promovida pelo narcotráfico (Aharonian, 2023). O modelo político-econômico enaltecido pela direita implica uma retração efetiva da soberania, o que facilita a ação de grupos paraestatais. Essas gangues aproveitam especialmente a radarização deficitária e a privatização dos portos. A "guerra às drogas" que o Pentágono continua a promover, por sua vez, sustenta os preços artificialmente elevados dos narcóticos e reforça a extraordinária rentabilidade das economias ilícitas.

Receituário de frustrações

Com as prescrições neoliberais, a América Latina tende a repetir a sua longa história de subdesenvolvimento e dependência. Durante dois séculos, esse infortúnio tem sido o outro lado da expansão estadunidense, idealizada pelos adoradores do Norte, que sempre destacaram o contraste entre as duas trajetórias, sem perceber que suas receitas consolidam a lacuna.

Os neoliberais não veem nenhuma adversidade na atual especialização da América Latina no extrativismo mineiro. Ao contrário, destacam esse caminho esquecendo-se de que desde a conquista espanhola ele implicou na sangria da população nativa, na hemorragia dos recursos e no atraso da economia.

Os conquistadores se apropriaram do sistema preexistente de exploração cooptando a aristocracia indígena, aproveitaram-se das lutas fratricidas e usaram a evangelização para esgotar a força de trabalho nas minas. Entre os séculos XVI e XVII, aumentaram o servilismo, a níveis sem precedentes, para extrair minerais das jazidas administradas por civilizações originárias. Enriqueceram a coroa e os seus servidores pulverizando essas sociedades (Guerra Vilaboy, 2006, cap. 2).

Essa mesma depredação, posteriormente, recuperou força para fornecer os materiais básicos necessários à industrialização das economias avançadas. As grandes famílias da oligarquia local associaram-se às empresas de mineração euro-americanas para devastar o subsolo regional e multiplicar os lucros das principais empresas do Ocidente (Vitale, 1992b).

A destruição reaparece no século XXI sob os auspícios de empresas estrangeiras, que transformaram a América Latina no grande local do extrativismo mineiro. A apropriação desses recursos dá origem a um conflito permanente entre empresas estrangeiras de diferentes origens.

Os neoliberais também validam o retrocesso provocado pela consolidação da especialização agroexportadora, escondendo que esse perfil determinou o subdesenvolvimento de toda a região. Eles patrocinam os modelos de concentração da propriedade agrária que levaram à estagnação econômica. Omitem que a ascensão do admirado modelo estadunidense se baseou num modelo oposto, de dinamismo dos pequenos proprietários de terras (*farmers*).

Na maior parte da América Hispânica, desde o início da conquista, formou-se uma classe senhorial de proprietários de terras que se apossou de propriedades com privilégios de casta. Na Nova Inglaterra, por sua vez, floresceram a partir do século XVII as colônias de camponeses livres que consolidaram a pujança capitalista.

As elites neoliberais da América Latina sempre idealizaram a concorrência e o mercado fora do seu raio de influência, ao mesmo tempo que usufruíam da gestão de *plantations, haciendas* e latifúndios. Por um lado, enalteciam o modelo de pureza capitalista estadunidense e, por outro, consolidavam a gestão improdutiva das suas imensuráveis extensões de território. Essa mesma duplicidade se verifica na atualidade. Os herdeiros dos antigos latifundiários exaltam agora o capitalismo globalizado e digital do parceiro estadunidense, ao mesmo tempo que reforçam a primarização das suas próprias economias.

Existem inúmeros debates entre historiadores sobre as condições econômicas, os resultados sociais e os rumos políticos que determinaram a trajetória antagônica dos Estados Unidos e da América Latina. Alguns destacam o contexto geográfico díspar e a grande diferença de desenvolvimento entre as populações preexistentes; outros destacam a enorme divergência entre os modelos de colonização capitalista e pré-capitalista. Maiores controvérsias suscita a avaliação de qual foi o momento de consolidação do fosso histórico entre ambas as regiões.

As teses que estabelecem essa fratura já na chegada dos conquistadores europeus contrastam com as abordagens que atribuem a grande divergência à forma como as grandes epopeias foram resolvidas em ambas as regiões (Guerra da Independência e Guerra de Secessão). Mas não há dúvida de que o amadurecimento de duas configurações contrapostas de capitalismo agrário e parasitismo oligárquico desembocaram em processos antagônicos, de industrialização autocêntrica e de mero subdesenvolvimento (Cardoso; Pérez Brignoli, 1979).

O caminho estadunidense de desenvolvimento agrário deu lugar a um intenso desenvolvimento industrial. Em contrapartida, o percurso bismarckiano de apropriação territorial no Sul obstruiu a emergência dos mercados internos necessários para transitar esse caminho. As *haciendas*, *plantations* e latifúndios apenas reciclaram a dependência e o atraso da América Latina. Nesse contexto de disparidade estrutural, as empresas do Norte capturaram posteriormente os mercados do Sul e impuseram a dominação imperialista de todo o "quintal".

Os liberais sempre atribuíram tais bifurcações à supremacia anglo-saxônica diante da inépcia latina. Nunca avaliaram as condições que induziram à contraposição de comportamento das elites governantes.

Essa omissão impede registrar até que ponto o neoliberalismo contemporâneo reproduz o mesmo padrão de frustrações do passado. O extrativismo mineiro, a primarização exportadora e a especialização nos patamares básicos da cadeia industrial de valor recriam as antigas patologias econômicas. A distância com os Estados Unidos e o fosso monumental com a China voltam a se reciclar, porque o neoliberalismo contemporâneo oferece o mesmo receituário de fracassos que os seus antecessores.

Contrastes históricos instrutivos

O desenvolvimento da América Latina foi obstruído pela anulação liberal da soberania. Nenhum Estado da região maneja, com plenitude ou eficácia, esse atributo devido à submissão imposta pela custódia estadunidense. O modelo neoliberal das últimas décadas recortou, mais uma vez, todas as margens dessa independência.

Todos os países reúnem formalmente as características de Estados nacionais, mas na realidade funcionam como formações sujeitas aos vetos do Departamento de Estado. Washington faz valer de forma explícita ou dissimulada a sua grande supervisão, por meio de controles geopolíticos e condicionamentos econômicos. Em momentos críticos, a ingerência dos seus embaixadores é direta e incide nas decisões cotidianas dos governos.

A falta de soberania efetiva impede os países latino-americanos de desenvolverem as políticas econômicas autônomas necessárias para superar o subdesenvolvimento. A dependência recicla, por sua vez, a inserção periférica da região no capitalismo mundial.

Para os neoliberais contemporâneos, a falta de soberania não constitui qualquer adversidade. Ressaltam que essa ausência é natural, no contexto da "interdependência" que prevalece entre todos os países do planeta. Mas omitem que a fusão não é equitativa: opera com normas de hierarquia, dominação e subordinação.

Também não atribuem qualquer peso à histórica falta de soberania, que contrastou o futuro dos Estados Unidos com o da América Latina desde o século XIX. Eles explicam essa lacuna por alguma inferioridade cultural legada pela herança aborígine, em comparação com a pujante modernidade anglo-saxônica. Mas o verdadeiro curso da história é compreendido com visões críticas desses mitos.

A primeira potência desempenha um papel particularmente dominante em todo o continente, depois de um longo processo histórico que colocou os Estados Unidos em contraposição com a América Hispânica. Essa trajetória permitiu-lhe conquistar e consolidar, desde o século XIX, a soberania efetiva que os seus vizinhos do "novo mundo" não conseguiram preservar.

Os Estados Unidos conseguiram a gestão plena do Estado em duas sequências distintas da revolução burguesa, que pavimentaram o excepcional desenvolvimento econômico do país. O primeiro marco, da independência (1776), permitiu a criação das instituições que favoreceram esse desenvolvimento. Os grupos agromercantis dominantes do Norte lideraram um longo processo de disputa com as potências colonialistas da época (Grã-Bretanha, França e Espanha), que aspiravam dividir aquele território para preservar o seu poder no continente.

O capitalismo expandiu-se no Norte sem qualquer vestígio ou obstrução das formações históricas anteriores. Transformou o genocídio indígena em um processo de expansão agrícola de pequenas produções altamente competitivas.

O segundo momento da ascensão estadunidense foi a Guerra de Secessão, que eclodiu quando o capitalismo no Norte do país se tornou inconciliável com a escravatura no Sul. Os sucessivos compromissos entre ambos os sistemas chegaram a um ponto de ruptura quando a expansão geográfica das *plantations* colidiu com o desenvolvimento do mercado interno. Com o triunfo do Norte, consumou-se a primazia definitiva da indústria, em sintonia com um novo ciclo de alargamento da fronteira, por meio da entrega de terras aos agricultores brancos (Bender, 2011).

Mas o capitalismo consolidou-se derrotando as correntes democrático-radicais do Norte e reconstituindo o poder dos proprietários de *plantations* do Sul, que recuperaram as suas posições e substituíram a escravatura por novas formas de opressão dos afro-americanos. Com esse pacto entre as elites de ambas as áreas, a renovada exportação de algodão proporcionou as divisas exigidas pela indústria (Post, 2011).

Desse desenlace emergiu o poderoso Estado-nação que comandou a conquista do restante do território e a posterior dominação de todo o continente. Esse controle começou com o deslocamento do centro econômico para Nova York e com a constituição de uma estrutura monetária e financeira centralizada, que sustentou as fases subsequentes da industrialização. Essa sucessão de acontecimentos e desenlaces permitiu que os Estados Unidos se tornassem a potência imperialista dominante do século XX.

A América Latina seguiu uma trajetória completamente oposta, mas não desde o início da sua independência. Essa emancipação foi um processo semelhante ao percurso feito pelos Estados Unidos. As elites *criollas* agiram com a mesma motivação dos seus pares anglo-americanos, sob as mesmas influências do Iluminismo e com os mesmos propósitos de aliviar a carga fiscal. Desenvolveram experiências semelhantes de mera autonomia inicial e subsequente procura de alianças com as potências rivais do seu dominador (Knight, 1998).

Também foi semelhante a ruptura final das elites com os burocratas da monarquia espanhola e o subsequente início de uma revolução burguesa, marcada pela mudança do grupo dominante na gestão do Estado. Os *criollos* assumiram esse controle, mas depois de uma guerra de independência muito mais radicalizada do que a que prevaleceu nos Estados Unidos. As guerras foram mais intensas e devastadoras, com maior mobilização popular e participação de pessoas negras e indígenas, que frequentemente impuseram o fim imediato da escravidão.

Esse caráter jacobino das revoluções hispano-americanas foi resolvido – como nas colônias inglesas da América do Norte – com um refluxo para os setores populares. Em ambos os casos, verificaram-se os efeitos da contrarrevolução social, que sucedeu à revolução política vitoriosa.

Nessas sequências surgiram assimetrias entre os dois polos do "novo mundo", mas o resultado foi semelhante. Em ambos os lugares, foi conquistada a independência e a subsequente consolidação das classes dominantes locais. A grande diferença residiu na contraposição da natureza social desses setores.

Na América Latina, não se consumou nenhuma Guerra de Secessão, como aquela que ocorreu entre o Norte e o Sul dos Estados Unidos. No lugar do capitalismo industrializado que se seguiu àquela conflagração, consolidou-se uma formação econômico-social de subdesenvolvimento agrário. A predominância de latifúndios, das *haciendas* e *plantations* foi o fato dominante desse período.

Na América Latina, a revolução burguesa ficou a meio caminho, cumprindo apenas o objetivo político da independência. Não abriu caminhos para o desenvolvimento capitalista acelerado que prevaleceu nos Estados Unidos. Na região, formou-se uma infinidade de Estados oligárquicos, que obstruíram o desenvolvimento do ruralismo competitivo e bloquearam a arrancada da industrialização intensiva (Kossok, 1990).

Esta estrutura social contraposta de ambas as regiões consolidou-se na segunda metade do século XIX, quando a ausência de uma agricultura capitalista na América Latina sufocou definitivamente o florescimento industrial. Essa obstrução reforçou a especialização regional em insumos agromineiros básicos para exportação. Os latifundiários que lucravam com esse tipo de exploração fortaleceram a inserção internacional subordinada da região. Consolidaram estados oligárquicos que selaram o *status* de dependência da América Latina.

O capitalismo que emergiu dessa configuração ficou aprisionado no subdesenvolvimento devido ao açambarcamento inicial da propriedade territorial. Nunca emergiu o protagonismo dos agricultores, que nos Estados Unidos se entrelaçaram com a indústria. Na América Latina, ambos os processos foram obstruídos pelas oligarquias liberais, que abriram as alfândegas às importações de produtos manufaturados, em troca da venda de matérias-primas às metrópoles.

O crescimento intensivo e autocentrado que caracterizou a economia estadunidense contrastou com a estagnação que predominou nas *haciendas* de México, Colômbia ou Guatemala, nas *plantations* do Brasil e nos latifúndios do rio da Prata.

Essa trajetória não só obstruiu um desenvolvimento capitalista a partir de baixo, mas impediu um desenvolvimento alternativo a partir de cima. Por isso, ficaram bloqueados os modelos bismarckianos, que em outros lugares (Alemanha, Japão) despontaram por meio da capitalização da velha nobreza.

Na América Latina, prevaleceu uma variedade dependente desse prussianismo, que combinou o predomínio dos grandes proprietários da terra com a sua associação subordinada ao capital estrangeiro. A oligarquia não transformou o seu enriquecimento em processos internos de acumulação. Reciclou transferências de valor para o exterior, que perpetuaram o atraso econômico-social de toda a região (Cueva, 1986).

Balcanização reciclada

A visão liberal enaltece os Estados Unidos e desqualifica a América Latina, contrapondo a coesão que caracteriza a primeira potência com as fraturas, inconsistências e fragilidades que prevalecem ao sul do rio Grande. Mas não fornece qualquer interpretação sobre esse contraponto. Apenas dá rédea solta à sua repetida contraposição entre a inferioridade congênita da região e a surpreendente magnificência anglo--saxônica.

Em nenhum momento analisa como a assimetria foi determinada pela envergadura dos Estados nacionais de ambas as regiões. No Norte prevaleceu uma estrutura continental unificada e na América Latina, um disperso acúmulo de fraturas balcanizadas.

A diferença foi decisiva durante o desenvolvimento do capitalismo, que surgiu em torno de mercados internos tornados coesos pelas regras de cada Estado nacional. No intrincado processo de absorção de etnias e línguas – que, entre 1830 e 1880, formou esses Estados no Ocidente – houve uma seleção final, que reordenou as inúmeras possibilidades anteriores. Nesse filtro, o tamanho tornou-se um ingrediente decisivo na importância alcançada pelos Estados nacionais emergentes.

A envergadura territorial facilitou que determinados países se pusessem no topo da hierarquia mundial, em comparação com concorrentes de menor dimensão geográfica. Quando o poderio econômico e militar coincidiu com o primeiro atributo, essa primazia ficou assegurada. Os Estados Unidos contaram com um apoio territorial que a América Latina nunca conseguiu plasmar.

Após a Guerra de Secessão, foi forjado num polo do continente o Estado-nação centralizado, substituindo o modelo confederado. Em Washington consolidou-se um poder efetivo que deixou para trás o esquema associativo por meio de partidos que ocuparam o lugar das alianças inter-regionais. Do recrutamento em massa, por sua vez, emergiu uma cidadania uniforme, com identidades nacionais definidas pelo pertencimento a um país unificado.

CLAUDIO KATZ

O velho equilíbrio federal foi dissolvido e a política externa passou a ser uma nítida atribuição do Poder Executivo. À medida que o telégrafo e o correio ligavam um território expandido por sucessivas ondas de imigrantes, o imaginário continental fundia-se com um Estado moderno, regido pelo sistema presidencialista.

A América Latina foi marcada por uma trajetória radicalmente oposta. Teve vantagens iniciais no desenvolvimento pioneiro da nacionalidade por elites esclarecidas que compartilhavam uma língua comum. A coesão linguística introduziu um elemento de enorme homogeneidade em um imenso território (Anderson, 1993, cap. 7). Mas a independência foi sucedida por uma fragmentação das repúblicas, cujo traçado foi condicionado pelo molde anterior das unidades administrativas do Império Espanhol.

Esses segmentos funcionavam de maneira vertical sob o comando da Coroa, o que bloqueava as relações horizontais e a integração regional, por meio de proibições ao comércio intercolonial. A obstrução dos vice-reis à ascensão dos *criollos* fomentou um desenvolvimento protonacional separado, que não foi revertido pela independência.

No longo período das guerras civis, foram definidas as fronteiras e os Estados que dariam origem às diferentes nações da América Latina. Nessa fase, o contorno dessa formação foi delimitado sem elucidar a eventual convergência em uma estrutura continental unificada. Os fortes embates entre unitários, federais e confederais, entre defensores do protecionismo e do livre-comércio estabeleceram o triunfo dos diferentes grupos dominantes, que acabaram por moldar a formação de cada Estado a serviço dos seus interesses.

A definição seguiu, em todos os casos, o mesmo padrão de balcanização, que alimentou a grande variedade de organizações nacionais que foram finalmente criadas. Essa diversidade de Estados oligárquicos consumou, por sua vez, uma aliança com a potência imperialista dominante (Inglaterra), que validou a fragmentação da América Latina em 20 Estados de peso internacional insignificante. As destrutivas guerras subsequentes (Paraguai, Pacífico, Chaco) consolidaram essa fragmentação em ilhotas monoprodutoras de insumos, sob controle dos proprietários de terras e de seus parceiros estrangeiros.

Esse desfecho da história latino-americana em unidades pequenas, dispersas e impotentes reforçou o abismo com o poderoso Estado continental forjado no Norte. Ambos os processos foram resultantes de importantes desfechos político-militares. Os Estados Unidos emergiram da Guerra de Secessão como uma potência em ascensão, e a América Latina deslizou para a marginalidade periférica, após a derrota do projeto de unificação continental de Simón Bolívar.

A iniciativa de Bolívar convergia, em sua fundamentação, com José de San Martín e configurou-se no decorrer da própria batalha pela independência. A luta exigiu a extensão geográfica da guerra e a incorporação maciça de plebeus para derrotar o inimigo monarquista. Nesse confronto surgiram fortes tendências ao separatismo regional, que assumiram diferentes modalidades de liberalismo federalista (Kohan, 2013).

Bolívar promoveu um esquema centralista, para combinar em uma única articulação a confederação de Estados nacionais emergentes. Mas não conseguiu neutralizar a reação das oligarquias locais, relutantes em partilhar os lucros de cada localidade. Além disso, esses grupos dominantes ficaram assustados com a mobilização militar dos escravizados e dos indígenas (Soler, 1980).

A derrota do projeto de unidade continental acentuou a balcanização da América Latina e facilitou novas guerras, o que fortaleceu as subfraturas posteriores das províncias do Sul, da Grande Colômbia, da Confederação Peruano-Boliviana e das cinco repúblicas centro-americanas (Guerra Vilaboy, 2006). A fragmentação contrastou com a sólida unificação continental dos Estados Unidos, que começou a concretizar o domínio do "quintal" a partir dessa descomunal diferença de poderio.

Certamente, a mera unidade latino-americana não garantiria, por si só, uma via de desenvolvimento sustentado comparável ao alcançado pela potência do Norte. Basta notar que o Brasil manteve e aumentou a sua dimensão continental e, ao mesmo tempo, compartilhou o destino do atraso que imperava na América Latina. Um imenso território, gerido com a estrutura importada por um imperador lusitano que consolidou a escravatura, carregava as mesmas adversidades que os seus vizinhos.

Mas o ideário bolivariano não se limitava ao vínculo unitário e lançou as bases para uma trajetória alternativa à dependência. Em vez disso, a balcanização legou a tradição de impotência política e subserviência ao império, que corporifica o neoliberalismo. Os sucessores dessa corrente recriam a longa história de subdesenvolvimento e privação popular que caracterizou a região.

5. O FORMATO RENOVADO DA VELHA DIREITA

A ascensão das novas direitas não é mais uma surpresa para o mundo. Ela confirma uma tendência das últimas décadas, incluindo sua captura de vários governos e sua presença como um ator corriqueiro do sistema político.

A onda de projetos reacionários canaliza parte do descontentamento gerado pela globalização neoliberal. Com mensagens contestatórias, eles acolheram o cansaço suscitado por um modelo que multiplicou a desigualdade, o desemprego e a precarização do trabalho.

A ultradireita acusa "os políticos" pelos males que afligem a sociedade, mas se exclui dessa responsabilidade. Ela se insurge contra presidentes, legisladores ou simples funcionários públicos, encobrindo o poder econômico, jurídico e militar que gera o sofrimento popular.

Seus líderes empregam um discurso demagógico, que disfarça sua cumplicidade com o retrocesso. Eles nunca resistiram à deterioração do padrão de vida popular imposta pelo capitalismo neoliberal nem lutaram contra a desestruturação social gerada por esse esquema (Palheta, 2018).

Eles se aproveitaram da erosão do sistema político para explorar a descrença generalizada nos partidos tradicionais.

Promovem a irritação contra as vítimas da crise para facilitar a perpetuação dos privilégios das classes dominantes.

Esse comportamento ilustra o esgotamento do neoliberalismo, que não consegue mais seduzir com mensagens simples de individualismo, mercado ou competição. Agora substitui essas crenças por apelos ao autoritarismo, que dão vazão ao ressentimento acumulado ao longo de várias décadas de sofrimento social. A ultradireita trabalha para transformar a frustração e a inquietação popular em surtos de ódio contra os setores mais vulneráveis (García Linera, 2023).

Perfis, crenças e posturas

A nova direita surgiu inicialmente na Europa ressuscitando os discursos xenófobos do nacionalismo. Adotou a bandeira do soberanismo conservador das regiões prósperas, que não querem compartilhar recursos fiscais com as regiões atrasadas.

Ela também se vinculou ao renascimento das religiões, ao recuo identitário e à nostalgia das conquistas perdidas. Essa nostalgia de um passado melhor foi transformada em um ódio persistente contra os setores acusados de causar os infortúnios de hoje. A ultradireita não coloca os capitalistas nesse banco, mas os segmentos mais desprotegidos da população. Ela concentra toda a sua artilharia nessas minorias e supõe que a sociedade harmoniosa do passado tenha sido corroída pela presença indesejada desses grupos (Forte, 2021).

Com essa distorção da realidade, ela isenta os potentados e ataca os imigrantes que fogem de guerras ou da desapropriação agrária. Exige a perseguição das vítimas dessas tragédias, penalizando sua fuga desesperada com mais deportações, campos de concentração e militarização das fronteiras.

A ultradireita omite a hipócrita utilização capitalista desses infortúnios para baratear a força de trabalho. Ela também silencia sobre a ineficácia das punições reivindicadas para conter a explosão de refugiados gerada pelas guerras do imperialismo. O número desses desabrigados já ultrapassa 70 milhões de pessoas (Larsen, 2018).

A direita da Europa substituiu o antigo antissemitismo pela nova islamofobia. Eles descarregam contra o mundo muçulmano a mesma fúria que seus antecessores dirigiam contra os judeus. Nessa associação do estrangeiro com a erosão da identidade nacional, o hebraico bolchevique do passado foi substituído pelo terrorista árabe (Traverso, 2016b).

Nas metrópoles, a direita reativa os velhos preconceitos do colonialismo. Ela anuncia uma dramática substituição da população branca por outras variedades étnicas, para impedir o acesso de novas minorias aos cargos mais valorizados no emprego estatal. Em todos os lugares, espalha a mesma campanha de agitação para justificar políticas autoritárias contra os setores clandestinos.

Além disso, comandam uma reação neopatriarcal contra os direitos conquistados pelas mulheres. Essa contraofensiva é proporcional à gravitação bem-sucedida do feminismo e à traumática reestruturação contemporânea do ambiente familiar. A nova direita anseia pela antiga e abalada estabilidade do patriarcado (Therborn, 2018).

As vertentes libertárias desse conglomerado desempenharam um papel importante durante a pandemia em sua batalha contra as vacinas e os protocolos sanitários. Elas emitiram alertas delirantes contra uma elite governante satânica que buscaria aterrorizar a população mundial por meio de doenças imaginárias.

Esse tipo de crença incomum permeia toda a ultradireita do século XXI. Sua avaliação da pandemia como uma simples invenção se nutre do negacionismo climático e da reação conservadora contra o movimento ambientalista.

Mas a novidade é a apresentação de sua cruzada como um ato de rebeldia, ao lado de uma intensa defesa dos princípios conservadores (Lucita, 2023). De fato, ela retoma o antigo imaginário tradicionalista com um tom de indignação e uma postura contestatória. Ela flerta com a excentricidade para mascarar sua adesão ao *status quo*.

Os grupos de direita radicaliza os postulados do neoliberalismo na inconsistente modalidade do anarcocapitalismo. Esse conceito é uma contradição em termos, pois reivindica um ideal de liberdade total em um sistema que opera sob regras rígidas de regulamentação estatal. Os porta-vozes dessa corrente, na verdade, reúnem um grupo de *paleolibertários* que imaginam um funcionamento mítico da economia em um estágio anterior à existência da sociedade contemporânea. Eles omitem o fato de que o capitalismo moderno emergiu com os Estados e não poderia funcionar sem o apoio de suas instituições.

Mas, nessa combinação de conceitos, a ultradireita nunca perde o fio condutor de sua estratégia: culpar os mais despossuídos pelos infortúnios sofridos pelos assalariados e pela classe média. Essa política de inimizade contra os humildes e de justificação dos poderosos é o plano B do capitalismo diante da crise aguda das formas convencionais de dominação.

Assim como seus antecessores, os de direita contemporâneos estão presos em uma tensão não resolvida entre tendências extremas e tradicionais. As correntes ofensivas disputam com as defensivas, e os promotores da ação virulenta rivalizam com seus pares meramente transgressores (Mosquera, 2018). Nessas dissidências, a acomodação ao *status quo* coexiste com incursões ousadas e aventureiras.

A ocupação de prédios públicos por gangues mobilizadas é a operação mais marcante das vertentes agressivas. A invasão do Capitólio em Washington em 2021 e a ocupação dos Três

Poderes em Brasília em 2023 foram os atos mais retumbantes de uma escalada que incluiu simulações do mesmo tipo em Paris (2018), Berlim (2020), Roma (2021) e Ottawa (2022) (Ramonet, 2023).

Essa sequência indica um *modus operandi* compartilhado por um setor que combina mensagens reacionárias com demonstração de força. Sua captura, por um período muito curto, dos lugares mais emblemáticos do poder político é a antítese das revoluções populares que derrubaram monarquias, tiranias ou ditaduras nos últimos dois séculos. Em vez de coroar uma dinâmica emancipatória, sustentam projetos contrapostos de opressão totalitária.

Adaptações na Europa

A nova direita despontou com fortes avanços eleitorais na Europa, mas até agora não conseguiu alcançar o *status* de dominante (Löwy, 2019). O descontentamento gerado pelo ajuste imposto pela unificação regional levou a uma frustração generalizada, que a direita está capturando ao desafiar Bruxelas. Ela se aproveita das reações nacionalistas geradas pela criação de uma nova estrutura continental, sem a correspondente identidade europeia.

Mas essa canalização do descontentamento não é mais uma novidade. As correntes pardas[1] estão no governo da Hungria há 12 anos, sob a liderança de Viktor Orbán, que personifica a maior conversão de um dirigente liberal à moda da direita. Sob a bandeira do cristianismo e da promoção do pânico identitário, corroeu os direitos civis, multiplicou o autoritarismo e transformou Budapeste em um centro de peregrinação para

---

[1] Referência às camisas pardas ou marrons utilizadas por grupos paramilitares que constituiram uma importante força do nazismo. (N. E.)

o conservadorismo mundial (Sánchez Rodríguez, 2020). No entanto, os flertes de Orbán com Beijing e Moscou não abalam seus compromissos com a Otan. Nem suas diatribes contra a União Europeia alteram sua dependência financeira desse organismo.

Essas dualidades da ultradireita húngara se estendem à Polônia, onde se consolidou um governo que restringe os direitos civis, subjuga o Poder Judiciário, bloqueia a entrada de imigrantes e resiste à preservação ambiental. Mas a retórica inflamada de seus governantes não se traduz em medidas apropriadas quando está em perigo o apoio econômico de Bruxelas. Os mandatários da onda reacionária são muito pragmáticos e adaptam sua gestão às exigências do *establishment*.

A mesma adaptação está tomando forma na Itália, com a chegada de uma figura que reivindica Benito Mussolini. De fato, a ultradireita italiana foi totalmente incorporada ao gerenciamento de cotas variáveis do poder estatal. Desde a década de 1990, Silvio Berlusconi e Matteo Salvini precederam Giorgia Meloni nesse tipo de administração (Cegna, 2022). A Itália é a terceira maior economia da União Europeia, membro do Grupo dos Sete (G7) e atua diretamente na Otan. Por esse motivo, é provável que a ultradireita encontre uma adaptação ao roteiro combinado entre Bruxelas e Washington.

Essas experiências de governo são muito ilustrativas da via transitada pelos partidos reacionários. O exercício da administração em alguns países fornece uma pista do que pode acontecer em países onde eles progrediram (Suécia) ou sofrem altos e baixos (Alemanha, Áustria, Espanha).

A França é a principal candidata a um grande teste. Ela tem mais variantes do que o resto do continente e tem um conjunto exótico de celebridades e influenciadores nas mídias sociais (Febbro, 2022a).

Em todos os países do Velho Continente, a ultradireita enfrenta duas contradições que não consegue resolver. Por um lado, ela convoca à recuperação da soberania monetária sem abandonar o euro e, por outro, propõe restaurar a soberania militar sem abandonar a Otan. Ambas as contradições retratam os enormes limites dessas formações.

A centralidade do trumpismo

O trumpismo se tornou o principal ponto de referência da nova direita. Seus pares na Europa (Marine Le Pen, Orbán, Santiago Abascal Conde, Meloni) adotaram-no como uma inspiração das próximas etapas. Essa centralidade é consistente com a supremacia contínua dos Estados Unidos no sistema imperial e com a pretensão estadunidense de recuperar a hegemonia internacional.

Os parceiros de Trump chegaram a considerar a formação de uma Internacional Parda para ratificar essa liderança. A tentativa de Steve Banon fracassou, mas não foi arquivada e pode renascer se a primazia de Washington e a subordinação de Bruxelas persistirem (Conroy e Dervis 2018). A ultradireita reproduz essa assimetria na relação euro-americana, que entra em choque com o legado chauvinista e o nacionalismo ostensivo dessa corrente no Velho Mundo.

A primazia estadunidense também se deve ao maior domínio dos novos instrumentos de manipulação do eleitorado. Os Estados Unidos demonstraram uma grande capacidade para forjar o novo ecossistema de comunicação da direita 2.0. Especializaram-se em espalhar mentiras para convencer seguidores e neutralizar opositores.

Por meio das redes sociais, exercem uma influência mental e psicológica sobre seus adeptos que é muito superior à da imprensa, do rádio e da mídia do século XX. Nesse novo universo, é mais difícil distinguir o verdadeiro do falso, o fato da ficção ou o autêntico do manipulado. Nesse âmbito, a nova direita encontrou um ambiente favorável para a disseminação de mensagens delirantes dos mais variados tipos.

Ela também sustentou os experimentos da Cambridge Analytica para dividir o eleitorado em nichos estratificados e desenvolver estratégias de digitação, com mensagens microfocalizadas em cada segmento (Serrano, 2020).

Mas nenhum desses instrumentos foi suficiente para evitar o fracasso da presidência de Trump. As ações desenfreadas do magnata minaram suas pretensões autoritárias, e essas deficiências levaram-no ao fracasso na tomada do Capitólio. O bilionário também não conseguiu conter o declínio internacional dos Estados Unidos com discurso agressivo, mercantilismo tarifário e arrogância geopolítica. Na verdade, ele evitou pôr à prova o reduzido poder da primeira potência e disfarçou essas vacilações com pomposas bravatas.

Da mesma forma, Trump conquistou uma massa plebeia descontente com as elites globalistas do litoral e forjou uma base eleitoral duradoura em torno do Partido Republicano. Dessa forma, ele reúne numerosas variantes de uma direita que combina a manipulação institucional com a pressão das milícias racistas. Ele conseguiu reciclar todos os mitos do individualismo, revitalizando crenças absurdas sobre a genialidade (ou excepcionalidade) dos estadunidenses.

Diante da decepção com um presidente tão senil e inaudível quanto Joe Biden, Trump está apostando em um segundo mandato. Mas ele não conseguiu suscitar uma esperada maré republicana nas eleições de meio de mandato. Os democratas mantiveram mais cadeiras no Congresso do que o imaginado, e o padrão histórico do revés do partido no poder nesse tipo de eleição foi quebrado. Não houve voto de protesto, apesar da decepção que Biden gerou na maior parte de seu eleitorado (Morgenfeld, 2022a).

Os candidatos mais loucos da ultradireita foram derrotados em seus distritos, em um âmbito de grande reação democrática contra a revogação judicial do direito ao aborto. Houve um alto comparecimento de eleitores em muitos distritos eleitorais para garantir essa conquista (Selfa, 2022).

O fracasso de Trump foi aproveitado por seus próprios rivais para desafiá-lo para a próxima candidatura presidencial. São personagens do mesmo espectro reacionário, com expoentes como o governador do estado da Flórida, Ron de Santis, que substituiu a educação sexual nas escolas por um dia de oração pelas "vítimas do comunismo". Nesse cenário, o retorno da ultradireita à Casa Branca é a grande incógnita do momento.

Singularidades latino-americanas

A influência do trumpismo é muito visível na ultradireita latino-americana que ressurgiu após a da Europa ou a dos Estados Unidos e ganhou força durante a restauração conservadora (2014-2019) que sucedeu o ciclo progressista.

Como em outras partes do mundo, ela fortaleceu sua pregação durante a pandemia, com inconsistentes discursos negacionistas e objeções medievais às vacinas. Com seus pares do Primeiro Mundo compartilha o comportamento autoritário, a intolerância em relação às minorias estigmatizadas e a recriação de uma ideologia conservadora.

Além disso, a ultradireita importou as técnicas de manipulação das redes sociais, com uma agenda reacionária de intrigas e *fake news* implementadas por pelotões de *trolls*. Transformou a conversa e o contraponto de opiniões em farsas para fidelizar um público cativo. Dessa forma, ela multiplica sua captura de audiências, viralizando discursos de pura intolerância.

Com esse instrumental, ela pôde sair do cercado de classe que afetava seus antecessores elitistas e fincou parte de sua atividade no campo popular. Atualmente, ela disputa presença em setores sociais que estavam fora de seu alcance, com posturas demagógicas baseadas na difamação do sistema político (López, 2022). Com esses pilares, tem uma presença maior nas ruas do que seus pares no mundo desenvolvido.

A ultradireita na América Latina tem determinantes muito específicos. Em primeiro lugar, ela expressa a reação dos grupos dominantes contra as melhorias obtidas durante o ciclo progressista da década anterior. Não se limita a canalizar uma insatisfação genérica com os efeitos do neoliberalismo, mas busca subjugar a intensa mobilização social que prevalece na região.

Por esse motivo, entra em confronto, também nas ruas, com todos os movimentos, partidos ou figuras relacionadas a qualquer ideário progressista. Esse perfil reativo e revanchista é a característica dominante da onda reacionária na América Latina (De Gori; Ester; Gómez; Vollenweider, 2017).

Após 50 anos de presença dramática na América Latina, atualmente prevalece uma terceira variante de neoliberalismo, que complementa as duas vertentes anteriores. Esse modelo político-econômico foi lançado na década de 1970 para subjugar as aspirações populares, que incluíam caminhos revolucionários e propósitos socialistas. Posteriormente foram forjados esquemas de precarização do trabalho, privatização e abertura comercial, validados por governos de diferentes convicções políticas. Atualmente, o neoliberalismo pretende sufocar, com projetos mais conservadores comandados por lideranças autoritárias, o descontentamento popular.

Essa ultradireita adota um tom particularmente vingativo contra as experiências revolucionárias (Fidel Castro), radicais (Hugo Chávez, Evo Morales) ou progressistas (Néstor

Kirchner, Lula, Rafael Correa), com grande ódio pela esquerda e um descarado apego ao macarthismo. As diatribes contra a "ameaça comunista" renasceram com grande força no Novo Mundo, e a narrativa da Guerra Fria é repetida com a mesma meticulosidade do passado.

A América Latina foi o laboratório mundial das primeiras modalidades de neoliberalismo (Pinochet) e atualmente se tornou um campo de experimentação para a ultradireita. Já exibiu um expoente sem filtros discursivos (Bolsonaro) e agora está experimentando um personagem inclinado a inéditas agressões contra o povo (Milei).

A direita regional desenvolve uma agenda temática muito específica. A hostilidade contra os imigrantes ou a perseguição de minorias étnicas não ocupam tanto espaço quanto as campanhas contra a delinquência. A demagogia punitiva, a demanda por dureza policial e o apelo ao uso generalizado de armas são seus principais cavalos de batalha em uma região afetada por altos níveis de violência social (Traverso, 2019).

A América Latina permaneceu à margem dos grandes conflitos bélicos, mas acumula um recorde de violência diária. Das 50 cidades mais perigosas do planeta, 43 estão localizadas na região. O neoliberalismo gerou uma enorme rede de criminalidade. Aos antigos padrões de marginalidade urbana, acrescenta uma nova interação de máfias e redes de tráfico de drogas controladas a partir dos Estados Unidos. A mensagem de ordem repressiva busca ressuscitar a nostalgia de um passado mais tolerável.

Nova cruzada com primazia do Norte

A ultradireita regional está repetindo o velho refrão conservador contra "políticos ladrões" enquanto oculta suas próprias fontes de financiamento. Ela conta com o apoio dos grupos capitalistas que se beneficiaram com o ajuste neoliberal e, portanto, aprova explicitamente o programa econômico desses setores. Não compartilha o distanciamento formal de seus colegas europeus com relação à ideologia neoliberal nem seu disfarce com ingredientes de xenofobia. Na América Latina, defende formas extremas de abertura comercial, liberalização financeira e desregulamentação laboral.

Seus principais porta-vozes abjuram o antigo nacionalismo de direita, que destacava as virtudes do desenvolvimentismo e do intervencionismo estatal (Petras, 2018). Esse abandono corrobora sua total sintonia com a restauração conservadora promovida pelas classes dominantes.

Os grupos reacionários também contam com o enorme apoio de muitas correntes evangélicas. O rápido crescimento dessa comunidade colocou a Igreja Católica na defensiva e já tem fortes correlatos políticos. Elas desencadeiam intensas campanhas contra a igualdade de gênero (Gatti, 2018) e fizeram do Brasil o país com a maior população pentecostal do planeta. Ungiram candidatos à presidência e formaram bancadas de legisladores no Chile, no México, na Colômbia, no Paraguai, no Peru e no Equador.

A subordinação ao trumpismo é uma característica generalizada em todas as vertentes da região. O primeiro ensaio de articulação de direita na América Latina foi projetado diretamente pelos assessores do magnata (Elliott Abrams, Marco Rubio, Mike Pompeo), que criaram o efêmero Grupo de Lima. A estreita e subordinada relação de Bolsonaro com Trump foi corroborada pelo refúgio fornecido pela Flórida aos golpistas brasileiros.

O evento organizado no México por dois grupos conservadores estadunidenses (a Conferência Política de Ação Conservadora, CPAC, e a União Conservadora Americana, ACU) também retratou a primazia do Norte sobre seus pares na região (Majfud, 2022). Na capital asteca, chegaram ao ridículo de apresentar o mesmo discurso anti-imigrante que propagam do outro lado da fronteira. O trumpismo não disfarça suas exigências de total subjugação do "quintal".

Os reacionários da América Latina também buscaram uma articulação com o falangismo espanhol de Vox, a fim de recriar o eixo ideológico hispano-americano. Ao discurso usual contra o "perigo comunista", eles acrescentam a defesa da conquista colonial e a consequente validação do massacre dos povos nativos. Na estreia dessa cruzada, o levante de Franco foi exaltado e adoçado com uma alegre apresentação musical (*"Vamos a volver al 36"*).[2]

Esse alinhamento concorre com os vínculos mais tradicionais da *Iberosfera* (um termo que substitui a noção decaída de Ibero-América). Essa conexão é impulsionada pelo Partido Popular (PP) espanhol e por intelectuais ultraconservadores do Novo Mundo (como Mario Vargas Llosa). Nesse tipo de entrelaçamento, a direita latino-americana retorna às suas raízes hispano-eclesiásticas, confirmando sua falta de novidades substanciais.

O golpismo recarregado

A onda conservadora confirma que a direita não se pacificou ou se modernizou na América Latina. As ilusões de um comportamento "civilizado" desse setor estão se diluindo, ao lado da crescente influência das vertentes extremas desse espectro (Campione, 2022).

---

[2] Referência a "Volver al 36", canção apresentada em evento do partido Vox em outubro de 2022. Em 1936, um golpe de Estado deu início à Guerra Civil Espanhola e à ditadura de Francisco Franco. [N.E.]

Tradicionalmente, a direita apoiava todas as formas de violência usadas pelas classes dominantes para assegurar seus privilégios. Essa função era garantida pelo Exército por meio de ferozes ditaduras.

Os fracassos acumulados por essas tiranias e a forte oposição democrática à sua reinstalação reduziram a viabilidade dessa receita. Para contornar essa limitação, a nova onda de ação reacionária está apoiando formas substitutas do velho golpismo.

O imperialismo estadunidense é o principal apoiador de regimes autoritários que a ultradireita reforça com sua ideologia, seus aparatos e suas lideranças. Ela esteve particularmente envolvida nas conspirações do *lobby* de Miami contra Cuba e Venezuela, mas enfrenta qualquer revolta popular genuína. Recuperou importância como um instrumento das elites para lidar com esses protestos.

Essa funcionalidade para combater a resistência, silenciar os militantes e aterrorizar os descontentes é sua principal característica. Os grupos de direita tomaram nota das revoltas sociais que, nos últimos anos, levaram o progressismo na Bolívia, no Chile, no Peru, em Honduras e na Colômbia a vitórias eleitorais. Eles também registraram as vitórias de mobilizações populares mais recentes no Equador e no Panamá e as viradas políticas na Argentina, no México e no Brasil.

A ultradireita volta à cena para testar as respostas reacionárias a esses desafios. A restauração conservadora não conseguiu enterrar o ciclo anterior e, por isso, ensaia outros caminhos para desativar a persistente luta popular. Mas, diante de tantas variedades dessa contraofensiva, impõe-se também um esclarecimento teórico do sentido desse espaço.

6. FASCISMO, POPULISMO OU ULTRADIREITA?

A nova direita é muito diferente do fascismo clássico, que eclodiu na primeira metade do século passado diante da ameaça da revolução socialista, em um cenário de guerras interimperialistas. O perigo de uma insurreição operária contra a tirania do capitalismo unificou as classes dominantes, que defenderam brutalmente seus privilégios contra os trabalhadores.

O fascismo foi um instrumento incomum, no contexto de grandes ações políticas dos assalariados e de conflitos bélicos sem precedentes entre as principais potências (Riley, 2018). Por essa razão, incluiu modalidades ideológicas extremas de absolutização da nação e repúdio ao progresso, à modernidade ou ao esclarecimento.

Nenhuma dessas condições está presente hoje. Na segunda década do século XXI, não se vislumbram ameaças bolcheviques e as consequentes demandas por uma contrarrevolução imediata. As tensões bélicas reapareceram, mas sem guerras generalizadas entre blocos concorrentes. As motivações que deram origem ao fascismo clássico não estão presentes na situação atual.

Formas passadas e contemporâneas
É um erro frequente equiparar a ultradireita atual com seus antecessores do século passado. Em vez do fascismo daquela

época, desponta um protofascismo potencial, que só poderia tornar-se tal qual na modalidade anterior se as características daquele modelo fossem generalizadas (Palheta, 2018).

Essa virada envolveria a massificação da violência por meio de milícias paramilitares análogas às gangues pardas do passado. A hostilidade contra as minorias se transformaria em massacres, as advertências contra os opositores se transformariam em assassinatos e os discursos agressivos se transformariam em ações selvagens. Essa trajetória é uma possibilidade e implicaria a conversão das formações atuais em forças fascistas.

Essa passagem também implicaria a abolição do *status* legal vigente por meio de um aumento acentuado do autoritarismo estatal. Enquanto as organizações de ultradireita operarem dentro da estrutura institucional, elas manterão, no máximo, um perfil neofascista que ainda está muito distante do modo virulento clássico. Uma reorganização totalitária também exigiria mudanças drásticas nas lideranças e nos movimentos que sustentam a tendência reacionária atual.

Uma dinâmica de fascistização exigiria maior apoio plebeu, inimigos internos mais identificados e uma linguagem de violência contundente contra os opositores (Louçã, 2018). Essa concretização pressuporia a amputação total da democracia (Davidson, 2010). O fascismo não é uma mera ditadura nem uma simples gestão autoritária. Ele introduz um modelo político marcado pelo uso metódico da repressão e pela consequente formação de um regime totalitário.

Essa caracterização do fenômeno centrada no sistema político é mais precisa do que a apresentação genérica do fascismo como uma época ou uma ideologia do capitalismo. Também é mais precisa do que sua avaliação como uma configuração contraposta ao neoliberalismo. Essas dimensões constituem, no máximo, complementos do sistema político que singulariza o fascismo.

Os liberais muitas vezes se esquivam dessa caracterização específica, apresentando o fascismo como um discurso ou um programa de violação das normas republicanas. Com essa caracterização simplificada, eles desqualificam seus rivais denunciando fascistas em todas as partes.

Essa ampliação tem sido comum nos Estados Unidos para justificar o alinhamento com o Partido Democrata contra os republicanos. Sob essa ótica, Trump foi rejeitado, postulando a conveniência de apoiar Biden (Fraser, 2019). Em outros países, o mesmo uso múltiplo do termo "fascista" serve para endossar alianças com o *establishment* burguês. A verdadeira batalha contra o fascismo nunca passou por esses trilhos.

Mas também é verdade que a ultradireita atual incuba os germes do fascismo. Por essa razão, não é sensato fugir do qualificativo, argumentando a ausência dos elos necessários para completar esse *status*. Nunca é demais enfatizar a denúncia frontal das correntes reacionárias que podem empurrar a sociedade para o cenário monstruoso do século XX. Os aditivos "pós", "neo" ou "proto" contribuem para determinar o alcance ou a proximidade desse perigo.

Atualmente, a extrema-direita já determina a agenda de muitos países e governos. Ao relativizar (ou naturalizar) esse avanço, sua periculosidade é diluída. A evolução desses processos ainda está em aberto e tende a desembocar em dinâmicas conservadoras tradicionais, mas exclui uma tormentosa renovação do velho fascismo.

Convém tomar distância das teses que restringem o fascismo a um drama exclusivo da metade do século passado. Também é errado supor que ele surgiria apenas como uma resposta a um perigo revolucionário socialista. Esse virulento processo é periodicamente gerado pelo capitalismo para contrabalançar o descontentamento provocado pela dinâmica muito desigual, empobrecedora e convulsiva do sistema. Alguns analistas destacam, por exemplo, o perigo de um *ecofascismo* como suporte do negócio da contaminação a qualquer preço ambiental. Essa modalidade também poderia emergir para penalizar as migrações derivadas da catástrofe climática (Gerbaudo, 2024).

Os sujeitos sociais que protagonizam essa reação podem se transformar seguindo os mesmos parâmetros de suas vítimas. A pequena burguesia que enfrentou o proletariado fabril durante a Alemanha nazista não constitui um protótipo inamovível para qualquer época ou país. O fascismo é um processo político que não segue parâmetros imutáveis. O registro dessa variabilidade é particularmente importante para avaliar sua dinâmica na América Latina.

Presença diferenciada na periferia

A potencial desembocadura fascista da ultradireita não é um perigo restrito aos Estados Unidos ou à Europa. É também uma ameaça para a periferia. O que aconteceu no mundo árabe oferece um indício desse desenlace. A grande rebelião democrática que encarnou a Primavera Árabe, na década passada, foi esmagada de forma sangrenta por ditaduras e monarquias que contaram com a ajuda de formações fascistas.

Essas milícias realizaram uma ação contrarrevolucionária atroz. Usaram a bandeira religiosa para realizar massacres que esmagaram todas as expressões de laicismo, tolerância e coexistência democrática. Essa resposta feroz a uma revolta juvenil, que se espalhou por todo o Oriente Médio, confirmou que a sangria com conotações fascistas é viável em qualquer canto do mundo. Não é necessária a preexistência de um inimigo socialista ou de um proletariado industrial organizado.

O mesmo critério se aplica à América Latina. Nesta região, a natureza periférica também não exclui o fascismo. A antiga negação dessa possibilidade por causa da distância econômica e social que a separa dos centros baseia-se em pressupostos equivocados. Considera que Hitler e Mussolini nunca tiveram emuladores no Terceiro Mundo, devido ao caráter intrinsecamente imperialista dessa modalidade.

Mas se esquecem que a tendência reacionária adotou formas de fascismo dependente, quando as classes dominantes da periferia enfrentaram grandes ameaças à sua dominação. A diferença cronológica entre os dois cenários não modifica essas semelhanças. Os picos do fascismo na periferia foram registrados durante a Guerra Fria, e não em 1930-1945.

Este deslocamento das respostas conservadoras virulentas foi congruente com a mutação geográfica das revoltas populares e incluiu massacres da mesma envergadura dos registrados na Europa. Basta lembrar, por exemplo, que o esmagamento do comunismo na Indonésia causou 1 milhão de mortes.

A magnitude desses massacres seguiu o padrão dos grandes genocídios dos últimos séculos. Essas aniquilações foram inauguradas com a conquista do Novo Mundo, consolidaram-se com a devastação da África e continuaram com os holocaustos vitorianos na Ásia, que acabaram ricocheteando no próprio território europeu.

A sucessão de extermínios também não é suficiente para explicar o fenômeno contemporâneo do fascismo. Esse processo traumático deveu-se a circunstâncias e confrontos políticos específicos, que os pensadores liberais nunca conseguiram compreender (Traverso, 2019).

Essa tradição teórica interpretou mal, especialmente, o que aconteceu na América Latina. Colocou o rótulo do fascismo em movimentos nacionalistas ou líderes populares em conflito com as metrópoles, como Juan Domingo Perón, por exemplo. Usou argumentos formais de semelhança discursiva e magnificou episódios diplomáticos menores para reproduzir as tendenciosas denúncias estadunidenses contra os governos que lutavam contra sua dominação. Essa resistência soberana nunca teve parentescos com o fascismo.

A proximidade do fascismo na periferia esteve presente em outro contexto. Irrompeu na América Latina com os regimes contrarrevolucionários que tentaram destruir os projetos da esquerda. Vários teóricos da dependência investigaram as peculiaridades dessa reação brutal (Martins, 2022).

No Chile, o pinochetismo avançou com o apoio de uma base social antioperária, cega pelo fanatismo anticomunista. Mas, tal como Francisco Franco na Espanha ou António de Oliveira Salazar em Portugal, a ditadura transandina não forjou um sistema político comparável ao esquema de Hitler ou Mussolini.

O uribismo também consolidou na Colômbia um regime oligárquico baseado em várias décadas de metódico assassinato de militantes sociais. Contudo, nunca completou a conversão totalitária do regime político que o fascismo pressupõe.

Na experiência mais recente de Bolsonaro, esse fracasso foi ainda maior e não conseguiu traduzir a verborragia reacionária do militar maluco em um sistema fascista. O ex-capitão obteve a adesão de setores populares, mas não da liderança de todo o leque político burguês. Promoveu o aumento da violência sem conseguir a sua generalização e recuou nas tentativas de substituir o sistema institucional por um poder totalitário. O Exército o apoiou, mas nunca concordou em se envolver em aventuras de maiores alcances. A gestão desastrosa da pandemia e a derrota sofrida com a libertação de Lula fecharam todas as brechas para a sua transformação em ditador.

O fascismo constitui um perigo no atual cenário regional e é importante não subestimar essa possibilidade. A debilidade da esquerda ou um refluxo das lutas dos trabalhadores não diluem essa eventualidade. A desconsideração desse horizonte adota por vezes a sofisticada modalidade de substituir o termo fascista por vagas alusões ao bonapartismo.

Mais problemática é a banalização do fenômeno, por meio da sua identificação com outros tipos de desventura. O fascismo não é equivalente ao extrativismo e muito menos a formas duradouras de violência machista. Constitui uma modalidade de gestão política do Estado para recompor a dominação da classe capitalista com métodos de violência extrema.

É importante situar o problema nesse âmbito, para enfrentar a batalha contra o fascismo com táticas e estratégias adaptadas a cada país. No universo genérico de um infortúnio gerado pelo declínio do capitalismo, pela regressão civilizatória ou pelo império da irracionalidade, não há como especificar políticas antifascistas oportunas e bem-sucedidas.

Distinções básicas e acertadas

A caracterização da atual ultradireita como fascista concorre com a sua identificação com o populismo, mas o uso desse termo é particularmente inconsistente na América Latina. Nessa região, as referências ao populismo estiveram identificadas, durante a segunda metade do século XX, com governos que concediam melhorias sociais (Löwy, 2019). O perfil que a social-democracia incorporou na Europa estava relacionado, no Novo Mundo, com os regimes que promoveram maior soberania e aumentos da renda da população. Igualar a atual ultradireita com qualquer um desses antecessores é um grande contrassenso.

Mas a principal confusão que essa identificação introduz é a de colocar no mesmo saco lideranças progressistas e reacionárias igualmente rotuladas como populistas. Na Europa, esta combinação mistura Jean-Luc Mélenchon com Meloni, Jeremy Corbyn com Le Pen e Pablo Iglesias com Orbán. Na América Latina, são colocados na mesma salada Nicolás Maduro e Bolsonaro, Evo Morales e Kast, Miguel Díaz-Canel e Milei. As deficiências dessa mescla são óbvias. A imprensa liberal costuma insistir em identificações absurdas e fusões arbitrárias desse tipo.

Em vez de reiterar essa mistura inadequada, é mais correto retomar o critério político básico que contrapõe direita e esquerda para definir a localização de cada força. Os dois polos estão claramente diferenciados e sem qualquer necessidade de incorporar o adjetivo de populista. Com essa orientação, é bem visível que a esquerda radical é o principal antagonista da ultradireita. O conceito habitual de populismo anula essa distinção, ao supor que ambos os extremos foram dissolvidos em alguma forma de "ocaso das ideologias".

As noções de esquerda e direita têm sido usadas corretamente há séculos. Distinguem trajetórias relacionadas à igualdade social e percursos favoráveis aos privilégios dos opressores. Com esse critério, pode-se compreender quais são os interesses sociais em jogo em cada conflito. É muito fácil perceber que Fidel Castro governou à esquerda de Carlos Menem, mas é impossível determinar o quão populista foi a administração de cada um.

A diferenciação política da esquerda e da direita surgiu com a Revolução Francesa e perdura até os dias de hoje, porque subsiste o regime social que cimenta essa distinção. Enquanto o capitalismo continuar, haverá formações de esquerda e de direita que se enfrentam pela primazia das melhorias ou retrocessos sociais (Katz, 2008, p. 59-60).

A especificidade da nova direita pode ser percebida com adjetivos tradicionais (ultra, extrema), com complementos mais inovadores (2.0) ou com referências repressivas (direita autoritária). Mas, qualquer que seja a denominação escolhida, o essencial é destacar o seu posicionamento no campo da reação. O populismo é um termo que só acrescenta confusão.

A polissemia de um conceito

O conceito de populismo tem sido adotado com grande entusiasmo por muitos analistas que destacam a marca "antissistêmica" dessa corrente, sua contraposição com os políticos convencionais e seu desconhecimento da institucionalidade.

Mas nenhuma dessas características define as correntes que participam da atual onda reacionária. Seus conflitos com o sistema político são dados secundários em comparação com o seu objetivo central de transformar o descontentamento atual em sistemática hostilidade aos desamparados. Esse objetivo retrógrado de confrontar a classe média (e parte dos assalariados) com os setores mais desprotegidos não tem a menor relação com o populismo.

Os liberais utilizam o termo para desqualificar qualquer posição crítica do individualismo, do mercado ou da república. Mas a nova direita não é alheia nem inimiga desses paradigmas. Simplesmente, ganhou terreno com um discurso que se opõe à tempestuosa realidade contemporânea patrocinada pelo neoliberalismo. Também não se coloca fora do regime institucional quando questiona, com grande demagogia, os partidos políticos dominantes.

Os liberais equiparam os de direita com as forças que vêm do polo oposto, da esquerda. Consideram que o populismo funde ambos os lados em uma posição semelhante. Dessa forma, apresentam dois conglomerados contrapostos como se fossem complementares. Dissolvem a avaliação dos conteúdos em disputa e enfatizam aspectos menores de estilo ou retórica.

Por esse caminho analítico não há a menor possibilidade de esclarecer qualquer característica relevante da nova direita.

A mídia hegemônica generalizou essa visão, que desqualifica superficialmente o populismo para relegitimar o neoliberalismo. Com essa perspectiva, destaca a centralidade de um termo particularmente vago, que mescla diferentes significados históricos, por sua vez derivados de raízes dessemelhantes.

Em sua velha acepção estadunidense ou russa, o populismo referia-se a projetos com um marcado protagonismo popular. Referia-se também à exaltação do comportamento saudável e amigável das populações rurais, maltratadas (e corrompidas) durante a sua conversão em assalariados urbanos. O populismo reivindicava essa pureza inicial e propunha recriá-la como uma força transformadora da sociedade.

O discurso atual da direita retoma alguns aspectos dessa nostalgia, mas modifica seu significado regenerativo, comunitário ou amigável. Utiliza-o para desenvolver uma contraposição com as minorias hostilizadas. Costuma enaltecer a classe trabalhadora castigada pela globalização e pela desindustrialização, atribuindo essa degradação à presença dos imigrantes (Traverso, 2016a). Nenhum eco significativo das antigas propostas da irmandade está presente na nova acepção de ultradireita.

A difamação liberal do populismo também motivou uma simétrica visão elogiosa. Essa visão defende a validade desse conceito para representar os setores oprimidos da sociedade. Em particular, ele destaca a consistência dessa noção em países com uma estrutura constitucional frágil (Venezuela) ou uma longa tradição parainstitucional (Argentina). Também defende o papel de seus líderes e justifica todas as variantes que observa dessa modalidade (Laclau, 2006). Essa abordagem pró-populista é o outro lado da diatribe socioliberal e não fornece pistas para esclarecer a marca atual da nova direita.

Para entender o significado desse espaço, é necessário investigar as raízes sociais de sua ação política. A atual onda reacionária é um projeto de certos setores das classes dominantes para restabelecer a estabilidade corroída do capitalismo. Pretendem alcançar esse restabelecimento generalizando as agressões contra os setores mais desprotegidos da sociedade.

A atenção ao substrato de classe da ultradireita fica diluída no universo ambíguo das reivindicações do populismo. Essas visões rejeitam a avaliação dos interesses em jogo, porque ignoram o papel protagonista das classes sociais. Ao contrário, enfatizam a centralidade de uma variedade indistinta de sujeitos com identidades circunstanciais e discursos preeminentes.

Sob essa perspectiva, é impossível identificar quais interesses sociais estão por trás das disputas em cada cenário político. Não há como entender por que a ultradireita está surgindo atualmente e quais forças econômicas sustentam sua presença (Anderson, 2016). Essa visão investiga os discursos em si mesmos, sem oferecer explicações sobre a forma em que se articulam com seus determinantes sociais. Devido a essas imprecisões, ela também não esclarece o significado da ideologia reacionária em voga.

7. INVESTIDAS DA ULTRADIREITA

A onda reacionária se desenvolve na América Latina com resultados muito contraditórios. Seus principais expoentes têm enfrentado êxitos e derrotas em uma vertiginosa sequência.

Os três reveses mais importantes do último biênio foram o golpe fracassado no Brasil, o motim frustrado na Bolívia e o naufrágio das conspirações na Venezuela. Sua conquista mais marcante foi o sucesso eleitoral na Argentina.

Além disso, essas forças reorganizam sua ação na Colômbia, tentam retomar o legado de Pinochet no Chile, despontam no México e participam da feroz repressão desencadeada no Peru. O que aconteceu em El Salvador, Equador e Haiti retrata marcas de um outro tipo.

A análise de cada caso ilustra o perfil das correntes reacionárias. Uma sequência conceitual-cronológica dessas experiências retrata as tendências subjacentes e as peculiaridades nacionais desses processos.

Uma aventura fracassada

Jair Bolsonaro liderou até 2023 a principal experiência da onda parda. Não conseguiu a reeleição, mas obteve enorme apoio na campanha. Ele se preparava para desempenhar um papel político de liderança antes de ser afetado pela tentativa golpista levada a cabo pelos seus seguidores.

Já existem documentos comprobatórios do plano concebido inicialmente pelo ex-capitão para não reconhecer a sua derrota eleitoral. Essa confabulação foi abandonada, mas os preparativos para o golpe continuaram com a instalação de um acampamento em Brasília para exigir a obstrução militar à posse de Lula. Seus seguidores acamparam durante dois meses às portas do principal quartel-general militar, divulgaram os seus planos nas redes sociais, tentaram um mega-atentado e bloquearam diversas rodovias.

A investida contra o Congresso, o Palácio do Planalto e o Supremo Tribunal Federal pretendeu forçar a intervenção do Exército. Os atacantes presumiram que uma faísca seria suficiente para induzir os generais a levarem os tanques para as ruas. Imaginaram que o caos gerado pela sua ação precipitaria essa intervenção (Arcary, 2023). O plano B era forçar um cenário de ingovernabilidade para enfraquecer o governo Lula no início de sua gestão (Stedile; Pagotto, 2023).

Esse cálculo delirante baseou-se na flagrante cumplicidade dos militares, que visitaram o acampamento para facilitar uma incursão, o que também foi validado por Ibaneis Rocha, governador do Distrito Federal. Os golpistas ocuparam os principais edifícios do Estado com total impunidade e em três horas de vandalismo destruíram móveis, decorações e obras de arte. Vários policiais protegeram os agressores, participaram da truculência e fizeram *selfies* durante os saques.

O ataque trazia a marca típica de Bolsonaro, que na década de 1980 alcançou certo renome com ações desse tipo. Para pressionar pelo aumento de salário, organizou naquela época um plano de explosão de bombas, evento que lhe custou a carreira. Do Executivo, aperfeiçoou essa trajetória apoiando as milícias que continuaram com ensaios de atentados após o exorbitante ataque em Brasília.

Os militares consentiram com a aventura para perpetuar os privilégios que alcançaram durante a administração do desbocado ex-capitão. Procuraram garantir a impunidade pelos crimes cometidos nesse período. Ao lado de líderes das gangues de Bolsonaro, facilitaram uma ação disparatada e concebida para unir os setores de ultradireita.

Os ocupantes dos três principais edifícios estatais exibiram abertamente o seu racismo ao destruir um quadro de valor inestimável de meninas afrodescendentes.[1] Ratificaram também o seu propósito cristofascista de coroar uma "guerra santa" contra o Partido dos Trabalhadores (PT).

Bolsonaro tentou se esquivar das responsabilidades com seu silêncio e permanência no exterior. Mas toda a aliança em torno dele vacilou devido ao fracasso do golpe. Os deputados, senadores e governadores de seu partido que obtiveram cargos, repudiaram o golpe, aprovaram a intervenção federal em Brasília e marcharam ao lado de Lula no ato de revalidação das instituições agredidas.

Muitos apoiadores de Bolsonaro com cargos em governos e no Legislativo optaram pelo retorno à direita clássica e à tradicional negociação de votos em troca de fatias orçamentárias. Com essas negociações, procuraram reinserir-se no presidencialismo de coalizão que sustenta o regime político brasileiro.

Mudança de cenário

A incursão em Brasília foi uma cópia do ataque ao Capitólio que os trumpistas perpetraram dois anos antes. Em ambos os casos, os ultradireitistas procuraram demonstrar que um

---

[1] Referência ao quadro *As mulatas* (1962), de Di Cavalcanti. [N.E.]

pequeno e determinado grupo pode se apoderar das principais sedes do Estado (Borón, 2023b). Assim como Donald Trump, Bolsonaro jogou a pedra e, diante da adversidade do resultado, escondeu a mão.

A cópia da operação confirmou os laços estreitos que ambas as formações mantêm sob o evidente comando do magnata estadunidense. Mas a cópia brasileira estendeu o ataque aos Três Poderes e teve aprovação do Exército (e do governante distrital), o que não aconteceu no episódio ianque (Miola, 2023). Além disso, no Brasil houve uma reação contundente de Lula que determinou o fracasso do motim.

Essa intervenção foi categórica em termos retóricos e práticos. Por enquanto, não se sabe se ela também foi premeditada, com conhecimento prévio do plano golpista. Lula denunciou os "vândalos nazistas", chamou Bolsonaro de "genocida" e acusou os participantes da invasão de "terroristas". Ele agiu com rapidez. Em vez de pedir aos militares que patrulhassem as ruas, ele os forçou a evacuar o acampamento. Por sua vez, interveio no governo de Brasília e assumiu o controle da polícia.

Essa atitude levou os juízes a tomar medidas de represália. Ordenaram a detenção de 1.200 pessoas envolvidas no ataque e a prisão do principal suspeito de organizar a invasão quando ele retornou da Flórida. Essas decisões foram implementadas com grande tensão, dentro do gabinete, com os setores partidários de contemporizar com os militares e conceder uma anistia para os vândalos.

No início de 2023, criou-se uma grande oportunidade para derrotar a ultradireita, que tinha sido neutralizada, mas não esmagada. Rapidamente, constatou-se que se as formações reacionárias não fossem demolidas, voltariam à tona. O bolsonarismo inicialmente ficou desconcertado diante do governo, que retomou os atos massivos da campanha eleitoral no dia da vitória, no dia da posse e nas marchas de repúdio ao golpe.

Mas esse desfecho do motim e da derrota eleitoral do bolsonarismo não modificou o sinal adverso da correlação de força. As conexões entre ambas as variáveis nunca foram unívocas. Em 1989, Lula perdeu as eleições para Fernando Collor de Mello, mas obteve uma vitória política. Em 2014, Dilma Rousseff triunfou nas urnas, mas sofreu uma derrota nas ruas que permitiu a coroação do ex-militar (Arcary, 2022b). Após o golpe fracassado, a ultradireita ficou desorientada, mas não perdeu a capacidade de reconstituição.

Implantação e fragilidades do bolsonarismo

O que aconteceu em Brasília retrata as contradições da ultradireita. Bolsonaro chegou de forma surpreendente à presidência, canalizando o descontentamento com o governo petista, que começou com marchas de rua (2013), consolidou-se com o golpe jurídico-parlamentar (2016) e levou à crescente gravitação de um ambiente conservador (2016-2018).

A proscrição de Lula permitiu a Bolsonaro liderar a reação contra o ciclo anterior, promovida pelo *establishment* e pela mídia com o apoio das classes médias decepcionadas com o progressismo.

Mas os desastres acumulados durante a sua gestão frustraram a reeleição do furioso militar, penalizado pela forma criminosa como lidou com a pandemia. A crise sanitária teve um número de mortes no país muito maior do que as causadas exclusivamente pelo vírus. Ninguém esqueceu que o ex-capitão se recusou a comprar vacinas e a realizar testes, argumentando que poderiam transformar indivíduos em jacarés (Boulos, 2022).

Bolsonaro também não conseguiu reverter a estagnação estrutural da economia e agravou o retrocesso social, recriando a tragédia da fome, que chegou a afetar 33 milhões de pessoas no Brasil. Esse flagelo é particularmente chocante em um país que ocupa o terceiro lugar no *ranking* mundial dos produtores de alimentos.

As oscilações e explosões do bizarro militar corroeram o apoio do *establishment*, e a libertação de Lula precipitou o seu declínio. Ele não conseguiu manter seu grande adversário atrás das grades e esse resultado impulsionou o PT a disputar com sucesso a presidência.

Bolsonaro deu provas cabais de suas pretensões fascistas, mas não conseguiu introduzir nenhum pilar desse sistema. Multiplicou a violência cotidiana, a intimidação no local de trabalho e o medo, com 40 assassinatos nas semanas anteriores às eleições. Mas não conseguiu criar o cenário de terror que o fascismo exige.

Também não conseguiu substituir o regime político vigente por alguma versão de totalitarismo. Manteve sua liderança com tutela militar e certo equilíbrio com os demais poderes. As classes dominantes toleraram a sua falta de serenidade para exercer uma função executiva e o perfil carnavalesco das suas aparições, mas não validaram a sua continuidade.

O segundo turno também demonstrou a grande envergadura de sua base eleitoral. Conseguiu introduzir uma inédita polarização política, que dividiu geograficamente o país em segmentos diferenciados. Lula venceu em 13 estados e Bolsonaro, em 14. Seu partido conquistou o estado de São Paulo, 15 das 27 cadeiras disputadas no Senado e numerosos deputados (Agullo, 2022).

A extrema-direita mantém uma influência significativa sobre um terço da população. Mas agora há um sério questionamento quanto ao impacto da fracassada aventura sobre os quatro pilares da sua força política: o Exército, as milícias, o agronegócio e o evangelismo.

Durante seu governo, o número de militares em cargos oficiais foi duplicado, e os fardados elegeram dois senadores e 17 deputados, que se apresentaram como referências da identidade nacional ou herdeiros da industrialização da década de 1960. Os nove generais mais próximos ao ex-capitão também reforçaram seus próprios negócios com equipamento bélico. Mas, ao mesmo tempo, criou-se um cenário que permitiria o desmantelamento dessa casta, caso Lula traduzisse em ação a sua denúncia da cumplicidade militar com o golpe.

A sobrevivência das gangues que Bolsonaro patrocinou ficou ameaçada após o ataque perpetrado em Brasília. A preparação dessa ação criminosa foi apoiada oficialmente nos últimos anos, com a autorização do uso de armas salvaguardada por clubes de caçadores, atiradores e colecionadores. Os grupos de vândalos foram responsáveis pela maior parte das acusações do golpe, e um número significativo dos seus membros acabou na prisão.

O apoio bolsonarista no agronegócio foi ilustrado no novo mapa pós-eleitoral. As regiões que alimentam essa atividade sustentaram as fileiras do ex-capitão, demonstrando a influência de um setor que representa um terço do PIB. Lucram com o extrativismo e se expandiram em sintonia com a duradoura crise industrial. No entanto, os líderes dessa rede começaram a ser investigados pelo financiamento do motim.

O novo contexto também influencia a cúpula evangélica que apoiou Bolsonaro, em troca dos 82 deputados conquistados pelas igrejas pentecostais. O alto clero dos pastores continuou enriquecendo, enquanto seus pregadores induziam os fiéis a votar na direita para evitar castigos divinos.

Os comunicadores do bolsonarismo combinaram esse tipo de mensagem maluca com justificativas para as mentiras cotidianas disseminadas pelo ex-presidente. Em um dia, o ex-capitão descreveu as imigrantes venezuelanas como prostitutas e, em outro, acusou Lula de manter pacto com o diabo. Nenhum dos delírios foi excluído da retórica que ele orquestrou para garantir uma liderança salvacionista entre os eleitores decepcionados com o sistema político.

Essa base ideológica pode ficar corroída se Bolsonaro receber uma condenação exemplar nos tribunais. O grande crítico da "corrupção lulista" não foi capaz de explicar como adquiriu 107 propriedades nos últimos 30 anos com seu salário como deputado. Tampouco conseguiu desmentir sua óbvia instigação ao golpe.

Nas diversas ações que enfrenta, ele precisa lidar com um Poder Judiciário que reafirma seu papel como um importante regulador da política brasileira. Para destacar esse protagonismo, castiga os de ultradireita por seus fracassos, mas garante a impunidade dos poderosos que apoiam o bolsonarismo.

Os juízes já proferiram as primeiras condenações dos participantes diretos da tentativa de golpe, propuseram a inelegibilidade do ex-capitão e estão ameaçando destronar o juiz-estrela da Lava Jato. Mas eles também toleram a sobrevivência da rede subjacente que cerca Bolsonaro. O resultado desses julgamentos está sendo observado de perto por toda a direita latino-americana.

Golpismo frustrado na Bolívia

O fracasso de um motim na Bolívia antecipou o resultado no Brasil. Lá também se consumou uma tentativa fracassada de golpe, que buscava repetir com o novo presidente Arce a sublevação que derrubou Evo Morales em 2019.

Naquela ocasião, a ultradireita trouxe gangues armadas para sequestrar dirigentes sociais, tomar de assalto instituições públicas e humilhar opositores. Reiterou sua velha conduta de apoiar intervenções militares contra governos contrários ao *establishment* ou crucificados pela embaixada estadunidense.

Esse golpe foi a intervenção militar mais descarada das últimas décadas na América do Sul. Não teve nenhum disfarce institucional, nenhuma dissimulação. Evo foi forçado a renunciar sob a mira de uma arma quando os generais se recusaram a obedecê-lo. Não renunciou simplesmente por esgotamento. Foi expulso da presidência pela cúpula do Exército.

A principal peculiaridade dessa operação foi o tom protofascista introduzido pelos parceiros de direita. Instauraram um reinado do terror nas áreas liberadas pelas forças uniformizadas e, sob a liderança de Luis Fernando Camacho, colocaram em prática as proclamações de Bolsonaro. Com Bíblias e orações evangélicas, queimaram casas, rasparam a cabeça de mulheres e acorrentaram jornalistas.

Os agressores também emitiram gritos racistas contra os *cholo*s, zombaram dos *coyas*, queimavam a bandeira *wiphala* e espancaram transeuntes dos povos originários vilipendiados. Na cidade de La Paz, implantaram o vandalismo que haviam ensaiado em seu reduto em Santa Cruz. A ridícula audácia daquelas hordas foi garantida pela proteção policial.

Este ódio contra a população originária recordou a provocação inicial de Adolf Hitler contra os judeus. Camacho não escondeu a irracionalidade de suas diatribes contra os povos originários. Considerou que as mulheres daquelas nacionalidades eram bruxas satânicas e que os homens carregavam uma marca servil. Também forjou múltiplas legiões de ressentidos para humilhar os povos indígenas (Katz, 2019).

A classe dominante do Altiplano comemorou a vingança contra os povos originários. Como não pode aceitar que um indígena tenha ocupado a presidência, ela validou os ultrajes descontrolados de Camacho. Mas as suas expectativas reacionárias foram demolidas pela extraordinária vitória da revolta popular em 2019. Essa conquista levou a eleições, a um renovado triunfo do MAS em 2020 e a uma sucessão de julgamentos que colocaram a usurpadora Jeanine Áñez atrás das grades em 2022.

O resultado desconcertou os grupos de ultradireita, que tiveram de se retirar para refúgios no Leste do país. A partir dali, reorganizaram forças e retomaram a ofensiva, com milícias de *civis* patrocinadas pelo poder econômico local. Enviaram estes grupos aos bairros populares para espalhar terror e bloquearam estradas para recriar um clima de instabilidade. Exigiram a liberdade dos golpistas e transformaram a data do censo – que deveria reavaliar o peso de cada distrito – no novo pretexto para a sua beligerância. Com essa desculpa, promoveram a intentona do ano de 2023.

O plano contemplou, inclusive, a eventual secessão do território rebelde caso não conseguissem recuperar o controle do país. Com a farsa de um *status* federal para Santa Cruz, conspiraram para perpetrar a fratura territorial. As milícias civis apoiaram a conspiração com uma lenda anti-*coya* que nega o Estado plurinacional e retoma antigas crenças de superioridade das elites brancas. Com esse separatismo reacionário, completaram um roteiro inspirado nas ações oligárquicas do passado (Acosta Reyes, 2022).

Mas a nova tentativa golpista falhou. Começou com uma série de greves no Leste e incluiu a reativação de grupos de choque contra as organizações sociais. Também ressuscitou a pregação raivosa dos pentecostais para unificar o motim. Na disputa entre facções para exibir maior radicalismo, organizaram-se assembleias municipais manipuladas sob o comando dos mesmos líderes dos motins anteriores (Camacho e Calvo) e foi gerado um grande caos regional.

Após 36 dias de ações traumáticas, tiveram que suspender o motim. O apoio esperado de outras regiões não chegou, e tanto a falta de abastecimento como a paralisia do comércio minaram o movimento. As milícias civis não puderam forçar o prolongamento da greve apenas com a demonstração de força (Paz Rada, 2022). Nem conseguiram o apoio nacional da direita tradicional ou dos setores indígenas descontentes com o governo. Apenas algumas figuras decadentes do espectro burguês aprovaram a nova aventura de Camacho (Montaño; Vollenweider, 2023).

A principal novidade foi a resposta do governo. No início da provocação, o partido no poder apenas convocou manifestações de rua para repudiar a difamação perpetrada contra a bandeira plurinacional. Organizou marchas que reuniram multidões, mas não modificou o padrão habitual da simples denúncia dos golpistas.

A grande virada veio depois, com a ousada operação de detenção e transferência de Camacho para La Paz. O principal líder dos bandos reacionários foi preso para aguardar o julgamento pela sua participação no golpe militar de 2019. Se essa ação for ratificada, o governo terá consumado uma contraofensiva, o que poderia abrir caminho para uma grande vitória. A ascensão ou o fracasso da ultradireita boliviana está em jogo nesse confronto.

A frustração da referência venezuelana

A derrota de Bolsonaro no Brasil e de Camacho na Bolívia está enquadrada no naufrágio de Juan Guaidó na Venezuela. Durante muito tempo, os seus *esquálidos*[2] lideraram a classi-

---

[2] Designação dada aos que são contrários ao processo da revolução bolivariana em curso na Venezuela. (N. E.)

ficação regional do vedetismo reacionário. Substituíram nesse pódio os *gusanos* de Cuba e conseguiram colocar suas ações na primeira página dos noticiários. Em inúmeras ocasiões imaginaram que o seu regresso ao Palácio de Miraflores estava assegurado, mas depois partilharam as mesmas frustrações dos seus aliados de Miami.

O perfil extremo dessa direita não estava predeterminado no início do confronto com o chavismo. O embate inicial foi liderado pelos conservadores tradicionais, que perderam preeminência com a intensificação do conflito. Os grupos mais virulentos capturaram a direção, provocando golpes nos quartéis e *guarimbas*[3] nas ruas.

No seu obsessivo projeto antichavista, a ultradireita tentou seguir as pegadas do ditador chileno Augusto Pinochet. Demonizou o processo bolivariano e propôs eliminá-lo com um banho de sangue. Esse ódio atingiu a mesma intensidade que a difamação fascista do comunismo. Com essa tônica, desencadeou-se a mobilização dos setores médios antibolivarianos.

As classes dominantes procuraram enterrar por essa via o desafio que Hugo Chávez personificou e tentaram dissolver o empoderamento popular que acompanhou a sua gestão. Nessa campanha, repetiram todos os itens do roteiro reacionário.

A reiteração de roteiros corroborou a sua total submissão aos ditames de Washington. A ultradireita venezuelana foi organizada, financiada e dirigida pelo Departamento de Estado, nos mesmos moldes dos seus antecessores cubanos. As disputas pela gestão do dinheiro e as conexões com a máfia tornam os dois grupos semelhantes.

---

[3] Manifestações organizadas pela direita fascista venezuelana que incluíam a construção de barricadas nas ruas como forma de intimidar os partidários da revolução bolivariana. (N. E.)

O trumpismo apostou todas as suas cartas nos *esquálidos*, já a vertente Barack Obama-Joe Biden contemplou também outras variantes. Mas ambos os setores do *establishment* imperialista tiveram de lidar com a impossibilidade de enviar *marines* para Caracas, como era o estilo na era de Richard Nixon ou John F. Kennedy.

Sem o recurso salvador da invasão estadunidense, o antichavismo tentou todo tipo de operação substituta. Incentivou conspirações militares, treinou mercenários na fronteira, desembarcou milícias nas praias e sequestrou helicópteros. Também tentou assassinatos políticos, criou a farsa internacional da ajuda humanitária e encorajou incansáveis revoltas nas ruas. Mas falhou em todas as conspirações, desmoralizou as suas próprias tropas, perdeu credibilidade e, atualmente, enfrenta uma crise muito aguda.

A autoproclamação do fantasma Guaidó como presidente é um episódio do passado. As suas hostes tentaram boicotar as eleições de 2020 com uma farsa inconsequente de eleições paralelas. O chavismo recuperou a Assembleia Nacional e a maioria da oposição juntou-se às votações, encerrando o longo conflito institucional inaugurado com o não reconhecimento das eleições presidenciais de 2018. Não é a primeira vez que a direita retorna às urnas, mas este retorno ocorre com o rabo entre as pernas.

O governo conseguiu reprimir, primeiro, o ciclo insurrecional do período 2014-2017. Posteriormente, obteve rendimentos da crise migratória, que dispersou a oposição e, finalmente, neutralizou todo o espectro de seus adversários (Bonilla, 2021). As *guarimbas* desapareceram e as tentativas de golpe de Estado perderam a centralidade.

Esse fracasso da ultradireita reabriu espaços de intervenção para os setores mais convencionais do sistema político. Mas o novo cenário tem grande impacto regional, porque os *esquálidos* eram exaltados como a grande referência latino-americana do projeto conservador.

Gestação na Argentina

A expansão da ultradireita na Argentina é mais recente e, como no Brasil, surgiu em confronto com um governo de centro-esquerda. Os primeiros lampejos das marchas de rua contra o kirchnerismo foram capturados pelo conservadorismo tradicional e catapultaram Mauricio Macri para o governo. Mas, na virulenta contestação posterior da administração de Alberto Fernández e Cristina Fernández, emergiu a força reacionária liderada por Milei.

Os bolsonaristas argentinos foram fabricados pela mídia e chegaram à política sem nenhuma trajetória anterior. Nessa falta, eles diferem de seus pares convencionais que têm sido os protagonistas de todas as mutações camaleônicas da partidocracia.

No último biênio, a mídia promoveu as novas figuras para induzir a direitização da agenda política. Tolera seus escândalos, explosões e delírios para permitir a imposição de temas reacionários, especialmente na esfera econômica (Katz, 2021a). Com essa estratégia, as velhíssimas e fracassadas receitas da ortodoxia neoclássica recuperaram a centralidade.

Milei adotou a excêntrica pose de gritaria e raiva, recomendada a ele por seus assessores, para capturar o público e transformar a política em uma sequência de fofocas. Ele se sustentou com dinheiro de várias fundações estadunidenses e recorreu à palhaçada de rifar seu salário de deputado como um gesto de impugnação da "casta". Em seu fanatismo ultraliberal, ele não considerou a possibilidade de doar essa verba mensal para alguma atividade laboral ou acadêmica meritória.

Algumas opiniões apontam que essa opção pelo sorteio ilustrou como ele atribui o progresso individual ao simples acaso. Em seu mundo de capitalismo selvagem, não são os mais aptos que sobrevivem, mas apenas os que têm mais sorte (D'Addario, 2022). Com isso, ele também induziu milhões de pessoas a deixarem seus dados pessoais na base de dados manejada por seu *bunker*, que optará pela apropriação algorítmica mais oportuna do universo.

Milei faz parte de um pelotão de personagens malucos patrocinados pelos poderosos para canalizar o descontentamento com os governos ineficazes. Desperdiça demagogia para capturar a raiva da classe média e o desespero dos empobrecidos.

Todas as tolices econômicas ultraliberais que ele enunciou estão repletas de inconsistências e foram disseminadas pela simples cumplicidade do jornalismo servil. Ninguém exigiu exemplos históricos ou ilustrações práticas de suas propostas absurdas de incendiar o Banco Central. Com esse disfarce, ele alimentou a reintrodução de um clima repressivo, por meio de apologias ao terrorismo de Estado. Seus comparsas reforçaram a mesma agressão com propostas para limitar a taxa de natalidade nas famílias pobres. Em sua cegueira burguesa, eles consideraram que a gravidez é motivada pelo pagamento de um plano social.

A ultradireita argentina abraçou a bandeira da demagogia punitiva, ocultando os repetidos fracassos da *mano dura* [mão de ferro]. Em sua celebração do gatilho fácil, omitiu o fato de que a violência policial nunca reduziu o crime. Simplesmente exigia vingança, ignorando a estreita relação da criminalidade com a desigualdade e a forte conexão da reincidência com a falta de educação ou trabalho. Para restaurar a repressão em larga escala, os grupos de ultradireita participam ativamente da cruzada antimapuche e da consequente escalada de agressões contra os povos originários.

A tentativa fracassada de assassinato da então vice-presidenta Cristina Fernández também ilustrou até que ponto a nova ultradireita não restringe suas ações à esfera eleitoral. O ataque foi realizado após uma intensa campanha midiática de incitação ao ódio (Katz, 2022a), e o punhado de marginais que o executaram fazia parte de uma organização bem estruturada de advogados, espiões e empresários.

Antes de atacar Cristina, eles fizeram as incursões típicas de grupos neonazistas, jogando tochas contra a Casa Rosada e exibindo sacos mortuários e guilhotinas. A mão dos serviços de inteligência nessas operações era tão visível quanto o parentesco de seu *modus operandi* com as *guarimbas* venezuelanas.

A cumplicidade dos altos escalões do Poder Judiciário também ficou corroborada com a obstrução ao esclarecimento da frustrada tentativa de assassinato político: trabalharam para restringir a acusação às três ou quatro pessoas diretamente envolvidas, encobrindo os financiadores e instigadores do atentado. Particularmente escandalosa foi a proteção judicial aos políticos de direita que sabiam e permitiram que a trama fosse levada adiante.

Estratégias e projetos

Milei obteve uma vitória surpreendente, que o levou à presidência. Ele venceu por 11 pontos nas urnas, ganhou em 21 províncias e quase empatou no reduto peronista da província de Buenos Aires. A convergência com Macri possibilitou essa vitória esmagadora. Ele manteve o apoio de seus seguidores e agregou a maior parte da direita convencional, em eleições que repetiram o que havia acontecido anteriormente no Equador. Lá também, a vitória inicial da centro-esquerda no primeiro turno foi revertida pela unificação da direita no segundo turno.

Com essa vitória, Milei lidera na Argentina a quarta rodada da sequência reacionária iniciada por Videla, retomada por Menem e recriada por Macri. Pretende organizar um ataque furioso às conquistas populares a fim de estabelecer um modelo neoliberal semelhante ao imposto por décadas no Chile, no Peru ou na Colômbia.

Para atingir esse objetivo, ele tentará mudar a correlação de forças que limita o despotismo dos capitalistas, submetendo os sindicatos, enfraquecendo os movimentos sociais e aterrorizando as organizações democráticas. Seu objetivo é introduzir uma hegemonia duradoura dos poderosos.

Milei fez da "casta política" o bode expiatório de todos os infortúnios do país e, com essa campanha, conseguiu uma atração transversal de eleitores. Difundiu uma mensagem ultraliberal na embalagem incomum do anarcocapitalismo estadunidense. Os delírios dessa corrente incluem apelos bíblicos e mensagens apocalípticas de purificação. Nessa visão alucinada se inspiram as convocatórias para comprar e vender armas, criar um mercado de órgãos humanos e assemelhar o casamento igualitário ao desconforto gerado pelos piolhos.

Em vez de provocar a rejeição esperada dos eleitores, essas extravagâncias fortaleceram a imagem de Milei como um personagem fora da "casta". Seu discurso se conectou com o renascimento do lema *"Que se vayan todos"* ["vão embora todos"] e com o reaparecimento do tom anti-institucional de 2001, mas com um conteúdo que contrariava o daquela rebelião. Em vez de promover um protesto contra os poderosos, foi manipulado para preparar o ataque às conquistas sociais e democráticas. Os seguidores do libertário esperam uma drástica depuração do sistema político, mas Milei começou a minar essa ilusão com seus conchavos para distribuir os cargos no novo governo.

A segunda expectativa que explica seu sucesso eleitoral foi sua promessa de erradicar a inflação por meio da dolarização da economia. O cansaço com um flagelo que perturba a vida cotidiana levou ao endosso das soluções mágico-expeditivas postuladas pelo libertário. Ele não apresentou um único exemplo da viabilidade de sua proposta, mas introduziu a ilusão de um funcionamento proveitoso com uma economia dolarizada. Ele retomou o mito da conversibilidade de Menem, omitindo o desemprego e o retrocesso produtivo que se seguiram a uma estabilização monetária baseada no endividamento e nas privatizações. Também recriou a miragem do poderio argentino do final do século XIX, ocultando o fato de que essa prosperidade agroexportadora apenas enriqueceu a oligarquia, reforçando assim o perfil subdesenvolvido do país.

O libertário apresenta seus paraísos imaginários como corolários de um duro ajuste. Mas seus eleitores presumem que a "casta" (e não eles) arcará com os custos desse sacrifício. Esse sonho tende a ser diluído com os sofrimentos infligidos pelo novo presidente.

Milei também anseia por um regime político baseado no domínio esmagador do Executivo. Não pretende eliminar o Congresso nem erradicar o Poder Judiciário, mas aspira a neutralizar a influência de ambos os organismos. Em diversas ocasiões, deu a entender a sua intenção de recorrer a um plebiscito para se contrapor ao bloqueio às suas iniciativas.

Ao mesmo tempo, tenta forjar a sua própria base político-social com recursos públicos. Busca transformar o disperso conglomerado de personagens que lidera em algum aparato de peso territorial. A principal aliança inicialmente concluída foi com a direita militarista da vice-presidenta Victoria Villaruel. Esse acordo trouxe-lhe o apoio minoritário dos saudosistas da ditadura e muita simpatia dos poderosos que aprovam o fundamento repressivo dos ajustes que promove.

Um segundo acordo político do libertário com a direita convencional está corroído pelas aventuras plebiscitárias encorajadas pelo novo presidente. Milei está planejando uma terceira aliança com a direita peronista: atrai o setor antikirchnerista que amadureceu um discurso de exaltação do capitalismo e de hostilidade aos desamparados.

O libertário precisa alcançar uma base política própria porque, diferentemente de seus pares de outras latitudes, não possui um partido forte nem forças religiosas e militares que sustentem sua figura. Além disso, a sua própria visão ideológica do mundo, baseada na escola econômica austríaca e no anarcocapitalismo, carece de ligações com as tradições de direita da Argentina.

Milei está cercado por uma grande variedade de grupos fascistas sem promover um modelo fascista. Não está no seu horizonte imediato forjar um regime tirânico, baseado na implantação do terror contra organizações populares. Por enquanto, ele incentiva um plano thatcherista para modificar a correlação de forças, quebrando as poderosas organizações populares. Certamente procurará resolver alguns conflitos sociais emblemáticos em favor das classes dominantes, como ocorreu com a greve dos mineiros na Inglaterra, em 1984.

Bolsonaro é a principal referência de Milei. Ele também elogia os Estados Unidos e dramatiza o seu fanatismo por Israel com homenagens a um rabino medieval. Ao mesmo tempo, ele critica a China, que é o principal mercado de bens primários do país. O ex-capitão brasileiro utilizou a mesma retórica, mas finalmente optou pelo pragmatismo com Beijing sob pressão dos agroexportadores. O que aconteceu com Bolsonaro também é espelho de um autoritarismo frustrado.

Tal como Trump, a sua ambição tirânica incluía um golpe fracassado que afetou a sua carreira. O libertário *criollo* espera evitar derrotas desse tipo.

Contradições e incógnitas

Ninguém da ultradireita teve de lidar com uma crise econômica comparável ao colapso da Argentina. Aqui reside a grande diferença com as experiências de outros países. Milei tem um plano de ajuste definido em várias etapas para descarregar sobre a população os efeitos do cenário traumático do país.

O primeiro passo é um acordo com o FMI para reduzir o déficit fiscal e a emissão, ao lado de uma desvalorização que impulsionará a inflação muito elevada. Promove também a expansão do desemprego, por meio da suspensão de obras públicas e da amputação dos recursos enviados às províncias.

A segunda fase do plano envolve a aprovação legislativa de um reordenamento neoliberal com drásticas privatizações. Para evitar obstáculos nos tribunais, o libertário negocia a impunidade do Executivo em troca de privilégios à casta judiciária. Mas a aprovação das contrarreformas depende das alianças que um presidente órfão de uma significativa bancada aliada possa pactuar.

O terceiro momento do projeto libertário é a dolarização, que tem projeção semelhante à exibida pela convertibilidade durante a reorganização neoliberal de Menem. Milei não desiste de impor essa mudança no padrão monetário, mas não poderá realizá-la até reunir as divisas necessárias para sustentar esse modelo.

Esta mutação monetária também é impossível com a montanha de pesos circulantes e a bolha da dívida pública. A dolarização exigiria a acumulação de moeda estrangeira e a redução dessa massa de títulos, após um *tsunami* econômico que estabilizasse a moeda.

Milei precisa de moeda estrangeira para a gestão corrente e busca créditos para implementar o ajuste sem provocar um colapso de envergadura monumental. Por isso cercou-se dos mesmos ministros-financistas que, durante o governo Macri, transformaram a Argentina no maior devedor privado do planeta e depois no principal tomador de empréstimos do FMI. Essas personagens recriam o endividamento, oferecendo como garantia as lucrativas jazidas energéticas do país (Vaca Muerta).

O principal limite que Milei enfrenta é a resistência popular. A reação freou, no passado, diversas tentativas de remodelação conservadora do país. O libertário tentará sair vitorioso do mesmo confronto que minou seus antecessores e pretende modificar a relação de forças que seus mestres não conseguiram alterar.

Tem a seu favor a desmobilização social que prevalece há vários anos, a magnitude do seu sucesso eleitoral e a memória recente do fracasso da administração de Alberto Fernández.

Mas as rebeliões populares eclodiram periodicamente na Argentina com intensidade inesperada, e a experiência recente do Equador é muito instrutiva. O neoliberal Lasso chegou confiando na sua capacidade de subjugar e enfrentou duas derrotas impressionantes, face à resposta devastadora vinda de baixo, liderada pelas organizações indígenas.

A artimanha de Milei também está ameaçada pela dinâmica incontrolável das suas medidas. Ensaia um ajuste sobre o ajuste que tem poucos precedentes. Tradicionalmente, as desvalorizações e os grandes cortes do gasto público introduziam uma abrupta deterioração dos rendimentos populares ascendentes (ou pelo menos estagnados). Agora, os salários de pobreza e as subvenções de indigência são pulverizados. A combinação de inflação mais elevada com desvalorizações e recessão prevê as mesmas turbulências que derrubaram outras investidas do neoliberalismo.

Em qualquer caso, as classes capitalistas apoiarão o ajuste à espera de seus resultados. Esse apoio inicial pode diluir as fortes diferenças que surgiram na campanha eleitoral com os outros candidatos. Naquele embate, Milei atuou como expoente dos fundos de investimento; Bullrich, do capital financeiro tradicional e do agronegócio; Sergio Massa, do capital industrial.

Mas é previsível que todos os alinhamentos sejam seriamente modificados pela cirurgia que o libertário irá realizar. A guerra pelos negócios deixará feridos e o balanço do ajuste recessivo sobre o tecido empresarial é imprevisível. Se os derrotados forem numerosos, começará uma impugnação do alto para a própria continuidade do reordenamento neoliberal.

As previsões sobre a presidência de Milei são muito difíceis, devido à natureza inovadora da ultradireita como protagonista da vida argentina. A disputa política já não contrapõe apenas peronistas, radicais e macristas. Tudo indica que o país enfrenta o fim de um ciclo, mas é prematuro avaliar o alcance dessa virada. Em pouco tempo se conhecerá a dimensão das mudanças que afetam um país que passa por vertiginosas modificações.

O pesadelo dos mafiosos colombianos

A ultradireita colombiana tem uma feroz trajetória de guerra contra camponeses e trabalhadores. Incorreu num grau de selvageria sem precedentes. Em nenhum outro país da região foram encontradas tantas valas comuns com os restos mortais de pessoas massacradas. Durante seis décadas, complementou os tiroteios do Exército com massacres de todo o tipo.

Essas milícias se especializaram no assassinato cotidiano de militantes sociais, com uma sistematicidade sem paralelo na

América Latina. Somente em 2022, mataram 198 dirigentes populares e, desde a assinatura dos Acordos de Paz em 2016, mataram 1.284 combatentes. Seu terror transformou a Colômbia na nação com o maior número de deslocados forçados em todo o continente.

Essa ferocidade remonta ao surgimento de grupos paramilitares, organizados pelas Forças Armadas na década de 1960 para apoiar a guerra de contrainsurgência monitorada pelo Pentágono. Dessas formações surgiram os chamados "grupos de autodefesa", que se entrelaçaram com as máfias do narcotráfico sob a proteção do uribismo. Em 2005, foram formalmente desmobilizados, com todos os tipos de benefícios, mas reapareceram como forças de choque contratadas pelas elites regionais (Molina, 2022).

Esses grupos disputam o controle dos territórios e integram uma estrutura de narcomercenários que atua em todos os níveis do Estado. A velha oligarquia foi substituída por uma narcoburguesia, que administra grande parte da economia subterrânea do país. Atualmente, as áreas ocupadas pelas plantações de coca são mais extensas do que no início do Plano Colômbia (1999) e a produtividade das plantações duplicou. As fumigações aéreas simplesmente aceleraram o abandono dos campos comunitários e a concentração da terra.

A estrutura narcomilitar forjada pelos clãs do tráfico aperfeiçoou a sua capacidade operacional e já exporta mercenários para diversas tarefas. A forma como organizaram o assassinato do presidente haitiano Jovenel Möise ilustra a influência regional desses criminosos. Formaram um exército paralelo, que intervém há décadas na parapolítica da Colômbia e assim mantém o país no topo do *ranking* mundial de exportação de cocaína. As principais figuras da direita colombiana mantêm inúmeros laços com a narcoeconomia.

Essa associação é apoiada pelos Estados Unidos, que transformaram a Colômbia no principal centro de operação regional do Pentágono. As sete bases militares localizadas no país estão conectadas a uma vasta rede de agentes de segurança pública em todo o continente. Trump também usou a Colômbia como retaguarda para incursões contra o chavismo e reforçou o *status* do país como um "aliado extra-Otan". Biden reajustou essa estratégia para garantir a preeminência estadunidense no hemisfério (Pinzón Sánchez, 2021).

A ultradireita tem sido uma peça-chave do sistema político há décadas. Mas o esgotamento do uribismo e a revolta popular de 2021 minaram esse regime, e a vitória eleitoral de Gustavo Petro desafia seriamente essa rede de opressores.

Para evitar o declínio, introduziram no segundo turno um improvisado personagem do trumpismo latino-americano. Rodolfo Hernández irrompeu com um discurso vazio contra a corrupção, exibindo a sua condição de milionário como principal mérito para aceder à presidência. Com essa mensagem maluca, tentou compensar a falência do candidato governista, Federico Gutiérrez.

Hernández recorreu a todas as grosserias imagináveis e desancou o restante dos políticos, como se ele fizesse parte de uma raça diferente. Ele não escondeu as suas convicções machistas nem sua misoginia. Mas o ex-candidato presidencial ultrapassou os limites do que era aceitável pelas suas próprias hordas ao declarar a sua admiração por Hitler (Szalkowicz, 2022b).

Também não surtiram efeito sua escandalosa verborragia, a campanha impulsionada de Miami e a a ameaça de ações violentas. O apoio dos poderosos não foi suficiente para conter a esperança de mudança que Petro encarnava. A direita sofreu uma derrota histórica e o próprio Hernández abandonou imediatamente a cena. Retirou-se, deixando outros personagens da mesma laia como seus potenciais substitutos.

Atualmente, Petro enfrenta a tarefa monumental de forjar a paz diante de setores reacionários que estão esperando o momento para contra-atacar. Ensaiaram um atentado contra a vice-presidenta Francia Márquez e estão sabotando as conversações em andamento com o Exército de Libertação Nacional (ELN) (Duque, 2023). Seu principal instrumento de pressão é a continuação dos assassinatos. Durante 2023, os paramilitares consumaram 90 crimes, que a imprensa descreveu como insensata matança entre grupos armados. Escondeu o fato de que esse derramamento de sangue faz parte de um trabalho premeditado da ultradireita para garantir o poder da oligarquia. Para mostrar sua influência na política do país, os grupos reacionários aterrorizam os camponeses indefesos e exterminam os insurgentes que assinaram o acordo de paz.

Mas essas organizações ficaram em uma posição defensiva, e a normalização das relações com a Venezuela reforça esse retrocesso. O *lobby* de Miami não esconde seu descontentamento com um cenário que está muito distante de seus propósitos.

O pinochetismo dos novos tempos

A ultradireita está reaparecendo no Chile com os mesmos perfis pinochetistas do passado. José Antonio Kast não pode repetir o golpe de seu admirado antecessor, mas retoma todas as bandeiras do nefasto ditador.

Irrompeu abruptamente diante da impotência de Piñera para conter a revolta popular de 2019. Essa rebelião arrastou toda a direita para um abismo eleitoral, que Kast conteve ao forjar a candidatura emergencial que disputou sem sucesso contra Boric.

A principal bandeira do reacionário transandino foi a restauração da repressão contra os jovens que desafiaram nas ruas os 30 anos de continuísmo pós-ditatorial. Kast exigiu punho de ferro contra os protestos, como se os jovens manifestantes não tivessem padecido 30 assassinatos, 450 pessoas com lesões oculares e centenas de detidos (Abufom, 2021). Com a mesma virulência, ele exigiu a militarização do Sul do país e o endurecimento da campanha antimapuche. A essa agenda de pinochetismo explícito, acrescentou um discurso anti-imigrante para incentivar o ódio contra a nova onda de trabalhadores estrangeiros incorporados à economia chilena.

Kast conseguiu uma reconstituição vertiginosa da ultradireita às custas dos candidatos convencionais desse espaço. Superou as figuras da democracia-cristã (Yasna Provoste) e do governismo (Sebastián Sichel), por meio de uma cooptação do centro muito semelhante à alcançada por Bolsonaro no Brasil. Ele também prevaleceu sobre os personagens marginais que levantavam a bandeira da antipolítica, que optaram por uma exótica campanha eleitoral a partir dos Estados Unidos (Franco Parisi). Ganhou a partida dentro do espectro conservador retomando a fidelidade ao pinochetismo.

Com essa postura, ele conseguiu reintroduzir uma grande bancada de legisladores em ambas as câmaras, revertendo os resultados ruins das eleições anteriores. Chegou inclusive perto da presidência, mas foi felizmente derrotado por uma enorme reação antifascista. Essa reação ganhou força nas ruas, recuperou a primazia nos bairros populares e atraiu os votos dos indiferentes às urnas.

A eventual chegada de Kast à Casa da Moeda sofreu resistência do *establishment*, que temia as consequências de uma retomada do confronto direto com o povo. Consideraram que a partida perdida por Piñera não seria ganha por uma versão mais extrema da mesma cartilha. Eles avaliaram que a velha classe política é a melhor garantia da continuidade do modelo neoliberal, que Boric nunca se propôs a erradicar.

O surgimento de Kast expressa a reação contrarrevolucionária dos poderosos que defendem os seus privilégios. A rebelião popular diluiu as formações de centro, e a extrema-direita recuperou protagonismo exigindo a restauração da ordem.

Kast incorporou algumas facetas da nova direita, como o apoio dos evangélicos, mas afirmou-se com os antigos códigos de Pinochet, que recuperaram vigência durante a comemoração dos 50 anos do golpe. A ultradireita mais uma vez apresentou todo tipo de justificação para esse motim. Também tentaram recuperar o ressentimento dos setores médios contra os assalariados, aproveitando o novo cenário de informalidade e desarticulação do movimento operário tradicional (De La Cuadra, 2022).

A sua instalação acelerada confirma as raízes sociais deixadas pela ditadura para nutrir a permanência de sucessores (Cabieses, 2021). A tutela militar – que desmoronou abruptamente na Argentina após a aventura das Malvinas – durou mais tempo no Chile. Por essa razão, Pinochet morreu com honras militares, enquanto seus colegas argentinos eram julgados, indultados e novamente presos.

Sob o pinochetismo também se forjou uma classe média conservadora, que condicionou todos os governos da *concertación*.[4] Seguindo o modelo da transição espanhola, essas administrações concordaram em manter a Constituição criada pela ditadura para garantir a vigência do modelo neoliberal.

Os direitistas transandinos falharam com Kast, mas depois conseguiram impedir a aprovação da Constituição que removia vários pilares do legado de Pinochet. Conseguiram também comandar um conselho que introduziu modificações mais rea-

---

4 Coalizão política construída no Chile que reunia diferentes setores da oposição à ditadura de Pinochet no Chile. (N. E.)

cionárias no texto em debate. Os acréscimos, com um evidente tom racista, anti-imigrante, patriarcal, conservador e repressivo, foram por sua vez rejeitados pelos mesmos eleitores que se opuseram às mudanças progressistas da primeira rodada. Esses resultados confirmaram que o confronto político se desenvolve com grande intensidade e com consequências muito variáveis.

A ultradireita chilena tem sido altamente exaltada pelos seus pares na região, e o frustrado acesso de Kast à presidência foi visto pelos reacionários do continente como uma derrota pessoal. Pela marcante história que Allende e Pinochet encarnam, o Chile persiste como a grande referência simbólica dos dois polos da vida política latino-americana.

Essa centralidade é reavivada a cada luta entre as duas configurações. As vitórias do movimento popular são rapidamente respondidas pela direita, numa dinâmica de constantes reviravoltas e mudanças vertiginosas.

Os guardiões do fujimorismo

Todas as variantes da direita unificaram forças no Peru para levar a cabo o golpe que derrubou Pedro Castillo. Assediaram o mandatário até que, finalmente, forçaram sua derrubada. Não toleraram a presença de um presidente alheio ao conluio do fujimorismo com os seus aliados e adversários, que sustenta o regime político mais antidemocrático da região.

Dessa vez levaram a cabo uma variante extrema do *lawfare*, por meio de um golpe parlamentar com base militar e a cumplicidade da vice-presidenta Dina Boluarte. Imediatamente, desencadearam uma repressão feroz, com dezenas de mortos, centenas de detidos e toque de recolher obrigatório em várias províncias. A criminalização dos protestos superou precedentes recentes e colocou o Exército no lugar típico de qualquer ditadura (Rodríguez Gelfenstein, 2022b).

Essa brutalidade foi garantida por um compromisso de impunidade, que obriga que qualquer denúncia contra os militares seja processada na própria jurisdição militar. A nova presidenta valida a selvageria repressiva, recompensando com cargos os responsáveis pelos disparos contra o povo. Também aceitou delegar o comando efetivo do país ao fanático de ultradireita José Williams, que garantiu seu manejo do Congresso (Álvarez Orellana, 2022). Dali se aperfeiçoou um "golpe dentro do golpe" que legitimou a derrubada do sequestrado Castillo.

Desde 2018, a direita realizou a derrubada dos seis presidentes que perderam funcionalidade para a continuidade do regime. Esse sistema foi criado por Alberto Fujimori um ano após o ataque ao governo (1993), por meio de um dispositivo constitucional que confere poderes onipotentes ao Judiciário e ao seu Ministério Público para intervir na vida política. A fragilidade do Executivo, a atomização do Legislativo e a gravitação dos tribunais sustentam um sistema que fomenta a imobilidade, a apatia e a descrença da população (Misión Verdad, 2022).

O objetivo do esquema é garantir a continuidade de um modelo neoliberal divorciado das vicissitudes da política. A vertiginosa rotatividade de dirigentes contrasta, por exemplo, com a durabilidade do mesmo presidente do Banco Central nos últimos 20 anos.

Esse rumo econômico garantiu a privatização da indústria e a entrega de recursos naturais ao capital estrangeiro, em um quadro chocante de pobreza e desigualdade. O alardeado crescimento das últimas três décadas foi consumado pela expansão da precarização do trabalho, que nas regiões do interior atinge 70% da população. O campesinato também foi severamente atingido pelas importações e pelo aumento do preço dos insumos, enquanto a maior parte do investimento se concentrou em atividades extrativas que deterioram o meio ambiente.

O golpe contra Castillo – que os Estados Unidos apoiaram imediatamente – visa sustentar o dispositivo político que garante a devastação econômica. O autoritarismo brutal do governo que emergiu desse motim desponta como o novo modelo regional das vertentes reacionárias. Nos fóruns ibero-americanos da ultradireita, o que aconteceu no Peru é explicitamente considerado como o rumo a ser imitado.

O *establishment* peruano apoia esse regime, enquanto as suas variantes extremas constroem nichos paralelos com figuras mutantes. Seu personagem mais recente é Rafael López Aliaga (Porky), que ganhou o apoio de evangélicos e católicos ultraconservadores para expor mensagens cavernícolas. Ele confessa que se autoflagela frequentemente e que anularia qualquer vestígio de educação sexual, para assim exorcizar os resquícios da "esquerda diabólica".

Durante a pandemia, rejeitou o uso de máscaras e propôs privatizar a vacinação. Também dissemina um fanatismo neoliberal e evita esclarecer as denúncias que o envolvem com lavagem de dinheiro (Noriega, 2021). Porky concorre em Lima com outro extremista de direita acusado de terríveis violações dos direitos humanos. Ele está obcecado pela heroica resistência popular que desafiou os golpistas. Essa luta persiste como um fantasma que a onda reacionária não consegue erradicar.

Modelos em andamento e variantes em gestação

O punitivismo desenfreado promovido por Nayib Bukele oferece outro filão para a ultradireita da região. O presidente de El Salvador é apresentado como um modelo de sucesso da luta contra a criminalidade, com base nos resultados circunstanciais de sua batalha contra as *maras*.[5] Em Tecoluca, ele construiu a maior prisão do continente e se vangloria de ter capturado 75 mil membros de gangues, que mantém na prisão em condições desumanas. O presidente divulga a selvageria dessa reação do Estado disseminando fotos horríveis de homens nus, apertados e subjugados como animais pelos guardas carcerários (Barba, 2023).

Bukele não explica a relação entre esse número de prisioneiros e a criminalidade real e omite o fato de que esse tipo de punição tem sido um tradicional terreno fértil para novas ondas de banditismo. Na verdade, ele busca introduzir um rigoroso controle social da população, ao mesmo tempo em que reelabora os termos das negociações que o Estado sempre manteve com as altas cúpulas do crime organizado.

Na realidade, o personagem que governa El Salvador não é avaliado por nenhuma conquista real, mas por seu astuto manejo da liderança política. Ele obteve a aprovação do Congresso para governar sob um regime de exceção que lhe outorga plenos poderes. Além disso, também aparece no topo das redes sociais com posturas escandalosas, que despertam a adesão emocional de seus seguidores. Milei tenta imitar esse comportamento na Argentina.

Bukele também é referência para outros candidatos da ultradireita. No Equador, ele tem sido o ídolo de um ex-militar – Jan Topic – que defende resolver a criminalidade desenfreada que assola o país com o emprego de mais violência. Seu discurso está em sintonia com o desespero gerado pela expansão do tráfico de drogas.

Mas, no caso equatoriano, a figura reacionária opera apenas como um complemento da direita tradicional, que mantém as

---

[5] Organizações criminosas que controlavam territórios nas cidades de El Salvador. (N. E.)

rédeas do governo. A curta duração da presidência de Lasso, marcada por ineficiência e corrupção, sucumbiu logo no início por meio do expeditivo procedimento constitucional que permite a substituição de presidentes em declínio ("morte cruzada").

No segundo turno da eleição para substituí-lo, todas as vertentes conservadoras apoiaram o milionário Daniel Noboa e conseguiram derrotar a expoente do progressismo correísta, Luisa González. Dessa forma, a direita convencional conseguiu manter, pela terceira vez, a continuidade de seus mandatos, canalizando a seu favor as mensagens virulentas das correntes extremas.

A mesma sequência ocorreu no Paraguai. Lá, o fulgurante personagem da ultradireita – Payo Cubas – acrescentou às diatribes habituais desse setor um apelo para proibir as cesarianas. Com sua pregação incendiária, ele conseguiu ficar em terceiro lugar nas eleições, o que não alterou a predominância tradicional do Partido Colorado. Essa formação neoliberal monopoliza o controle do Estado com uma gestão retrógrada do sentido nacional.

Os principais aparatos políticos, a mídia e, acima de tudo, a embaixada estadunidense facilitaram essa continuidade ao endossar a eventual alternância da principal oposição. O figurão ultradireitista foi preso e acusado de vários crimes por um Poder Judiciário simpático ao regime. O governo atual garante os interesses do Pentágono com várias adaptações em um importante local da América do Sul.

A ascensão da ultradireita é, portanto, um fenômeno regional generalizado, que assume modalidades nacionais diferenciadas. No Haiti, seus porta-vozes estão intimamente integrados às gangues mafiosas que destruíram o tecido social da ilha. O modelo de golpismo gangsterista que substituiu o sistema político está esgotado e os grupos dominantes oscilam entre a promoção de uma ditadura tradicional e a precipitação de outra ocupação estadunidense. Os expoentes da onda parda compartilham a mesma hesitação.

Por fim, o desenvolvimento dessa corrente no México é decisivo devido à enorme influência continental do país. Lá, pode-se prever a mesma luta de rua que foi suscitada em outros governos progressistas. Os setores tradicionalmente minoritários da reação asteca tentaram repetir o que aconteceu na América do Sul. Eles tentaram recuperar a iniciativa com movimentos que rejeitavam a democratização do sistema eleitoral promovida por López Obrador.

Nessa campanha, eles conseguiram gerar uma manifestação bem concorrida, mas López Obrador respondeu organizando o maior comício dos últimos anos. Diante da polarização nas ruas, a ultradireita refinou seu repertório e organizou um grande evento internacional com figuras trogloditas de todos os tipos. A batalha continua, e seu resultado está intimamente ligado à disputa eleitoral subjacente, que será dirimida pela próxima presidência do país.

Com um amplo repertório de singularidades, a ultradireita promove em todos os rincões da região o fortalecimento da intervenção repressiva do Estado. Defende a reinstalação de regimes de exceção e a militarização da vida cotidiana. Essas variantes do golpismo substituem as velhas tiranias militares por modalidades mais disfarçadas de ditadura civil.

Experiências contrapostas

Na tradição militante, a análise da ultradireita nunca foi um mero exercício intelectual. Sempre enriqueceu a luta contra essa corrente. Ainda hoje, a avaliação desse espaço deve sustentar a batalha para derrotar, ou neutralizar, uma força que ameaça a democracia e as conquistas populares.

Na América Latina, a experiência recente mostra resultados muito diferentes, onde prevalecem respostas decisivas ou reações hesitantes. No primeiro caso, encontramos a batalha do governo venezuelano contra o golpismo que, com um enorme custo econômico e social, conseguiu subjugar as *guarimbas* das gangues reacionárias.

O mesmo tipo de atitude surge na Bolívia após a prisão de Camacho. Em vez de aceitar passivamente as provocações dos grupos neofascistas, o governo partiu para a ofensiva e empreendeu uma ousada operação para conter um inimigo implacável. A derrota do golpe fracassado no Brasil, com as prisões dos envolvidos, os julgamentos dos responsáveis e a investigação do financiamento, foi um passo na mesma direção.

Essas posições enérgicas permitiram deter a investida reacionária, em contraste com as atitudes conciliatórias que facilitaram a escalada golpista contra Fernando Lugo, no Paraguai, e Dilma Rousseff, no Brasil. Castillo repetiu essa conduta no Peru, abrindo caminho para um sangrento motim cívico-militar.

Na Argentina, as vacilações em relação à direita foram muito visíveis desde a tentativa fracassada de assassinato de Cristina Fernández. Essa agressão provocou uma enorme reação democrática, com manifestações imediatas. Mas o próprio governo desencorajou essa reação, e promoveu apenas rejeições ocasionais a figuras conservadoras. Essa postura contrastou com a vasta experiência de batalhas democráticas que foram coroadas com esclarecimentos (como nas investigações dos assassinatos de Mariano Ferreyra, Maximiliano Kosteki e Darío Santillán) e retomou atitudes de resignação que levaram à impunidade (como ocorreu com os ataques à Asociación Mutual Israelita Argentina, à Embaixada de Israel e à Fábrica Militar Río Tercero).

O sucesso eleitoral de Milei foi outra consequência das vacilações contra a ultradireita. Não foi apenas o desastre econômico administrado pelo governo Fernández que determinou a vitória do libertário. O que pulverizou o peronismo nas urnas foi a inação política, inaugurada com a capitulação inicial no caso da empresa Vicentin[6] e consolidada com a submissão ao FMI.

Em especial, Cristina Fernández recusou-se a travar a batalha contra a degradação econômica e limitou-se a apontar as adversidades com mensagens elípticas. Ocupando a vice-presidência, ela poderia ter introduzido uma mudança de rumo quando Milei estava começando a emergir como uma pequena força em formação. Essa atitude de resignação – que contagiou a militância e desmoralizou seus seguidores – foi o oposto da postura adotada por Lula para enfrentar Bolsonaro.

É verdade que a canalização ultradireitista do descontentamento com os governos progressistas não foi uma exclusividade da Argentina e que a pandemia facilitou essa avalanche, mas também é indiscutível que Milei surfou na onda proporcionada pela reação ideológica neoliberal contra o progressismo, usufruindo da maré conservadora.

Os libertários aproveitaram o desgaste dos benefícios sociais do Estado para propagar os mitos do indivíduo empreendedor e autossuficiente, sem fornecer um único exemplo de viabilidade dessas crenças. Além disso, também está claro que os novos meios de comunicação tiveram um grande impacto no sucesso de Milei, que aproveitou o clima pós-moderno de dissolução da verdade para apresentar propostas sem sentido, contradizer suas afirmações e sustentar inconsistên-

---

6 Vicentin é uma grande empresa alimentícia que quebrou e no início do governo Alberto Fenandez houve uma grande pressão para o que o Estado a assumisse para regular os preços dos alimentos, o que não foi feito e acabou por favorecer os credores da empresa. (N. E.)

cias sem corar. Mas a degradação econômica e a fraude política foram os principais determinantes de um triunfo eleitoral reacionário, pavimentado pela paralisia, pelas concessões e pela perplexidade do progressismo.

Por fim, a experiência chilena ilustra como as vacilações do governo em exercício facilitam a recomposição vertiginosa de uma direita encorajada. Após três anos de derrotas sucessivas, essa força conseguiu impor nas urnas sua rejeição ao projeto de reforma constitucional. Beneficiou-se da desorganização, da inação e das capitulações do governo. Recompôs sua presença diante de um presidente que desmobilizou as manifestações e ignorou suas promessas eleitorais. A derrota sofrida pelos afilhados de Pinochet em sua tentativa de introduzir uma Constituição mais conservadora proporcionou um espaço de manobra que não permitirá reverter esse retrocesso sem uma mudança radical da submissão governista aos poderosos.

Na América Latina, já houve várias experiências, bem-sucedidas ou fracassadas, de enfrentamento da ultradireita. Esse setor reacionário ainda está emergindo e a prioridade é esmagá-lo antes que possa assentar sua pregação (Colussi, 2022). É essencial registrar que a batalha está em andamento, sem nenhum resultado predefinido.

Nos debates registrados durante a comemoração do 50º aniversário do golpe de Pinochet, a questão de como enfrentar a atual onda parda (Clacso TV, 2023) foi cuidadosamente considerada. Essa reflexão foi frequentemente comparada ao que aconteceu durante a presidência de Salvador Allende. O contraponto foi pertinente porque, assim como o progressismo atual, a Unidade Popular (UP) chegou ao governo por meio das urnas e sua gestão foi minada pelas mesmas conspirações que, no século XXI, estão sendo promovidas pelos herdeiros de Pinochet.

Allende cometeu o erro que os líderes progressistas repetem atualmente ao idealizar o quadro institucional. A direita evitou esse fascínio, porque não hesitou em ignorar esse andaime quando ele se tornou inútil para proteger os interesses das classes dominantes.

A confiança ingênua no alto comando militar foi o aspecto mais trágico da ingenuidade institucionalista do grande líder da UP chilena. A maior parte do progressismo atual esqueceu as consequências desse gravíssimo equívoco. Hugo Chávez, ao contrário, legou várias orientações alternativas sobre como construir outra institucionalidade com o seu próprio apoio militar. Ter em conta essas duas trajetórias é vital para a atual batalha contra a ultradireita.

Nessa ação, a autoridade da esquerda depende de sua capacidade para demonstrar firmeza frente a um inimigo determinado a destruir as melhorias sociais. A experiência recente da Europa ilustra os efeitos autodestrutivos de evitar a batalha olhando para o outro lado (Febbro, 2022c).

A principal arena da luta é a mobilização nas ruas contra um inimigo que atua também nesse território. A ingênua crença de que esse espaço pertence à esquerda foi definitivamente refutada pela presença ativa dos seus adversários em marchas e manifestações.

Em alguns casos, essa intervenção precedeu a pandemia (Brasil); em outros, ganhou intensidade com o surgimento dos negacionistas (Argentina). O destaque dessas formações tem crescido no confronto com governos progressistas (Bolívia, México) e na rejeição às revoltas populares (Chile, Colômbia, Peru).

A disputa pela preeminência da rua obriga a avaliar, com muito cuidado, o sentido progressista ou reacionário das mobilizações que inundam a região. As convocatórias com bandeiras explicitamente socialistas ou direitistas são tão incomuns quanto eventos com perfis políticos bem definidos. Caracterizar o conteúdo de cada evento é vital para distinguir as ações progressistas da sua antítese reacionária.

Não há receita para acertar nessa avaliação, nem mesmo verificando a composição social dos participantes de cada mobilização. O parâmetro da esquerda e da direita fornece o instrumento básico para extrair alguma conclusão. Não basta registrar a legitimidade das reivindicações em jogo. É preciso ver quem as impulsiona. A direita costuma incentivar a irritação popular contra os governos progressistas, ao mesmo tempo que repudia qualquer luta pelas mesmas aspirações quando se trata de uma administração conservadora.

Mas também é verdade que muitos governos de origem popular recorrem ao fantasma da conspiração de direita para justificar políticas contrárias aos trabalhadores. Dilemas desse tipo não podem ser resolvidos com um manual, e cada caso requer uma avaliação específica, a partir de uma caracterização do progressismo atual.

PARTE III

8. SEIS EXPERIÊNCIAS DO NOVO PROGRESSISMO

A influência de novos governos progressistas persiste como um fator-chave do mapa político latino-americano. No início de 2023, o predomínio desse tipo de administração em 80% da região suscitou grandes debates sobre o eventual rumo de um renovado ciclo de centro-esquerda.

A dinâmica desse processo é mais compreensível com a substituição do rígido termo "ciclo" pela noção mais flexível de "onda". Esse conceito conecta os governos prevalentes com os resultados da luta popular. A primeira sequência progressista, de 1999 a 2014, foi sucedida pela restauração conservadora de 2014 a 2019, que por sua vez desembocou, nos últimos três anos, no reinício do processo anterior (García Linera, 2021).

Inimigos de peso

A novidade do cenário atual é a participação de um protagonista norte-americano de peso, o México, e um ator centro-americano de grande influência política, Honduras, em um percurso anteriormente localizado exclusivamente na América do Sul.

Os novos mandatários tomaram posse, em alguns casos, como resultado de rebeliões populares que tiveram traduções eleitorais imediatas. Os governos de Bolívia, Peru, Chile, Honduras e Colômbia emergiram no calor dessas revoltas de rua.

Em outras situações, o descontentamento social convergiu com a crise, o desconcerto dos presidentes de direita e a incapacidade do *establishment* de posicionar os seus candidatos (Brasil, Argentina, México). Ao mesmo tempo, em dois contextos de enorme resistência popular, a mobilização de rua não desembocou nas urnas (Equador) nem permitiu a superação de um cenário caótico (Haiti).

O fracasso de todos os governos neoliberais ordena essa variedade de contextos. A restauração conservadora, que tentou enterrar a experiência progressista, não conseguiu jogar a pá de cal.

Mas, diferentemente do ciclo anterior, a direita perdeu um *round*, sem ficar muito tempo fora do ringue. Continuam na corrida, dobrando a aposta, com formações mais extremadas e projetos mais reacionários. Disputam lado a lado com o progressismo a futura primazia governamental. Continuam tendo como referência o trumpismo estadunidense, enquanto a vertente de Biden apostou as suas fichas em alguns expoentes do progressismo.

A vitalidade dessa contraofensiva da direita regional introduz uma diferença substancial em relação ao ciclo anterior. Basta observar a polarização da maior parte das eleições entre o progressismo e a ultradireita para perceber o novo cenário. Em geral, prevalece um equilíbrio frágil, o que induz cautela na hora de avaliar o alcance da atual onda progressista.

Essa prudência estende-se a vários níveis. Os porta-vozes da direita desqualificam o ciclo atual pelo seu interesse óbvio em destituir um adversário. É por isso que falam de uma "maré rosada fraca e pouco profunda" (Oppenheimer, 2022a).

Mas os simpatizantes do processo também destacam a ausência de lideranças comparáveis às da fase anterior (Borón, 2021a), e destacam a natureza fragmentada de um processo carente de homogeneidade, tanto na economia como na política externa (Serrano Mancilla, 2022).

As fortes respostas de Maduro a Boric por questionar o regime venezuelano ilustram a ausência de um bloco unificado. Alguns analistas observam nessa fissura a estreia de uma "nova esquerda antipopulista", que surgiria superando a imaturidade do período anterior (Stefanoni, 2021). Mas, com maior realismo, outros avaliadores destacam a continuidade de um antigo perfil social-democrata, em tensão constante com processos radicais (Rodríguez Gelfenstein, 2022a).

A centro-esquerda moderada tem imposto, até o momento, a tônica da onda em curso. Repete mensagens de harmonia e conciliação frente a uma direita extrema e brutal, que procura canalizar o descontentamento social com discursos e ações mais contundentes. Esse progressismo *light* tende a ficar deslocado em um cenário distante das suas expectativas e práticas correntes (Aharonian, 2022).

Os dois mandatários progressistas mais recentes chegam ao governo com trajetórias diferentes, mas rodeados das mesmas expectativas. Petro é o primeiro presidente desse tipo na Colômbia, e Lula inicia seu terceiro mandato, depois da terrível noite que o Brasil sofreu com Bolsonaro.

Outra figura de grande peso regional, López Obrador – que já percorreu um longo trecho de seu governo à frente do México –, mantém sua credibilidade.[7] O governo de Fernández, ao contrário, foi sinônimo de fracasso na Argentina, as políticas de Boric

---

[7] Em junho de 2024 Claudia Sheinbaum, sucessora de López Obrador, venceu as eleições presidenciais do México se tornando a primeira mulher presidenta do país. (N. E.)

suscitam frustração no Chile e, antes da sua destituição, Castillo acumulou um recorde de fiascos no Peru. Essas seis experiências ilustram os problemas do novo progressismo na América Latina.

Colômbia nos inícios

Pela primeira vez, Petro introduz a Colômbia nesse processo, com a prioridade da paz na sua agenda. Ele promove um objetivo muito específico e diferenciado do restante da região. Não emite apenas mensagens de reversão da desigualdade, da dependência ou do autoritarismo. Ele se propõe a frear a tragédia de mortes que tem afligido seu país. Essa meta foi uma das bandeiras dos protestos de 2021. A centralidade desse objetivo determina a especificidade de sua gestão, em comparação com outras administrações regionais do mesmo tipo (Malaspina; Sverdlick, 2022).

O novo presidente já resgatou o Acordo de Paz de Havana, reabriu o diálogo com os grupos armados e retomou as relações com a Venezuela para exercer o controle compartilhado da fronteira. Ao declarar o fracasso da "guerra às drogas", ele antecipou um caminho alternativo à simples militarização exigida pelos Estados Unidos.

A posição de Petro diante da transição energética é tão impressionante quanto contraditória. Por um lado, ele patrocina a participação da Colômbia no grupo de nações que propõe a proibição de todas as atividades de exploração de petróleo (Groenlândia, Dinamarca, Espanha e Irlanda). Essa postura é particularmente relevante em um país que tem metade de suas vendas externas comprometidas com a exportação de petróleo bruto.

Mas, por outro lado, o novo presidente aceita o mecanismo de troca da dívida externa pela conservação das florestas, uma medida promovida pelo FMI e por várias multinacionais disfarçadas de organizações não governamentais (ONGs) para perpetuar o controle imperialista dos pulmões do planeta (Mesa, 2023).

Essa política levou à convergência de Petro com Biden e à aceitação dos fuzileiros navais estadunidenses (*marines*) no país. O presidente colombiano afirma que as tropas ajudarão a preservar o meio ambiente e a apagar incêndios na Amazônia. Com o aceno ao Pentágono, ele se distancia da atitude de Correa quando este se tornou presidente do Equador e ordenou o fechamento da base militar estadunidense em Manta.

O grande problema pendente na Colômbia é a resposta da extrema-direita e dos paramilitares do narcoestado às convocatórias oficiais ao diálogo. As mensagens de reconciliação do novo presidente não têm uma contrapartida evidente de seus destinatários. Ninguém sabe como o uribismo poderia participar de um processo de efetiva desmilitarização do país (Aznárez, 2022a).

Esse setor da classe dominante construiu seu poder com base no terror infundido por suas gangues. A grande questão é qual será o plano B de Petro se os criminosos da ultradireita redobrarem e consolidarem os assassinatos de militantes populares. Eles já realizam ativas campanhas contra o "Petro-chavismo" de um presidente que ordenou o perdão dos presos durante a revolta popular. Também conspiram contra as negociações de paz, tentando provocações para minar o cessar-fogo. A tentativa de assassinato da vice-presidenta Francia Márquez ilustra a gravidade dessas agressões (Duque, 2023). Além disso, o processo contra os parentes de Petro por irregularidades no financiamento de campanhas políticas já traz todos os ingredientes do *lawfare* enfrentado por outros expoentes do progressismo latino-americano.

Petro defende o fim da violência para favorecer a construção de um capitalismo livre de exploração, desigualdade e

SEIS EXPERIÊNCIAS DO NOVO PROGRESSISMO

destruição ambiental. Com esse objetivo, ele incorporou à sua equipe vários expoentes do poder econômico local, mas sem explicar como conseguiria forjar em seu país o que ninguém conseguiu no restante da região.

Na última década, os presidentes progressistas apenas limitaram os males do neoliberalismo, sem desenvolver outro modelo, e essa carência alimentou a restauração conservadora. O mesmo dilema reaparece atualmente.

O novo presidente se dispõe a negociar um acordo parlamentar com os partidos tradicionais que podaram as arestas mais radicais de suas iniciativas. Ainda não definiram uma atitude em relação às propostas para melhorar as condições de trabalho, mas já cortaram outros avanços (Rivara, 2022b).

Os expoentes do poder econômico conseguiram incluir várias figuras do *establishment* nos principais ministérios. Esse perfil contrasta com o contorno nitidamente popular da vice-presidenta Márquez, designada pela coalizão triunfante no momento convulsivo criado pela sublevação de 2021. Nesse contexto, o debate mais significativo e pendente é a reforma tributária progressiva que o governo promove e o *establishment* resiste.

Petro desfruta de um importante apoio em um prolongado início de gestão e, por esse motivo, vale a pena lembrar os resultados frustrantes das tentativas mais recentes de construção capitalista na América Latina. O que aconteceu em El Salvador oferece alertas significativos.

Lá, se conseguiu a ansiada pacificação que Petro está tentando alcançar atualmente, mas sem nenhum efeito econômico ou social benéfico para a maior parte da população. O fim da guerra foi seguido, em 1992, por uma tímida reforma institucional, uma frágil anistia geral e uma pequena redistribuição de terras. O movimento guerrilheiro não foi derrotado e obteve acesso, por meio das províncias, a partes variáveis da administração do governo.

Quando finalmente conquistou a presidência, em 2009, a Frente Farabundo Martí de Libertação Nacional (FMLN) reproduziu as antigas práticas de gestão e preservou a mesma estrutura do capitalismo. Após uma década de frustração, o ex-prefeito Nayib Bukele lidera o novo experimento autoritário dos grupos dominantes.

Os riscos do retorno

Lula preparou sua chegada relembrando o que sua própria administração havia conseguido no passado e iniciou seu governo com um discurso categórico de erradicação do interregno de Bolsonaro. Ele começou com várias decisões para revisar esse dramático legado. Revogou as leis que facilitavam o acesso a armas de fogo e reabriu a investigação sobre o assassinato de Marielle Franco.

No plano econômico, cancelou a redução de impostos para grandes empresas, interrompeu oito privatizações e reativou o fundo de proteção da Amazônia, anunciando a contenção do desmatamento. Em seu discurso de posse, falou sobre a desigualdade e a necessidade de reversão dos privilégios dos ricos.

Mas Lula começou a enfrentar duas adversidades. O cenário econômico nacional é muito diferente da década passada e, de outro lado, ele tem um inimigo disposto a sustentar o rumo anterior do conservadorismo ultraliberal.

O modelo lulista de gestão se baseou tradicionalmente em prolongadas negociações com todas as forças do Congresso, a fim de sustentar o presidencialismo de coalizão que prevaleceu no regime político pós-ditatorial (Natanson, 2022). Esse sistema baseia-se na troca de votos por dotações orçamentárias em favor dos diferentes grupos capitalistas ou negócios regionais em disputa.

Todos os legisladores de direita participam da compra e venda de favores a quem paga mais, em torno de um eixo organizacional desse oportunismo lucrativo (o chamado *centrão*). Em suas administrações anteriores, o PT endossou esse mecanismo, que Lula renovou, sem promover projetos para uma democratização efetiva por meio de uma reforma constitucional.

Esse parlamento corrupto uniu forças com o Poder Judiciário e a mídia para pedir o *impeachment* de Dilma e validar a prisão de Lula. O regime político é baseado também nas prerrogativas mantidas pelos militares desde a ditadura da década de 1960. Todo os elogios genéricos à "democracia", que foram apresentados para derrotar a tentativa de golpe bolsonarista, obscurecem o abismo que separa o sistema brasileiro de qualquer princípio de soberania popular (Serafino, 2023). Enquanto o sistema persistir, não haverá como realizar as metas de justiça e igualdade que foram enaltecidas durante a campanha eleitoral.

Essa limitação tem sido muito visível no primeiro ano do novo governo. Lula está fortemente condicionado pelo poder efetivo exercido por um Parlamento com uma grande representação da ultradireita. Vários ministros de Bolsonaro conseguiram assentos no Congresso e fazem valer sua influência por meio de renovadas alianças com os políticos tradicionais.

O líder petista se vinculou às negociações impostas pela gestão de um presidencialismo incompleto. Esse modelo exige acordos periódicos com os legisladores, que possuem um poder equivalente ao exercido em outros países pelo primeiro-ministro. Com esse filtro, eles têm neutralizado os principais projetos do Executivo. O veto parlamentar pode ser visto, por exemplo, no manejo do orçamento. O valor alocado para obras públicas selecionadas pelos legisladores para suas jurisdições é similar ao gasto planejado pelo governo central (De La Cuadra, 2023).

Em seu início, Lula formou um gabinete equilibrado, com defensores dos direitos humanos, do meio ambiente e das prioridades sociais, ao lado de figuras muito próximas do grande capital, do agronegócio e do militarismo (Almeida, 2023). Posteriormente, optou por ceder cargos ministeriais, como moeda de troca, nas intermináveis negociações com seus parceiros--competidores de outras forças políticas.

O experiente líder brasileiro supõe que conseguirá acalmar as feras da direita com a presença de um vice-presidente representante do conservadorismo: Geraldo Alckmin vem do setor mais retrógrado do partido burguês de São Paulo (Partido da Social Democracia Brasileira, PSDB), é membro da *Opus Dei*, defende o neoliberalismo e tem um histórico de corrupção. Ele apoiou o *impeachment* contra Dilma e reforçou seu próprio protagonismo quando Lula estava preso. O substituto em potencial do presidente, em qualquer emergência, é uma figura perigosa, que não desempenhará papel meramente decorativo.

Lula acredita que essa figura lhe garanta pontes com o *establishment*. Mas essa não é a primeira vez que o PT se alia à direita e obtém resultados adversos. Entre 2006 e 2014, o efeito dessa política foi a desmobilização de seus seguidores, a perda de redutos no Sul do país e o surgimento de uma força bolsonarista que preencheu o vazio criado pela impotência de seu adversário (Almeida, 2022a).

A repetição dessa experiência é o principal perigo enfrentado nesse terceiro mandato. A derrota do golpe mudou, inicialmente, um cenário de culto passivo ao passado e futuro indefinido. O apoio popular nas ruas é a único caminho para transformar grandes expectativas em conquistas efetivas, mas o governo não está seguindo esse caminho. Não convoca os sindicatos, as organizações sociais ou a esquerda a unir forças para forjar um projeto alternativo.

Os pontos de interrogação sobre a economia

A caracterização do primeiro mandato de Lula continua a provocar debates. Alguns economistas acreditam que prevaleceu uma variante conservadora do neodesenvolvimentismo, enquanto outros o consideram uma versão mais regulada do neoliberalismo (Katz, 2015, p. 159-178).

Porém, em qualquer caso, essa experiência esteve marcada pela ausência de medidas transformadoras. Prevaleceu uma grande expansão do assistencialismo, com substanciais melhorias do consumo, sem mudanças significativas na redistribuição da renda.

Durante a campanha eleitoral, Lula contrastou os benefícios desse período com o retrocesso subsequente. Ele se omitiu de avaliar por que tais benefícios, paradoxalmente, sustentaram a expansão de uma classe média reativa ao PT, em um clima político que facilitou a ascensão de Bolsonaro.

O conservadorismo econômico, a ortodoxia monetária e os privilégios do grande capital geraram a desilusão, aproveitada pela ultradireita para chegar ao governo. Agora há um cenário inverso, de questionamento do legado do ex-capitão. Basta lembrar que ele empurrou 33 milhões de brasileiros para a fome e 115 milhões para a insegurança alimentar. Favoreceu desavergonhadamente o aumento da desigualdade no país, que lidera o *ranking* mundial desse flagelo.

A conjuntura imediata é problemática devido ao déficit orçamentário. A administração bolsonarista violou os seus próprios princípios de vincular os gastos do Estado a um limite estrito de compromissos parlamentares. O setor público tem uma dívida muito elevada em relação ao PIB e os passivos do setor privado estão próximos do seu máximo histórico (Roberts, 2022). Esse transbordamento também é contido pela nomeação desses compromissos em reais e pelas grandes reservas cambiais que o Banco Central acumula (Crespo, 2022).

Atualmente, as mensagens de Lula apresentam um tom mais industrialista e redistributivo do que nas gestões anteriores. Mas o modelo econômico vigente enriquece uma minoria de capitalistas à custa da renda da população. Lula não explicou como pretende conciliar a preservação desse esquema com a implementação das melhorias sociais prometidas.

No primeiro ano de gestão emitiu sinais econômicos muito variados. Por um lado, introduziu uma reformulação do Programa Bolsa Família (PBF), ao lado de pequenas melhorias no salário-mínimo, bolsas de estudo e incentivos à compra de casa própria. Deteve a privatização da Empresa Brasileira de Correios e Telégrafos (ECT), mas não revisou a questionada venda da Eletrobras, e a reforma tributária permanece nas sombras.

O governo conseguiu apenas um alívio tímido do limite de gastos fiscais imposto pelos credores. Com o repetido argumento de "acalmar os mercados", validou a manutenção de taxas de juro elevadas, que afetam o nível de atividade. Esqueceu-se que esse pacto com os financistas corroeu drasticamente o governo Dilma (Maringoni, 2023).

Mas o teste ainda pendente será o posicionamento de Lula em relação à reforma trabalhista de 2017. Essa norma validou inúmeros abusos ao priorizar os acordos setoriais, o fracionamento das férias, a terceirização de tarefas e a flexibilização de demissões. Esta demolição de conquistas não gerou os empregos prometidos, mas garantiu um aumento substancial nos lucros das empresas.

Lula tem sido muito ambivalente nas suas declarações sobre esse regime e, certamente, os seus parceiros capitalistas irão obstruir qualquer alteração do progresso alcançado pelos patrões. Com a mesma lupa, observarão o rumo posterior ao freio inicial das privatizações.

Em qualquer cenário, a direita prepara a sua artilharia e introduz um futuro mais imprevisível do que no passado, quando Lula geriu com a tolerância de todo o arco econômico. Agora, o gorverno desenvolve-se com o apoio do bloco industrial, as prevenções do setor financeiro e a hostilidade do agronegócio. Ao mesmo tempo, o governo conta com o fortalecimento de sua autoridade política após reprimir o fracassado golpe de Bolsonaro. Mas essa consolidação exige resultados no plano econômico. O que aconteceu com o seu vizinho do Sul ilustra as consequências adversas de erros em todos os níveis.

O retumbante fracasso na Argentina

O descrédito generalizado de Alberto Fernández, após um período de três anos de dramáticos fracassos, levou ao triunfo do ultradireitista Milei. O ex-presidente iniciou sua gestão sem definir que tipo de peronismo introduziria em seu governo. Ao longo de 70 anos, o justicialismo incluiu variantes múltiplas e contraditórias do nacionalismo, com reformas sociais, virulência da direita, viradas neoliberais e direções reformistas (Katz, 2020a). O que nunca teve foi uma variante de simples validação do *status quo*, com o grau de impotência, ineficiência e inação que caracterizou Fernández.

O desgastado ex-presidente iniciou a sua administração com um perfil moderado, evitando qualquer reversão do legado conservador de Macri. No primeiro teste de conflito, que levou à falência de uma grande empresa alimentar (Vicentin), a oposição de direita rapidamente lhe torceu o braço. O projeto oficial de expropriação daquela empresa foi cancelado devido à forte pressão do *lobby* agroexportador. Essa capitulação marcou uma gestão caracterizada por inúmeras submissões aos grupos dominantes.

Fernández não conseguiu sequer defender a sua política de proteção da saúde face às questões reacionárias dos negacionistas. Sempre manteve uma postura invariavelmente defensiva. A prometida redistribuição de renda tornou-se um *slogan* vazio à medida que a inflação começou a pulverizar salários e aposentadorias. A decisão de aliviar a emergência com um imposto sobre as grandes fortunas foi um ato isolado e sem continuidade.

A deterioração do poder aquisitivo durante a sua administração esteve em sintonia com os colapsos anteriores e reforçou uma grande deterioração do nível de vida popular. O presidente optou pela imobilidade e recebeu uma primeira e contundente resposta do eleitorado na derrota sofrida pelo partido governista nas eleições de meio de mandato, em 2021.

A impotência para conter a inflação e o consequente aumento da desigualdade foram posteriormente agravados pela submissão ao acordo exigido pelo FMI (Katz, 2022a). Esse compromisso legitimou a fraude articulada por Macri e Trump para financiar a fuga de capitais. Foi validada uma obrigação que arruinou o futuro de inúmeras gerações, com ajustes e cortes nos benefícios sociais. Para satisfazer os credores, foi criado um cenário que permitiu o reinício do leilão dos desejados recursos naturais do país (Katz, 2022b).

O contraste dessa experiência frustrada do progressismo com a dos seus antecedentes foi esmagador. Não só entrou em conflito com a era Perón, mas também com as melhorias que prevaleceram durante os recentes mandatos de Néstor Kirchner e Cristina Fernández. A capitulação de Vicentin esteve longe da forte disputa com o agronegócio (2010) ou do rumo aberto pela nacionalização do petróleo (Yacimientos Petrolíferos Fiscales, YPF) e dos fundos de pensão (Administradora de Fondos de Jubilaciones y Pensiones, AFJP). A Lei da Comunicação Social aprovada pelo Parlamento foi simplesmente esquecida e se deixou o caminho livre para o Poder Judiciário continuar o *lawfare* contra a vice-presidenta.

Fernández abandonou a tentativa neodesenvolvimentista. Na última década, esse projeto não avançou devido à renúncia à maior apropriação estatal das receitas da soja e à grande confiança nos grupos capitalistas, que utilizaram subsídios do Estado para evasão de capital sem proporcionar investimentos. Mas, longe de corrigir essas limitações, o ex-presidente optou por uma paralisia que agravou os desequilíbrios da economia.

Nesse cenário, a coligação conservadora fez um acordo com o Judiciário para realizar uma operação que excluiu Cristina Fernández das eleições. Eles recorreram à perseguição nos tribunais e a ameaças à sua própria vida. Dessa forma, criaram as condições para retomar o projeto neoliberal que esperavam concretizar com os conhecidos líderes da direita tradicional. A substituição abrupta desse projeto pela presidência de Milei abre inúmeras questões sobre o futuro político do país.

Expectativa contínua no México

O contraste entre o México e a Argentina é muito marcante pelas semelhanças de origem que relacionavam López Obrador a Fernández. Eles formaram as duas primeiras administrações da nova onda progressista e também enfrentaram as agruras da pandemia, que geraram o voto de protesto contra todos os governantes na maior parte do planeta. O presidente argentino priorizou mais a proteção sanitária do que o mexicano, mas ambos adotaram posições antinegacionistas.

Os dois líderes convergiram na política externa que impulsionou o Grupo de Puebla, em oposição ao Grupo do Rio (G-Rio). Mas o México emitiu pronunciamentos e implementou medidas soberanas que a Argentina ignorou. O ativismo regionalista de López Obrador contrastou com as ambiguidades de Fernández. A condenação do presidente mexicano ao golpe no Peru colidiu com o endosso que caracterizou o seu homólogo.

No plano econômico, López Obrador preservou a estreita associação com os Estados Unidos por meio de tratados de livre-comércio, os quais a Argentina não compartilha. Mas introduziu alguns ruídos na relação com o Norte, o que contrasta com a aproximação da Argentina a Washington após o acordo com o FMI.

Enquanto Fernández multiplicava as concessões aos investidores ianques na desejada órbita dos recursos naturais, López Obrador promovia uma reforma no sistema de eletricidade que causou alvoroço entre as empresas estadunidenses. Essa iniciativa deu preponderância ao Estado em detrimento das empresas privadas, as quais exigiram uma intervenção urgente de Washington para frear o impulso regulatório (López Blanch, 2022a).

O presidente mexicano manteve o pagamento da dívida externa, mas rejeitou ofertas de novos financiamentos condicionados pelo FMI. Ao contrário, Fernández validou o acordo mais desastroso das últimas décadas com esse órgão.

Os enormes questionamentos suscitados pelos projetos de desenvolvimento de López Obrador contrastaram com o imobilismo e a sequência de crise financeiro-cambial que Alberto Fernández tolerou com resignação pacífica. Algumas iniciativas econômicas do presidente mexicano sugeriram inclusive a adoção de um perfil neodesenvolvimentista. Assim se qualificou o objetado projeto do Trem Maia, para apoiar o turismo com a expansão da rede ferroviária. Mas um eventual deslizamento de López Obrador em direção ao neodesenvolvimentismo teria apresentado modalidades muito diferentes do padrão sul-americano, devido à estreita ligação que o México preserva com a economia estadunidense.

O balanço econômico-social do obradorismo não tem sido encorajador, mas está longe do tremendo colapso do nível de vida popular validado pela versão mais recente do peronismo. No México, aumentou a pobreza, o que levou à consequente ampliação dos programas sociais, mas o país está longe da contínua degradação sofrida pela Argentina.

Ao contrário do que aconteceu no Cone Sul, no México tem predominado uma continuidade invariável das políticas econômicas neoliberais. Durante várias décadas, o país esteve ligado a uma rede internacional de acordos comerciais e compromissos financeiros externos que reforçaram o curso interno das privatizações e desregulamentações laborais.

Mas, em franco contraste com os seus antecessores, López Obrador concedeu certas melhorias sociais aos idosos, facilitou uma recuperação salarial limitada e introduziu algumas modificações no sistema laboral conservador. Promoveu esses avanços sem satisfazer as exigências pendentes em conflitos de longa duração. Além disso, apoiou a atuação da burocracia corrupta dos *charros*,[8] em detrimento do sindicalismo independente (Hernández Ayala, 2022).

Em outras áreas, os problemas do México são mais graves. Enfrenta um nível de criminalidade e uma percentagem de homicídios que a Argentina não sofre. A mesma diferença verifica-se no âmbito democrático. Fernández não carre-

---

[8] Setores corruptos da burocracia sindical mexicana. (N. E.)

gou nenhuma hipoteca equivalente ao desaparecimento não resolvido dos 43 estudantes normalistas de Ayotzinapa nem teve que lidar com os privilégios que o Exército mantém no México.

Fernández evitou as acusações de corrupção que López Obrador já recebeu e que o *establishment* utiliza para condicionar todos os governos. Mas essa trégua não alterou o inconformismo geral que prevalece entre os poderosos em relação à gestão de do ex-presidente argentino. A avaliação dos ricos tem sido mais variada no México, que processa a chegada de novas elites ao círculo dos privilegiados.

A variedade de semelhanças e diferenças entre os governos dos dois países não gerou efeitos políticos comparáveis. Enquanto a Argentina já viveu uma longa experiência progressista com Néstor e Cristina, López Obrador personificou a estreia desse modelo no México.

A novidade incluiu maior tolerância a um teste que impulsionou mudanças que encontraram grande resistência por parte dos opositores do mandatário mexicano. O descontentamento defensivo da direita contrastou com a grande recomposição ofensiva conseguida pelos setores reacionários na Argentina.

Os resultados das eleições de meio de mandato ilustraram a diferença de cenários prevalecentes em ambos os países. O peronismo sofreu uma derrota que teria assegurado a instalação imediata de um presidente de direita, caso as eleições tivessem sido presidenciais.

Ao contrário, o obradorismo enfrentou um retrocesso limitado, embora sem avanços significativos por parte dos seus adversários. A sua hegemonia no Congresso foi desgastada, mas a direita não alcançou a recuperação que esperava. Surgiu um certo descontentamento da classe média urbana e da juventude com sua gestão, o que não engrossou o pelotão dos opositores (Arkonada, 2021).

Em termos mais gerais, o governo ficou bem-posicionado para competir pelo próximo mandato presidencial. O partido Movimento Regeneração Nacional (Morena), em curto tempo, passou a contar com 20 dos 32 governadores do país e arrebatou do Partido Revolucionário Institucional (PRI) o estratégico Estado do México. Além disso, construiu também uma azeitada máquina eleitoral, que inclui boa parte de antigos membros do PRI, assim como membros do Partido Ação Nacional (PAN) e do Partido da Revolução Democrática (PRD). O contraste com a Argentina estende-se a esse nível e ilustra os resultados políticos contrapostos das duas experiências.

Frustração no Chile

A desilusão que se vislumbra no Chile assemelha-se mais à desilusão da Argentina do que às ambivalências do México. Gabriel Boric tomou posse com enorme apoio. O seu pronunciamento de posse, convocando à reversão da desigualdade e a colocar um fim do modelo de fundos de pensões privados, da poluição mineira e do consumismo perdulário, suscitou enormes expectativas.

Essa esperança não ignorou a trajetória problemática de um dirigente que chegou à presidência distanciando-se da esquerda para construir pontes com a antiga *concertación*.

Esse conluio garantiu a continuidade pós-Pinochet do neoliberalismo. Com Boric, não foi a geração de estudantes que convulsionou o país desde 2011 que chegou ao governo, mas sim uma elite daquela juventude já adaptada ao *establishment*.

O novo presidente estreou com um gabinete equilibrado, que combinou a presença de líderes comunistas com economistas vindos das entranhas do neoliberalismo. Ele tinha a possibilidade de se apoiar na mobilização popular para implementar as suas promessas de campanha, ou poderia adotar o continuísmo exigido por Ricardo Lagos, Michelle Bachelet e a partidocracia. Boric optou por esse segundo caminho, provocando a frustração da maioria dos seus eleitores.

Esta definição ocorreu, desde o início, com relação à exigência de liberdade para os presos políticos detidos durante a revolta de 2019. O atual presidente evitou promover, primeiro, um projeto de Lei de Indulto que envolvia quase mil beneficiários. Posteriormente, retomou o discurso criminalizador contra os protestos e restabeleceu o Estado de exceção nas regiões Mapuche.

É verdade que Boric permitiu um importante plano nacional de busca da verdade e da justiça para esclarecer a situação de 1.100 desaparecidos e desaparecidas. Mas, ao mesmo tempo, tolerou a contínua repressão dos carabineiros contra as manifestações e a descarada utilização de provocadores para minar os protestos.

No plano econômico-social, o presidente incentivou a gratuidade da atenção à saúde primária, reduziu as horas de trabalho e aumentou ligeiramente o salário-mínimo, mas não conseguiu impor as reformas prometidas no domínio fiscal e previdenciário. O ansiado fim das Administradoras de Fundos de Pensões (AFP) transformou-se numa série de modificações ainda em debate, e as alterações fiscais para reduzir a desigualdade permanecem na gaveta.

Essas limitações vieram à tona na comemoração dos 50 anos da Unidade Popular, ao se contrapor o projeto socialista de Allende à atual gestão capitalista. No primeiro caso, promoveu-se a nacionalização dos recursos básicos, e não a preeminência de grandes empresas estrangeiras; patrocinou-se a dissolução das forças de choque, e não a militarização da Araucanía; priorizou-se a relação com Cuba, e não o alinhamento com os Estados Unidos. Promoveu-se também a abertura da universidade à classe trabalhadora, e não a conservação dos privilégios da educação privada (Roitman Rosenmann, 2023).

A desativação da Convenção Constituinte esteve em sintonia com essas capitulações. Em vez de promover a agenda de uma organização criada para enterrar o pinochetismo, Boric acatou a pressão da imprensa hegemônica para restringir os debates e diluir as propostas da assembleia (Szalkowicz, 2022a). Contribuiu para minar a própria existência desse organismo ao retirar da sua agenda qualquer modificação do regime político ou do modelo neoliberal.

O texto final da Constituinte emergiu com tantos cortes que nem sequer foi defendido pelos seus promotores. O partido no poder comandou esse desgaste, esvaziando o conteúdo da campanha pela aprovação da reforma. Inclusive, pactuou um compromisso para modificar o texto, caso fosse aprovado nas urnas. Nesse caso, contemplava a incorporação de todas as emendas exigidas pelo *establishment*. Como consequência dessa autoliquidação, os votos favoráveis receberam uma grande derrota nas eleições. Em um quadro de participação recorde de eleitores, 61,88% votaram a favor de rejeitar, contra 38,12% a favor de aprovar o novo texto (Titelman, 2022).

Esse voto contra a Assembleia Constituinte constituiu, na verdade, um plebiscito de descontentamento com o governo. O que estava em jogo na esmagadora desaprovação já não era o destino de um texto esvaziado de conteúdo, mas sim a avaliação de um governo que fraudou os seus seguidores e deu poder aos seus inimigos.

O partido no poder encontrou uma trégua repentina com o fracasso da nova consulta, promovida pela direita, para introduzir um texto constitucional mais conservador. Encorajados pela rejeição às mudanças progressistas, os líderes reacionários tentaram impor uma Carta Magna que restringia o direito ao aborto e sepultava os últimos vestígios da educação e da saúde públicas. O texto reforçava a privatização das aposentadorias, autorizava a expulsão dos estrangeiros e facilitava a soltura dos condenados por crimes da ditadura.

Esse terrível projeto foi rejeitado pelos eleitores com elevado nível de participação, criando a situação paradoxal de uma derrota da direita na consulta que validou a continuidade da Constituição legada por Pinochet.

Perante esse resultado, os de direita argumentaram que o texto herdado da ditadura foi aprovado duas vezes, omitindo que essa aprovação não esteve em causa em nenhum momento. O que foi votado em vários turnos foi uma contraposta sucessão de remendos, que escaparam à criação de uma Constituição genuinamente democrática.

Em vez de incentivar o processo, o governo declarou o fim da dinâmica constituinte, alegando a apatia dos cidadãos com as modificações. Mas, se esse fastio realmente existe, é por causa das inúmeras vacilações do governo. O discurso de autoflagelo e as críticas à "radicalidade" da primeira proposta constitucional acentuaram o cansaço político atribuído aos eleitores. Com essa avaliação se abandona, de fato, qualquer mudança constitucional (Gaudichaud; Abufom, 2023).

Boric encarna essas inconsequências como um expoente das limitações do progressismo atual. Desativou os protestos populares para impedir a sua radicalização e esterilizou a ação política forjada nas ruas para reforçar a rede de velhas instituições. O presidente demonstra submissão ao empresariado e dureza com os rebeldes. Por isso, alguns analistas consideram que a possibilidade de redirecionar a sua gestão para um rumo efetivamente progressivo já está descartada (Figueroa Cornejo, 2022). Após o fracasso do plebiscito, ele incorporou mais representantes da velha *concertación* a seu governo e, até certo ponto, orienta sua gestão nos moldes dessa experiência.

As vertiginosas viradas nas urnas ilustram a natureza volátil do eleitorado no atual período turbulento. Quando o progressismo decepciona, a direita reconstrói-se em tempo recorde. O Chile não fornece o único retrato da velocidade das mutações atuais.

Decepção no Peru

A derrubada de Pedro Castillo encerrou, temporariamente, outra frustrada experiência de progressismo. A atual captura do governo por uma máfia cívico-militar que ignorou a continuidade de um presidente eleito não deve obscurecer o acúmulo de decepções geradas pelo caótico mandatário.

Castillo administrou de forma tempestuosa, disputando com seus aliados e convergindo com seus adversários. Ele quebrou promessas, aceitou a pressão de inimigos e administrou na corda bamba, sem nenhuma bússola.

A tentativa desesperada de sobreviver por meio de uma improvisada dissolução do Congresso foi um retrato completo desses fracassos. Em vez de apelar à mobilização popular contra os golpistas, apelou à OEA e apostou na lealdade de uma cúpula militar especialista em acordos pelo melhor lance.

Castillo podia apoiar o seu mandato na enorme mobilização popular que sustentou a sua vitória. Sua trajetória ambígua não permitia antever nenhum rumo de governo. As semelhanças com Evo Morales criaram a possibilidade de uma repetição do que aconteceu na Bolívia. Mas decidiu seguir um caminho oposto ao seu homólogo do Altiplano. Em vez de sustentar uma base social transformada em maioria eleitoral, optou pela submissão às classes dominantes.

O ex-presidente eliminou o setor radical do seu governo, inaugurando uma sequência interminável de substituições ministeriais. Depois, ele concordou em voltar atrás em sua promessa de convocar uma Assembleia Constituinte. A etapa seguinte foi o abandono da anunciada renegociação dos contratos de mineração com as empresas transnacionais.

Mas nenhuma dessas mensagens de boa vontade tranquilizou a direita fujimorista, que continuou reunindo forças para a execução do golpe de Estado. Criou-se um clima de pressão sufocante sobre Castillo, até convencer todo espectro revolucionário da conveniência de um golpe. Em menos de 500 dias de governo passaram mais de 70 pessoas nos cargos de ministros de Estado.

A chantagem a um presidente refém dos poderes Legislativo e Judiciário permitiu à classe dominante manter seu modelo econômico. Esse esquema perdurou por muito tempo em meio a constantes tormentas políticas. Durante a gestão de Castillo, esse cenário se repetiu, com uma cota adicional de hostilidade que potencializou o desgoverno.

A bancada que apoiava a sua administração no Parlamento foi fragmentada após inúmeras destituições de ministros. Várias figuras de seu gabinete perderam seus cargos antes de assumi-los. A improvisação de Castillo generalizou a imagem de um líder desorientado.

Quando os aliados de esquerda se distanciaram, o presidente deposto optou por substitutos de direita. Representantes da *Opus Dei*, conservadores antifeministas, tecnocratas das grandes fundações e até indivíduos ligados à máfia encontraram lugar no seu volúvel gabinete. O encontro de Castillo com Bolsonaro e a aprovação de resoluções diplomáticas patrocinadas pela embaixada estadunidense completaram o quadro de um presidente divorciado de suas promessas.

Para manter essa adaptação ao *status quo*, Castillo recorreu à repressão dos manifestantes que rejeitaram a carestia dos alimentos e da energia. Mas o efeito da decepção com a sua administração é desconhecido. O Peru já sofreu frustrações do mesmo tipo com Ollanta Humala, em 2011, e arrasta a experiência traumática do Sendero Luminoso (Tuesta Soldevilla, 2022). Essa vivência é recriada, distorcida e incansavelmente exercida pela direita para justificar os crimes do Exército contra o povo.

Na resistência ao golpe, reapareceu com força a reivindicação de uma Assembleia Constituinte, o que sintetiza as reivindicações contra todos os envolvidos no sistema político atual (Zelada, 2023). O Peru não participou da onda progressista da década passada, e a batalha em curso definirá o rumo do próximo período.

Polarização assimétrica

As experiências com a nova onda progressista incluem enormes esperanças, grandes decepções e múltiplas incertezas. A expectativa predominante na Colômbia e no Brasil difere da avaliação do que aconteceu no México e contrasta com as frustrações na Argentina, no Chile e no Peru.

O cenário econômico é apenas uma condição desse contexto. Frequentemente se destaca que a onda da última década foi resultado da valorização internacional das matérias-primas. Esse superciclo ascendente de *commodities* forneceu efetivamente os recursos para financiar modelos mais confortáveis, que posteriormente enfraqueceram, com a depreciação das exportações latino-americanas.

Mas, se o rumo progressista dependesse apenas desse contexto, não deveria se descartar sua eventual reprodução nos próximos anos. A guerra que se seguiu à pandemia e o curto-circuito do abastecimento nas cadeias globais de valor revalorizaram outra vez as matérias-primas por um prazo que ninguém pode antecipar.

As previsões do futuro são particularmente difíceis em uma região marcada por uma grande variabilidade de cenários. Em 2008, nove dos dez principais países eram governados por expoentes do ciclo progressista. Em 2019, esse panorama se inverteu, com apenas um presidente desse perfil.

Esta guinada para a restauração conservadora esgotou-se, por sua vez, em 2022, com a mudança para uma nova onda de primeiro curso, que se estendeu à grande maioria dos governos regionais (Duterme, 2023).

Essa dinâmica pendular foi conceituada como uma sucessão de ondas e contraondas que incluem vitórias e derrotas de alcance limitado. Nessa vertiginosa temporalidade, as tendências progressistas esgotam-se com a mesma velocidade que as suas congêneres conservadoras (García Linera, 2024).

A volatilidade explica-se, em grande medida, pelas decepções geradas por uma onda de líderes progressistas mais sujeitos às pressões das classes dominantes e mais divorciados dos anseios populares. Essa tônica se verifica na cautela de seus programas e na tibieza de suas condutas.

Na comparação com o primeiro ciclo, esse perfil é visível em vários níveis e também é corroborado em indicadores de maior fragilidade. Os presidentes da onda anterior tiveram mandatos mais longos, com apoio parlamentar mais significativo, e promoveram uma coordenação mais palpável das suas ações regionais. Além disso, o seu distanciamento da esquerda é óbvio (Instituto..., 2023b).

Os expoentes do atual rumo progressista enfrentam, por sua vez, um espectro de adversários muito mais determinados do que no período anterior. A direita assimilou diversas lições dessa etapa e adotou novas estratégias, construindo uma base de apoio mais significativa. As classes dominantes da região apoiam essa via, exercendo uma pressão furiosa para frustrar qualquer indício de uma via radical.

O resultado dessas tensões é um vaivém de perfis governantes, por sua vez derivado de oscilações inesperadas do eleitorado. A migração de votos de uma faixa da cena política para outra coexiste, em muitos casos, com sinais marcantes de descontentamento. No Chile, por exemplo, essas mudanças abruptas foram observadas na sucessão de votações que determinaram a rejeição de propostas contrapostas de mudança constitucional (Gaudichaud, 2023).

O grande determinante deste contexto é a indefinição de resultados nas lutas populares da região. O período revolucionário que começou com o triunfo de Cuba em 1959 e se encerrou com a derrota da Nicarágua em 1991 ficou para trás. A etapa subsequente de rebeliões, que acompanhou o começo do século XXI na Venezuela, no Equador, na Bolívia e na Argentina, legou conquistas, reinícios do protagonismo popular e experiências políticas progressistas, até ser contida pela restauração conservadora. Desde 2019, outra onda vinda de baixo forçou a saída precipitada dos mandatários de direita na Bolívia, no Chile, no Peru, em Honduras, na Colômbia e na Guatemala. Ali se abriu o cenário atual, marcado pela reação furiosa da ultradireita.

Esse é o quadro subjacente da polarização assimétrica, que opõe o vacilante progressismo a seus decididos inimigos da extrema-direita (Almeida, 2022b). Esta tensão verifica-se em todos os âmbitos e é o dado dominante do contexto latino-americano.

9. OS DILEMAS REGIONAIS DO PROGRESSISMO

Desde a chegada a vários governos, os expoentes do novo rumo progressista patrocinaram o relançamento da integração regional. As tentativas envolvem especialmente a Comunidade de Estados Latino-Americanos e Caribenhos (Celac), organização que surgiu em 2010 e foi promovida por vários líderes do progressismo anterior. Os seus promotores formaram, pela primeira vez, uma instituição composta pelos 33 países da região, com a presença de Cuba e a exclusão dos Estados Unidos.

Na última década, os artífices da restauração conservadora congelaram essa iniciativa e bloquearam o funcionamento da União de Nações Sul-Americanas (Unasul). Essa organização perdeu sete dos seus 12 membros originais e esteva à beira do encerramento, quando o presidente do Equador pediu o fechamento da sede, em Quito.

Em 2022, López Obrador promoveu o primeiro ressurgimento da Celac, e no início de 2023 se consumou a revitalização em Buenos Aires. Dois líderes de centro-esquerda recentemente eleitos (Lula e Petro) participaram do evento, ao lado de outros, que surgiram de eleições anteriores (Arce, Boric e Xiomara Castro), e de um delegado do México. O anfitrião, Alberto Fernández, também acrescentou o expoente de um processo revolucionário (Díaz Canel) e os porta-vozes do presidente mais contestado pelo *establishment* regional (Maduro).

O Mercosul será recomposto?

A centralidade que o presidente mexicano teve na primeira reunião da Celac foi substituída na segunda reunião pelo protagonismo de Lula. Essa gravitação estava em sintonia com a estratégia promovida pelo presidente brasileiro para recuperar o protagonismo regional do Brasil ao fortalecer laços com a Argentina.

A força motriz do relançamento foi a reconstituição do Mercosul. Lula assinou com o seu homólogo argentino um ambicioso acordo para recriar a integração de ambas as economias em 15 áreas, complementado por 14 eixos de convergência política. Dessa forma, tentou reposicionar o seu país na vanguarda da região nas negociações com as grandes potências.

Mas revitalizar o Mercosul exige, antes, recompor o equilíbrio interno no Brasil entre dois setores capitalistas muito díspares: os agroexportadores e os industriais. Lula apoia o primeiro segmento com o reinício das negociações, para concretizar o acordo de livre-comércio do Mercosul com a União Europeia. Macri e Bolsonaro estiveram prestes a assiná-lo em 2019, mas não conseguiram superar as barreiras da proteção agrícola europeia (especialmente as francesas) contra o potencial aluvião de exportações competitivas da América do Sul.

Lula buscou o apoio da Argentina (e do agronegócio argentino) para chegar a um acordo. Ele propôs cláusulas ambientais que protegem os parceiros do Velho Continente de uma inundação de mercadorias provenientes do Novo Mundo. As regulamentações proibiriam a exportação de alimentos gerados em áreas desmatadas, o que introduziria uma autorrestrição aos volumes de produtos embarcados.

A grande campanha de Lula contra os latifundiários – que expandem a soja e a pecuária por meio da devastação da Amazônia – combina a proteção ambiental com a limitação das exportações para a Europa. O mandatário já conseguiu o desbloqueio de fundos internacionais para a proteção ambiental e promete vincular qualquer aumento das vendas externas à maior produtividade do setor (e não à extensão da fronteira agrícola).

Mas a União Europeia exige maiores garantias de restrições às exportações e pressiona com pretextos de proteção do meio ambiente. Com essa desculpa, ameaça sancionar os países sul-americanos que violarem os parâmetros de proteção climática estabelecidos pelo Velho Continente.

Por sua vez, os industriais paulistas são refratários a um acordo com a Europa que não abra novos mercados e envolva o risco de importações adversas. Obtiveram, porém, enormes benefícios com o relançamento do Mercosul. Os fabricantes paulistas lucram com a união aduaneira no setor automotivo e são os candidatos a obter maiores lucros com os ramos que seriam incentivados nas próximas negociações (naval, têxtil, calçadista).

O Brasil é o quarto maior investidor estrangeiro na Argentina e os capitalistas da sua indústria se beneficiam do déficit comercial enfrentado pelo seu parceiro fronteiriço. O empresariado paulista apoia esses negócios, ao mesmo tempo que promove a incorporação de novas linhas de exportação (suprimentos bélicos) aos acordos do Mercosul.

Lula também incentivou a utilização de um mecanismo de financiamento ao comércio inter-regional, por meio de uma unidade de conta que já existe, mas está em hibernação desde 2008. Esse instrumento permite limitar o uso de dólares para o intercâmbio entre os dois países por meio de créditos concedidos e compensados pelos bancos centrais, utilizando os seus próprios meios de pagamento.

A cifra comum anunciada, o sur, cumpriria, de fato, essa função e complementaria os maiores créditos que o Brasil forneceria ao seu cliente argentino para financiar as exportações subsequentes.

O esquema é muito comum na atividade comercial de outras regiões e foi esboçado nos países da Alba, com o sucre. Mas está muito longe da moeda comum ou do fundo de estabilização compartilhado que cimentariam uma Nova Arquitetura Financeira (Gambina, 2023). Favorece, por enquanto, um grande aumento das vendas do empresariado brasileiro.

Debilidades estruturais

As propostas financeiras do Brasil proporcionam um alívio imediato para a falta de divisas que a Argentina sofre para o fornecimento corrente de suas importações. Essa falta é uma consequência da supervisão sufocante que o FMI exerce sobre as reservas cada vez menores.

Mas ninguém sabe como o Banco Central daquele país garantiria os compromissos implicados no acordo. Outra questão são os efeitos do maior déficit no comércio industrial que o acordo prevê. Certamente existe uma correlação positiva entre o crescimento do Brasil e o PIB da Argentina. Mas a locomotiva paulista opera mediante a subordinação de seu vizinho do Sul.

Essa submissão econômica será fortalecida com o financiamento brasileiro da ampliação do gasoduto argentino que distribui o combustível gerado em Vaca Muerta. A oferta energética – que chegaria a Porto Alegre a preços competitivos – é o principal atrativo imediato da renovação do Mercosul para os industriais brasileiros. Esses fabricantes enfrentam o declínio da oferta de gás boliviano, que é grandemente afetado pelo esgotamento das reservas.

Em um período muito curto, a Argentina poderá triplicar as suas exportações de gás, mas fortalecendo o perfil extrativista de uma economia definitivamente estruturada no caminho da primarização.

A recriação do Mercosul exige também a permanência do Uruguai, que tenta um acordo de livre-comércio (ALC) com a China. O *establishment* desse país pretende multiplicar suas exportações básicas e não tem nenhuma indústria ameaçada pela esperada inundação de importações asiáticas. Os seus porta-vozes promovem um modelo de extrativismo extremo que negocia com o maior licitante externo, destruindo os bens comuns do país.

O que aconteceu com a água é um exemplo dessa degradação. O Uruguai é um país temperado e úmido, irrigado por numerosos rios e córregos. Mas está ficando sem fontes aquíferas devido à onipresença da indústria da celulose, da soja geneticamente modificada e da pecuária intensiva. Essas atividades combinam a absorção irracional de água com uma enorme exposição à toxicidade (Sabini Fernández, 2023).

Lula busca dissuadir Lacalle Pou de concluir um acordo unilateral com a China, ressaltando a atratividade exportadora oferecida pelo prometido acordo do Mercosul com a União Europeia. Também sugere um acordo posterior com a China sob a sua própria liderança. Com o mesmo propósito da liderança brasileira, promove a introdução da Bolívia e a reincorporação da Venezuela ao Mercosul.

Mas a reativação desse bloco pressupõe uma vitalidade que não se vê na economia brasileira. O PIB *per capita* do país está praticamente congelado há mais de uma década e o emprego não está crescendo (Villalobos, 2022). Essa estagnação transborda a conjuntura e não é mera consequência do cenário internacional adverso, gerado pela pandemia e pela guerra.

O Brasil arrasta um grave retrocesso há muitos anos, o que se deve às fragilidades estruturais de uma economia semiperiférica, afetada pela reorganização do capitalismo mundial. Devido a esse declínio, não desempenha na região um papel equivalente ao da Alemanha na União Europeia nem apresenta a vitalidade produtiva necessária para redirecionar o Mercosul.

Essa fragilidade explica por que a derrota da Alca – e o consequente freio ao projeto de livre-comércio promovido pelos Estados Unidos – não levou ao surgimento da união aduaneira sul-americana. Ao contrário, esse acordo definhou, enquanto os seus parceiros menores exploravam alternativas de ligação com outras referências importantes (Malamud, 2022).

Além disso, em seu governo anterior, Lula minou a iniciativa de criar uma organização financeira regional (Banco del Sur) para privilegiar os negócios das empresas brasileiras por meio de sua própria entidade, o Banco Nacional de Desenvolvimento Econômico e Social (BNDES) (Marchini, 2022).

O Mercosul enfrenta, portanto, sérias dificuldades internas para transformar a Celac em um grande motor da integração latino-americana. Essas limitações foram reforçadas com a chegada de Milei à presidência argentina, com um projeto hostil a qualquer entrelaçamento econômico da América do Sul. Ainda não se sabe como essa rejeição afetará as negociações do acordo entre o Mercosul e a União Europeia.

Na última sequência de negociações, as pontes estabelecidas por Lula com altos funcionários do Velho Continente esbarraram na oposição de Macron, na França, e de Fernández, na Argentina. Ao contrário, os porta-vozes de Milei foram a favor de se chegar a um acordo. A diversidade de posições ilustra a plasticidade entrelaçada de interesses do agronegócio e da indústria na Europa, na França, no Brasil e na Argentina. Essas forças desintegradoras afetam tanto o Mercosul como a Celac.

Fratura por dentro

O principal obstáculo que a Celac enfrenta para reativar a integração regional é a preeminência dos Tratados de Livre Comércio (TLCs) dos seus membros com o resto do mundo. Esses acordos são validados pelos governos da nova onda progressista. Ninguém contesta a sua continuidade.

Nos países onde estão consolidados, sua revisão tampouco é avaliada. São considerados um dado natural da economia, e é por isso que prosperam as iniciativas de expansão para outros cantos do planeta. A consequente fratura da região – que o neoliberalismo sempre promoveu – é, de fato, aceita pelos seus rivais de centro-esquerda.

Esse cenário é muito visível nos quatro integrantes da Aliança do Pacífico, cujas novas administrações progressistas ratificaram os atuais TLCs. Exalta-se a meta da tarifa zero, endossando a expansão do comércio irrestrito com a região asiática (Gwendolyn, 2022).

No Chile verifica-se a maior adesão a esses acordos. O governo Boric não só abençoou a sua vigência, mas também deu sinal verde à incorporação do país no Acordo de Cooperação Econômica Transpacífico (TPP-11), com as principais economias do Pacífico (Acuña Asenjo, 2022). Esse tratado abre as alfândegas a todos os tipos de importações e apoia a apropriação estrangeira de recursos naturais. O governo ainda liberou os entraves que o pacto enfrentava no Congresso desde 2019.

A frustrada Assembleia Constituinte chilena tampouco examinou as mudanças nos mecanismos comerciais do modelo neoliberal (Cabieses, 2022). Suas sutis sugestões de revisão foram arquivadas tanto quanto a reconsideração da gestão do cobre, a modificação dos *royalties* da mineração, a reformulação do imposto de renda ou a remodelação do sistema de previdência privada.

A mesma acomodação patrocinou o caótico governo peruano de Castillo. Esse presidente propôs reverter o extrativismo brutal que prevalece na mineração, mas a promessa foi esquecida. A abertura comercial irracional do Peru levou o país a exportar batatas recém-colhidas, que retornam congeladas e embaladas ao mercado local (Ghiotto, 2022).

Na Colômbia, Petro sublinhou que as prioridades do seu país estão localizadas no campo político de alcançar a paz. Seus economistas também estão avaliando uma reforma tributária para aumentar a arrecadação e conceder certas melhorias sociais. Nessa agenda, os TLCs são intocáveis, apesar da destruição que causaram em determinados ramos da produção, como a atividade leiteira. A ênfase do novo presidente na proteção ambiental também entra em conflito com a vigência desses acordos.

A administração de López Obrador começou com a ratificação do renovado acordo de livre-comércio com os Estados Unidos e o Canadá (T-MEC). O tratado consolida a permanência do México na zona do dólar e explica a relutância que López Obrador demonstra em relação a qualquer projeto futuro de uma moeda comum latino-americana.

Ao mesmo tempo, os seus porta-vozes defendem a continuidade do entrelaçamento com Washington e Ottawa, com argumentos distanciados do neoliberalismo. Afirmam que a proximidade com o Norte permitirá aumentar a autonomia do México ao facilitar um desenvolvimento que ampliará a soberania do país. Eles propõem "estar mais perto dos Estados Unidos, para ser mais autônomo em relação ao gigante".

Mas até agora não foi corroborada nenhuma expansão significativa da economia proporcionada pelo T-MEC. Ao contrário, o tratado recria os inúmeros desequilíbrios na produção e no consumo. O México sofre de baixo crescimento com elevada desigualdade, êxodo rural e informalidade laboral, o que explica a dimensão dramática do narcotráfico. O acordo com os Estados Unidos não gera um perfil diferenciado do padrão conservador latino-americano.

A expectativa de "maior autonomia por meio da maior proximidade" também apresenta sérias contradições conceituais. Pressupõe um fortalecimento dos laços com os Estados Unidos, que sempre levaram a rumos conflitantes com a soberania. Salta aos olhos a contundente tensão dessa via com o proclamado objetivo da unidade latino-americana.

Na região, todas as variedades de TLC em vigor favorecem os negócios dos grupos exportadores, em detrimento do crescimento interno. Esses setores priorizam os lucros imediatos das vendas externas ao desenvolvimento articulado que pavimenta a integração. A Celac responde a essa contradição com ambiguidades. Em seus eventos se repetem os discursos da fraternidade latino-americana, mas sem transitar por nenhum dos passos requeridos para consolidar essa irmandade.

Alguns participantes da cúpula de Buenos Aires, como Petro, reconheceram essa impotência ("falamos muito sobre nos unirmos, mas fazemos pouco para realmente fazê-lo"). O balanço geral da reunião corroborou esse diagnóstico (Szalkowicz, 2023). O grande problema está no fato de que as principais iniciativas de soberania regional – nas esferas alimentar, energética ou financeira – requerem uma firmeza em relação ao imperialismo estadunidense que o novo progressismo não possui.

Inconsistências em relação aos Estados Unidos

Os Estados Unidos são o inimigo histórico da unidade latino-americana. Ao longo do último século, sabotaram todas as iniciativas de criação de um bloco regional que ameaçaria seu domínio do "quintal". O país exerce esse controle por meio de entidades manipuladas (OEA) e promove alinhamentos de direita (G-Rio) para minar os órgãos autônomos da América Latina.

A institucionalização da Celac tem forte oposição de Washington, que teme perder a influência tradicional da OEA. Essa instituição patrocinou todos os golpes militares, judiciais, midiáticos e parlamentares dos últimos anos e é regularmente chamada como árbitro para resolver conflitos internos. Ela desempenha um papel particularmente ativo na inspeção de pleitos eleitorais, como uma entidade que legitima a validade das eleições. Maduro propôs que a Celac substituísse a OEA nessas funções e obteve alguns acenos, mas não o apoio efetivo dos outros chefes de Estado.

Os Estados Unidos veem com grande desagrado a possibilidade de uma ação econômica coordenada da América Latina. Eles rejeitam não apenas a presença de concorrentes europeus ou asiáticos na região, mas também as iniciativas de rivais do capital local. Eles sempre promoveram a associação subordinada das classes dominantes da região e obstruem qualquer coordenação estatal fora de seu controle. Em particular, resistem a propostas patrocinadas por qualquer um dos três países intermediários da região.

Desde a tentativa fracassada de forjar um tratado pan-americano sob sua supervisão direta (Alca), os Estados Unidos optaram por acordos bilaterais. Mas o único acordo significativo que conseguiram consumar foi no hemisfério Norte. A partir daí, estão impulsionando projetos para todo o continente. O

T-MEC é seu único instrumento econômico eficaz para combater as tentativas de integração da América Latina.

Sua aposta mais recente é a extensão do T-MEC aos países dispostos a assinar novos TLCs com o gigante do Norte. Já está promovendo o início dessas negociações com o Equador, o Uruguai, o Paraguai e a República Dominicana. Com essas iniciativas, espera lançar um projeto mais abrangente de concorrência regional com a China (Apep).

Washington apregoa a conveniência de fazer negócios sob seu patrocínio, destacando as desvantagens da convergência regional (Oppenheimer, 2023a). Mas essa publicidade se esquece das consequências desastrosas da proteção excessiva ianque. Um século de dependência, subdesenvolvimento e pobreza é uma prova cabal das consequências de qualquer acordo com o Norte.

A maior potência do mundo não está em condições de oferecer propostas significativas de médio prazo aos seus parceiros tradicionais do Sul. A fim de obstruir a integração, ela está empenhada em desencorajar qualquer iniciativa que possa reduzir a primazia do dólar. Lula está pressionando por várias iniciativas de emancipação das amarras ao dólar a partir dos Brics,[1] em contraposição com a cautela exibida por López Obrador frente a essas propostas.

Os Estados Unidos estão tentando bloquear qualquer iniciativa de desdolarizar as transações inter-regionais, em um contexto de crise da dolarização do Equador e de naufrágio da aventura salvadorenha do *bitcoin* como reserva de valor. O Departamento de Estado nunca viu com bons olhos os *swaps*, créditos oferecidos pela China para incentivar suas exportações, nem está satisfeito com a existência de tais créditos na moeda

---

[1] Bloco informal integrado por Brasil, Rússia, Índia, China, África do Sul. Em 2024 novos países se somaram aos Brics: Arábia Saudita, Egito, Emirados Árabes Unidos, Etiópia e Irã. [N.E.]

brasileira. Em última análise, validaria projetos financeiros regionais se eles estivessem nominados em dólares.

O *lobby* estadunidense contra novas iniciativas de autonomia monetária já está totalmente ativo. Muitos "especialistas" encontraram eco na mídia para enfatizar a inconsistência, a inviabilidade ou a impossibilidade de qualquer distanciamento latino-americano do dólar (Financial Times, 2023). Eles escondem o fato de que a unidade de conta para o comércio inter-regional poderia ser implementada sem muita dificuldade em um curto período (Páez, 2023). Os obstáculos à sua implementação são políticos e estão localizados em um evidente conflito com o Departamento de Estado.

Divergências e evasões

As autoridades e os embaixadores de Washington têm ampla experiência em sabotar iniciativas de integração regional. Eles são eficazes nessa obstrução ao exigir um maior alinhamento geopolítico com o Ocidente, e contam com a disciplinada adesão da União Europeia a essa política.

Na restauração conservadora da última década, verificou-se como os governos de direita acatam essas exigências. Mas na nova onda progressista não há uma postura comum. O comportamento em relação ao governo Biden deu origem a condutas diferentes.

Os governos da Venezuela, Cuba e Nicarágua mantêm uma persistente atitude de crítica à agressividade do imperialismo estadunidense, tanto na versão brutal de Trump como na vertente hipócrita de Biden. Na cúpula da Celac em Buenos Aires, eles reafirmaram essas posturas.

Maduro foi categórico ao denunciar o golpe de Estado que Washington está patrocinando e convocou a união de esforços contra a cumplicidade imperialista com os ataques da direita.

Provavelmente, ele preferiu fazer esse apelo à distância, evitando sua presença, a fim de evitar discordância com o clima conciliatório imposto por Lula e Fernández. A intervenção cerceada de Díaz-Canel e a limitada de Arce reforçaram essa estrutura.

Desde que assumiu o cargo, Boric se posicionou no polo oposto, com atitudes receptivas às pressões estadunidenses tanto no questionamento da Venezuela quanto em seu alinhamento contra a Rússia. Em ambos os casos, ele seguiu o roteiro sugerido pelo Departamento de Estado, que silencia o assédio golpista sofrido pelo chavismo e rejeita a invasão de Vladimir Putin à Ucrânia, sem mencionar as agressões da Otan. Em Buenos Aires, ele manteve esse roteiro com um tom mais distante de Washington.

Fernández optou por um discurso mais latino-americanista, para ocultar a inconsistente ambivalência de suas intervenções. Superou todos os recordes de imprevisibilidade acomodatícia. No início, manteve uma estreita relação com a Rússia, fornecendo vacinas e condenando o expansionismo estadunidense. Mas depois acrescentou o voto de seu país às sanções contra Moscou em órgãos internacionais. Essa mudança foi uma consequência direta do acordo assinado com o FMI. A fim de se tornar mais agradável para o credor, a Argentina se distanciou de sua posição tradicional de abstenção em questões internacionais controversas, que costumava compartilhar com o México e o Brasil.

López Obrador ratificou sua inédita atitude de autonomia. Com sua própria ausência na Cúpula das Américas, ele liderou a rejeição das exclusões implementadas por Biden. Depois, convocou à criação de uma organização alternativa à OEA, com mensagens que reivindicavam Simón Bolívar e denúncias das operações encobertas do Pentágono. Além disso, reivindicou a libertação do jornalista Julian Assange e elogiou a "defesa indomável da soberania cubana".

O presidente mexicano concorda com Lula quanto ao desenvolvimento de uma política de maior soberania, mas tem estratégias econômicas muito diferentes em relação aos Estados Unidos. Sua ausência na reunião da Celac em Buenos Aires confirmou que ele não está apenas disputando a liderança com o líder brasileiro.

Finalmente, a posição de Lula em relação a Washington levanta algumas questões. Durante a campanha eleitoral, foi muito comentado o apoio que ele recebeu de Biden, em oposição ao apoio de Trump a Bolsonaro. Mas esse endosso não implica uma retribuição equivalente nem antecipa uma submissão ao Norte. O Ministério das Relações Exteriores do Brasil sempre jogou seu próprio jogo, e até o próprio Bolsonaro teve que mudar seu roteiro de distanciamento com a China, sob pressão do *lobby* agroexportador local.

O Departamento de Estado teme o aprofundamento do rumo autônomo do Brasil. Na década passada, esse rumo ficou visível nas relações com a Venezuela, o Irã e a Palestina e, pelo bloco dos Brics, na maior aproximação com a China e a Rússia (Ellner, 2022). Além disso, Lula (assim como López Obrador) se declarou a favor de uma solução negociada para o conflito ucraniano, com uma visão distante da pressão militar contra Moscou defendida por Washington.

Passividade em relação à China

A nova centralidade da China na região tem sido uma característica inevitável de todas as reuniões regionais. Essa importância foi corroborada pelo convite de Alberto Fernández a Xi Jinping para participar da cúpula da Celac em Buenos Aires. Esse privilégio foi estendido apenas aos Estados Unidos.

A China já é um ator importante na economia latino-americana. A multiplicação explosiva do comércio com a região gerou enormes benefícios para a nova potência e poucos retornos para a maior parte dos países.

Beijing tem uma estratégia bem-definida, que codificou na fórmula "1+3+6". Essa enumeração sintetiza um plano, três forças (comércio, investimento, finanças) e seis áreas prioritárias (energia, recursos, infraestrutura, manufatura, ciência e tecnologia) (Dussel Peters, 2021). Em todas as suas atividades com a América do Sul, o país prioriza o fornecimento de bens primários e a colocação de produtos industrializados, fortalecendo as modalidades tradicionais de dependência. Com a América Central, também concebe processos de integração industrial para entrar no lucrativo mercado estadunidense.

Entre 2010 e 2015, a China enfatizou a relação comercial e, a partir dessa data, investiu em infraestrutura. Ela busca garantir o barateamento de seus suprimentos, com rotas e portos adaptados ao *layout* de um grande comprador de insumos básicos. No *Livro Branco*, publicado em 2008, Beijing especificou os valores, produtos e mercados mais peremptórios na relação entre as duas regiões e, na primeira cúpula Celac-China, em 2015, aumentou a aposta, com metas de investimento para a década de 250 bilhões de dólares.

O gigante asiático espera garantir grande parte de sua segurança energética e alimentar com recursos obtidos da América Latina. Para isso, ampliou seu desembarque comercial para investimentos e empréstimos, a fim de capturar parcelas dos mercados domésticos.

A estratégia definida pela China contrasta com a ausência de planos de sua contraparte latino-americana. Durante o primeiro ciclo progressista, essa orfandade foi imperceptível devido à embrionária incidência da nova potência na região. Naqueles anos, todos os olhos estavam voltados para determinar estratégias em relação aos Estados Unidos (ou à Europa).

A falta de uma bússola latino-americana em relação à China tornou-se mais visível durante a restauração conservadora. A presença de Beijing se intensificou por meio de acordos com os governos neoliberais daquele período. A China não faz distinção do perfil político de seu interlocutor e expande os negócios com clientes de qualquer filiação partidária.

A direita da região estava sob forte pressão de Washington para cortar esses laços, mas ignorou as petições que afetariam as operações lucrativas das classes dominantes. Seus sucessores progressistas mantêm esse padrão de comportamento, o que irrita os Estados Unidos, mas favorece os grandes capitalistas da região. O grande problema dessa continuidade é a óbvia conveniência do relacionamento atual para Beijing. No fortalecimento do vínculo entre as duas regiões, não há indícios de "vencedores conjuntos".

Até agora, o progressismo só renovou o diálogo no Fórum China-Celac. Esse órgão reúne periodicamente partidos, organizações e *think tanks* que ponderam as conhecidas potencialidades da relação entre as duas regiões. Dessas louvações nunca surge um plano latino-americano para negociação conjunta com o parceiro asiático. É evidente que a China se beneficia da divisão de sua contraparte em cerca de 30 países. Os acordos assinados validam a diferença que separa Beijing de seus interlocutores.

Para os governos neoliberais balcanizados, essa distância não é inconveniente. Eles simplesmente priorizam os negócios parcializados do grupo dominante de cada nação. O progressismo, em contrapartida, enfatiza a integração e busca apoiar a capacidade de negociação de toda a região, mas não traduz essa mensagem em ações. Apenas recicla declarações retóricas ou anúncios diplomáticos, sem implementar um bloco de negociação conjunta com a China.

A superabundância de teorias para expor as vantagens de uma maior autonomia regional não compensa a ausência de iniciativas concretas. Nos últimos anos, foram expostas muitas teses sobre a conveniência de uma "inserção econômica triangular" da América Latina, que aproveite a equidistância com os Estados Unidos e a China. Outras versões destacam a utilidade de "parcerias seletivas" e estratégias de "multipertencimento internacional" (Quian e Vaca Narvaja, 2021). Mas, sem correlatos práticos, a relevância dessas conceitualizações permanece um mistério.

O conhecimento sobre a China também se expandiu com significativas aprendizagens em vários campos. Mas esse entendimento não alterou a passividade da região em relação a um parceiro que define a agenda, os termos de negócios e o usufruto dos benefícios. Até o momento, a nova onda de centro-esquerda não alterou o cenário adverso.

Os matizes da Celac Social

Os encontros de organismos regionais, que geralmente reúnem presidentes, funcionários públicos e empresários, são frequentemente complementados por atividades de movimentos sociais, organizações sindicais e grupos de esquerda.

Essas iniciativas retomam a tradição das Cúpulas dos Povos, que na década passada foram realizadas para coincidir com grandes eventos progressistas. Nas ações contra a Alca, nos Fóruns Sociais Alterglobalistas, nas confluências da Unasul e nas reuniões da Alba se gestaram essas dinâmicas alternativas.

Aí começou a elaboração de propostas para a unidade latino-americana, com perfis radicais, sentidos anti-imperialistas e aspectos anticapitalistas. O ressurgimento de eventos regionais reabriu a possibilidade de retornar a esse caminho. A realização de uma atividade sob a bandeira da Celac Social foi uma retomada auspiciosa desse rumo no início de 2023 em Buenos Aires.

Mas a reunião teve muito pouco impacto em comparação com o legado de outros eventos. A assembleia e os protestos de rua não tiveram o impacto desses precedentes. O entusiasmo que os líderes da primeira onda progressista geravam – em reuniões massivas em diferentes cidades da região – não reapareceu nesse segundo momento.

Em Buenos Aires não ressurgiu a ebulição experimentada em Havana, Mar del Plata, Caracas ou Porto Alegre durante a década passada. Os líderes do progressismo atual reúnem multidões em seus países, mas não estendem essa influência para além de suas fronteiras. Isso se deve à heterogeneidade dos projetos em andamento e ao enfraquecimento de uma presença política radical. Em seu início, a Celac Social também foi ofuscada pela aguda crise local do peronismo.

O texto de convocação desse encontro sintetizou vários eixos de uma abordagem de unidade latino-americana. Acima de tudo, destacou o agravamento da desigualdade na região mais injusta do mundo.

Os dados mais recentes corroboram esse dramático cenário. Desde 2020, a riqueza dos 91 bilionários da região cresceu 21% (cinco vezes mais rápido do que o PIB), em forte contraste com o sofrimento suportado por 200 milhões de pessoas pobres. Na região se reproduz o que aconteceu em âmbito global, onde dois terços da riqueza foram apropriados nesse período pelo 1% mais rico dos habitantes do planeta.

O documento destacou a necessidade de uma política tributária progressiva para combater esse flagelo, mas sem detalhar os instrumentos para tal ação. Uma iniciativa recente da organização Oxfam propõe arrecadar 50 bilhões de dólares na América Latina, de forma acelerada, por meio de impostos sobre o segmento minoritário dos ricos (Pedrazzoli, 2023).

Com esses fundos, seria possível começar a implementar o aumento do salário-mínimo e o estabelecimento de um piso de renda comum para toda a região. Com a mudança tributária, também seria possível implementar os projetos de geração de trabalho produtivo que foram elaborados pelos movimentos sociais.

Além disso, esse piso de arrecadação facilitaria a realização de outras propostas, como a eliminação do trabalho infantil, a proteção dos migrantes, melhorias nas aposentadorias e a redução da jornada de trabalho.

Mas esse caminho exige um nível de soberania financeira prejudicado pelo endividamento e pelo controle do FMI sobre as políticas econômicas de muitas nações. Sem uma auditoria geral desses passivos e a suspensão dos pagamentos nos países mais comprometidos, não há como reverter a estagnação e o empobrecimento da região. Uma convergência zonal nesse sentido permitiria retomar a gestação do Banco do Sul para lançar as bases de uma Nova Arquitetura Financeira.

A soberania energética de que a América Latina precisa não será alcançada com a expansão dos gasodutos se as grandes empresas estrangeiras (e seus parceiros locais) se apropriarem dos lucros. Somente a constituição de grandes entidades interestatais permitiria gerar as interligações concebidas na última década para complementar os recursos dos diferentes países, priorizando o uso produtivo regional de bens comuns.

Esse projeto envolve a proteção especial do meio ambiente. Em toda a região, há uma crescente conscientização sobre os terríveis efeitos destrutivos da mudança climática. Nas recentes eleições no Equador, por exemplo, houve uma votação maciça em favor de uma emenda para interromper a exploração de petróleo na região de Yasuni, que é palco de conflitos. Também ganhou uma demanda para a proibição da mineração no Chocó andino.

Essas propostas são promovidas pela Celac Social, em uma agenda de soberania social, energética e financeira que não é compartilhada por sua contraparte oficial. Os governos progressistas só avançaram em algumas iniciativas específicas, como a produção e a distribuição de vacinas para combater as dramáticas consequências do monopólio das patentes controladas pelos laboratórios dos Estados Unidos e da Europa.

As grandes questões ainda estão ausentes, mas podem se tornar mais importantes se o lítio entrar na pauta. Esse insumo envolve um recurso escasso e essencial para a fabricação de baterias e é muito procurado por empresas de alta tecnologia. Basta lembrar os laços estreitos entre o bilionário Elon Musk e o golpe de direita da Bolívia para ver a relevância da disputa sobre sua gestão. Enquanto isso, os Estados Unidos estão lutando contra a China pelo controle dos contratos vigentes.

No México, López Obrador decidiu declarar como de utilidade pública a exploração e o processamento do mineral precioso. Essa medida entra em conflito com as concessões que seu antecessor, Enrique Peña Nieto, havia concedido a empresas estrangeiras. O intervencionismo estatal patrocinado pelo México está alinhado com iniciativas semelhantes na Bolívia.

No entanto, o Chile optou por um acordo questionável entre a estatal Codelco e uma empresa privada, SQM, controlada pelo genro de Pinochet, para explorar com prioridade o Salar de Atacama até 2060. Na Argentina, essa exploração foi validada como um atributo de cada província, sob um regime privatizado que induz a exportação de matérias-primas sem processamento local ou preservação ambiental (Galmes Aguzzi, 2022).

Um projeto transformador segue um caminho diferente: a criação de uma empresa estatal latino-americana ("Opep do lítio") para facilitar a regulamentação do fornecimento e desenvolver iniciativas conjuntas para exploração, comercialização e industrialização locais.

O progressismo não adota as medidas que a América Latina precisa para forjar sua unidade, pois busca evitar conflitos com capitalistas estrangeiros e locais. A Celac Social se desenvolve em outro campo de resistência popular, postulando um programa básico para a construção da unidade latino-americana. Já constituía um espaço de articulação para desenvolver essa estratégia, mas essa política regional exige um debate sobre os cenários do eixo radical e as posições da esquerda em cada país.

PARTE IV

10. DISCUSSÕES NA ESQUERDA

O futuro da região não depende apenas da luta social, do confronto com a direita e das decepções com o progressismo de baixa intensidade. Será também determinado pela consolidação de alternativas políticas de esquerda que demonstrem inteligência e capacidade para lidar com os complexos dilemas que temos pela frente.

Só esses aspectos poderão abrir caminho para a superação da nova onda de governos de centro-esquerda, por meio de dinâmicas de radicalização política. Esse curso nos permitiria desenvolver a perspectiva anticapitalista que um projeto emancipatório exige.

Justificativas para o progressismo

Para forjar um caminho de vitórias populares, as críticas sobre o progressismo devem ser levantadas sem vergonha, timidez ou culpa. Nenhuma dessas críticas favorecerá a direita se elas forem expostas num campo de confronto com as forças reacionárias e numa frente de batalha contra esse principal inimigo (Moldiz Mercado, 2023). Um projeto popular não pode ser construído em silêncio ou com manobras que evitem o debate. Caminhos alternativos não surgirão espontaneamente sem esclarecer as diferenças ou assumir o custo de incomodar os próprios aliados.

A forma mais comum de evitar esse desafio é apresentar os governos progressistas como acontecimentos auspiciosos, em comparação com opções reacionárias. Essa obviedade deveria ser simplesmente notada como um ponto de partida para avaliar as enormes deficiências dessas administrações. Mas essa segunda parte do problema é frequentemente omitida enquanto se espera que o próprio curso da vida política corrija as deficiências desses governos. Essa expectativa não tem fundamento, pois a simples passagem do tempo tende a agravar as insuficiências.

Só tomando medidas decisivas contra as capitulações dos mandatários de centro-esquerda poderemos evitar a canalização do descontentamento popular pela direita. Essa captura pelas forças conservadoras é muito provável se não houver alternativas de esquerda, construídas com propostas oportunas e viáveis. Esse último rumo é forjado na polêmica com os erros do progressismo.

É evidente, por exemplo, que a direita recomposta no Chile demonstrou a capacidade dos líderes conservadores de espalhar mentiras e esconder as suas próprias trajetórias. Mas tais enganos prosperaram devido ao vazio que prevaleceu do outro lado, como consequência de inúmeras capitulações.

Essas rendições são a tendência predominante no progressismo *light*, que não inicia as rupturas pendentes com o neoliberalismo. O avanço esperado para uma fase pós-liberal não se consumou no ciclo anterior nem irá eclodir na onda atual se persistirem as políticas de submissão às classes dominantes. As orientações adversas devem ser apontadas para atingir os objetivos do movimento popular.

Uma forma comum de evitar esse problema é elogiar o progressismo quando ele alcança vitórias e silenciar diante dos cenários opostos. No primeiro caso, partilha-se justamente o grande fervor suscitado pelas boas notícias. Mas o mais importante são os pronunciamentos na adversidade. Aqui não basta reproduzir a descrição do ocorrido. É preciso expor, abertamente, as causas do retrocesso gerado pelas políticas que perpetuam o *status quo* (Aznárez, 2021).

Olhares complacentes

O que aconteceu na Argentina ilustra as consequências negativas de validar a submissão do progressismo aos poderosos. Toda a gestão de Alberto Fernández ficou marcada por essa subordinação, desde a renúncia de expropriar a Vicentin, uma estratégica e falida empresa de alimentos. Posteriormente, assinou um acordo com o FMI que fortaleceu o atual modelo de deterioração salarial, desigualdade e precariedade. Favoreceu os grandes exportadores em detrimento do desenvolvimento interno e aceitou a pressão da direita para preservar o poder de uma casta judicial apoiada pelos grandes meios de comunicação.

Dentro da coligação governista, os críticos desse rumo expressaram muitas queixas, mas não ofereceram outro caminho. Nunca demonstraram determinação em reverter a impotência do governo. Ao contrário, transformaram gradualmente as suas objeções em meras justificações. O argumento mais frequente para essa validação foi a "adversidade da correlação de forças" para enfrentar a direita e cumprir os compromissos com o eleitorado. Afirmaram que Alberto teve que aceitar a chantagem do poder dominante devido à ausência de um contrapeso equivalente no campo popular (Alemán, 2022).

Mas essa visão descreve as relações de forças como um dado dominante e invariável do cenário político, como se tivesse sido depositado nesse contexto por alguma mão divina. Evita-se lembrar que os presidentes, ministros e legisladores de um governo não estão alheios à disputa entre contendores. Os protagonistas da vida política forjam ou minam, com a sua ação cotidiana, a correlação de forças com os antagonistas. O imobilismo e a mansidão de Fernández influenciaram diretamente na geração de um momento favorável à direita. Se divorciarmos essa atitude de suas consequências, o que aconteceu na Argentina torna-se inexplicável.

Os justificadores da rendição do governo também endossaram o acordo com o FMI, repetindo a extorsão difundida pela direita para forçar esse compromisso ("nós ficamos fora do mundo"). Em vez de realçar as terríveis consequências do acordo, propagaram fantasias sobre a sua viabilidade ("podemos pagar, crescer e distribuir"). Além disso, a deterioração do padrão de vida que o pacto gerou foi erroneamente atribuída a outras causas, como a pandemia ou a guerra (Katz, 2021b).

Essa postura de resignação perante os financistas determinou a limitada resistência nas ruas contra os credores. O toque final da inação foi a aprovação legislativa (explícita ou dissimulada) de uma fraude que compromete o futuro de várias gerações.

Muitos progressistas reconheceram as terríveis consequências da política oficial, mas relativizaram os seus efeitos em comparação com o virulento ajuste promovido pela direita. Mas nessa caracterização eles dividiram os dois caminhos, como se formassem universos desconectados. A verdade é que a capitulação do governo facilitou os abusos dos neoliberais. A direita recuperou força eleitoral devido à decepção gerada pelo governo de Alberto Fernández.

Os erros do progressismo também foram justificados com avaliações sociológicas. Na Argentina, era muito comum culpar toda "a sociedade", de forma indistinta, pelas capitulações cometidas pelo peronismo, como se os governados tivessem a mesma responsabilidade que os governantes nas decisões de uma administração. Com esse raciocínio, procurou-se explicar as consequências políticas negativas da trajetória do governo.

Uma abordagem semelhante foi apresentada no Brasil durante a última década para avaliar a desilusão com o PT. Afirmou-se que essa decepção foi consequência do surgimento de uma nova classe média com valores individualistas. O consumismo desse segmento teria afetado o governo, que facilitou a melhoria desse mesmo setor. Essa sanção paradoxal aos padrinhos de uma promoção social foi apontada como o principal determinante do retrocesso sofrido pelo lulismo (Natanson, 2022).

Mas essa abordagem colocou um problema que é político no universo das condutas sociais. Dessa forma, evitou-se investigar a responsabilidade dos governantes na perda de influência sobre os seus antigos adeptos (Katz, 2015, p. 173-176). Esse balanço é extremamente relevante nesse início de terceiro mandato de Lula. Se nessa nova oportunidade se repetirem as políticas favoráveis ao grande capital, voltarão a emergir as consequências frustrantes dessas orientações.

Problemas do "pós-progressismo"

O ressurgimento de governos de centro-esquerda refutou o diagnóstico apresentado por muitos analistas sobre a extinção dessa vertente.

Dessa avaliação também surgiram convocatórias para a criação de projetos "pós-progressistas" com acertadas críticas às limitações dessas experiências (Modonesi, 2019). Mas as objeções incluíram caracterizações questionáveis desses governos.

Particularmente controversa foi a tese de uma "revolução passiva", consumada por essas administrações para apoiar novos modelos das classes dominantes, disciplinando ou desmobilizando as classes subalternas. Essa visão era contrária ao postulado oposto, de um "empoderamento popular" encorajado por esses governos.

Na verdade, nenhuma dessas duas situações opostas prevaleceu. O povo não assumiu o controle do sistema político, mas também não foi imobilizado ou anulado como sujeito ativo. Na realidade, verificaram-se diversos cenários nos diferentes países da região.

O protagonismo popular alcançado na Bolívia nunca foi diluído, a presença nas ruas dos sindicatos e movimentos sociais argentinos também não se extinguiu e o indigenismo equatoriano retomou a iniciativa, repetidas vezes. Por sua vez, no Brasil houve um efetivo refluxo da ação popular, mas sem levar à estabilização da direita.

É verdade que a restauração conservadora surgiu devido às frustrações geradas pelos governos progressistas. Mas esse impacto negativo não enterrou o longo ciclo de lutas populares que levou às rebeliões dos últimos anos e a um contexto renovado de centro-esquerda governante.

Se a experiência da última década tivesse levado ao controle ou ao desânimo do povo, a América Latina enfrentaria um quadro de inatividade vindo da base. E não teria havido um retorno generalizado do progressismo ao governo. Na dinâmica da "revolução passiva", essa modalidade teria desaparecido ou se fundido com algum aspecto da restauração conservadora.

Atualmente, a ultradireita irrompe com fúria contra o progressismo porque essa força persiste como oponente de grupos reacionários. A América Latina não entrou em um período "pós-progressista", mas sim em uma nova rodada da experiência anterior.

Essas avaliações são importantes para lembrar que a opção da esquerda se constrói enfatizando que a direita é o inimigo principal e que o progressismo fracassa por impotência, cumplicidade ou covardia frente a seu adversário. Em nada se assemelha a correntes reacionárias (Ellner, 2023). Essa distinção é fundamental e a sua omissão impede o desenvolvimento de uma alternativa.

Ignorar esse princípio foi o problema fundamental que a tese do consenso das *commodities* enfrentou na última década. Essa abordagem colocava em pé de igualdade todos os governos da região devido ao incentivo comum à exportação de matérias-primas.

Com essa perspectiva, são equiparadas tanto as administrações que confrontaram como as que se submeteram aos Estados Unidos. Também eram semelhantes aos governos em conflito com as classes dominantes e, finalmente, se igualavam os governos sensíveis às demandas dos empobrecidos e os presidentes manipulados pelos ricos. Todos eram colocados na mesma caixa pela mera prioridade que atribuíam à exploração dos recursos naturais. Com essa miopia, Evo Morales, Macri, Chávez, Uribe, Lula, Piñera, Correa, Bolsonaro ou Kirchner foram colocados no mesmo saco dos governos extrativistas (Katz, 2015, p. 63-75).

Os erros dessa avaliação deverão ser assimilados no novo período. A experiência da última década foi muito instrutiva. Agora é necessário distinguir, com critérios políticos, os governos de centro-esquerda e seus inimigos de direita. Essa diferenciação é decisiva para desenvolver estratégias que permitam o avanço da esquerda.

México e Equador

A tese de uma fase posterior do progressismo é por vezes expressa com base na experiência mexicana, em uma controvérsia com o papel desempenhado pelo novo governo López Obrador na intriga das lutas de Ayotzinapa e dos movimentos de 2014 (Oprinari, 2022).

As críticas aos erros dessa administração abrangem um amplo número de temas econômicos, sociais e geopolíticos. Diferentemente dos precedentes sul-americanos, o progressismo naquele país é um acontecimento muito recente, que inclui melhorias, expectativa popular e capacidade de mobilização contra a direita.

As caracterizações que enfatizam corretamente as diferenças significativas entre López Obrador e os seus inimigos da reação consideram que esse presidente apresenta um perfil de bonapartismo progressista (Hernández Ayala, 2023).

A sua consolidação na centro-esquerda se consumou, face ao teto atingido, após 28 anos, pela experiência alternativa do zapatismo. Em 2001, no auge de sua popularidade, essa tendência reuniu multidões na praça principal do país. O declínio subsequente foi marcado pelo isolamento em campanhas autocentradas. Esse curso permitiu sua consolidação em diversas comunidades indígenas, mas diluiu seu peso como referência nacional. A apresentação de López Obrador como um inimigo equivalente às forças conservadoras tradicionais contribuiu para esse enfraquecimento (Hernández Ayala, 2019).

Essas dificuldades estão intimamente relacionadas com os problemas da abordagem autonomista, que na última década contrapôs a dinâmica rebelde dos movimentos sociais com a adaptação dos governos de centro-esquerda ao *status quo*. Esse contraponto inspirou a teoria de "mudar o mundo sem tomar o poder", que não passou no teste de resultar em alguma experiência bem-sucedida na região. Em nenhum país foi demonstrada a viabilidade de alcançar conquistas sociais ou avanços democráticos ignorando a disputa pelo poder após o acesso ao governo.

A identificação errônea das administrações progressistas com os seus inimigos de direita também foi inspirada por essa visão. Essa equivalência teve consequências eleitorais negativas ao implicar apelos ao voto em branco nas disputas entre ambas as forças.

Um exemplo desse erro foi registrado no segundo turno equatoriano entre o progressista Andrés Arauz e o candidato de direita Lasso, em abril de 2021. A convocação do voto nulo permitiu a conversão do candidato das forças reacionárias em presidente do país. Devido a esse resultado, o Equador foi inicialmente marginalizado do mapa de centro-esquerda da América do Sul.

Posteriormente, os múltiplos fracassos de Lasso obrigaram-no a convocar eleições antes do previsto e a recriar a contraposição entre a candidatura de direita, de Daniel Noboa e a opção de centro-esquerda, de Luisa González. O dilema do segundo turno apareceu novamente, em um cenário adverso gerado pela expansão do medo e da violência. Mas, nessa ocasião, a terceira alternativa patrocinada pelo indigenismo foi muito relegada no turno inicial. Por isso, o apelo dessa corrente à abstenção na definição final foi menos nítido e teve menos impacto do que no segundo turno anterior.

Mas, em todo o caso, confirmou-se o quão equivocada é a equiparação de duas forças diferentes como variantes análogas da mesma dominação dos poderosos. Um governo que frustra as expectativas populares não é igual a outro que reprime manifestações, prende lideranças e assassina militantes. Fica óbvia a maior adversidade desse segundo cenário para qualquer projeto popular.

É verdade que a hostilidade de Correa para com os movimentos sociais e a sua estratégia de transformação a partir de cima (a "revolução cidadã") criaram um forte ressentimento em grandes setores populares. Mas essas tensões não justificam a neutralidade eleitoral contra o inimigo de direita. Ficou confirmado que a esquerda não apoia o seu próprio projeto ao facilitar o triunfo de figuras reacionárias.

Definições táticas no Brasil

A posição da esquerda em relação ao segundo turno eleitoral tornou-se um problema muito comum devido à frequência desses momentos. Em muitos casos, a ultradireita protagoniza as definições da presidência. Três personagens desastrosos tiveram essa influência nas recentes eleições na Colômbia (Hernández), no Chile (Kast) e no Brasil (Bolsonaro). Essa última eleição também gerou debates importantes na esquerda.

As controvérsias no Partido Socialismo e Liberdade (Psol, um grupo político que se distanciou do PT em 2004 ao questionar a conformidade de Lula com o *status quo*) foram particularmente instrutivas. O partido desenvolveu-se com candidatos próprios e, quando Bolsonaro apareceu, manteve os números do primeiro turno para apoiar o representante do PT, Fernando Haddad, no turno final.

Mas na eleição seguinte optou por outro curso. Decidiu apoiar Lula nas duas instâncias eleitorais, renunciando à apresentação dos seus próprios candidatos. Essa decisão foi tomada após intensa discussão interna que acabou priorizando o perigo criado pela eventual reeleição de um personagem com projetos repressivos e discursos neofascistas.

A maioria do Psol entendeu que Bolsonaro poderia conseguir um novo mandato, dada a força social construída pelo ex--capitão. O partido entendeu que a batalha contra essa ameaça exigia a formação de um bloco em torno de Lula para reforçar a resposta de rua à ultradireita.

Esse diagnóstico também considerou a drástica mudança de cenário introduzida pela libertação do líder petista e a consequente recuperação do PT (Arcary, 2022c). Com esses fundamentos, o Psol decidiu relegar a sua própria construção para garantir a derrota do principal inimigo. Ele também percebeu o perigo de se limitar à marginalidade caso optasse por apoiar a própria candidatura, colidindo com a vontade coletiva de trazer Lula de volta à presidência.

Essa posição prevaleceu sobre uma abordagem minoritária, que propunha manter a apresentação de votos próprios no primeiro turno, para marcar distâncias com a designação de Alckmin como vice-presidente (Sampaio Júnior, 2022). As críticas a essa aliança regressiva foram unânimes dentro do Psol, mas a maioria recusou-se a dividir o voto antibolsonarista perante o perigo de um triunfo da ultradireita.

O resultado dos dois turnos confirmou o sucesso dessa abordagem. A imensa quantidade de votos obtida pelo ex-capitão mostrou que ele estava muito próximo da reeleição. Esse pesadelo foi evitado pela vigorosa mobilização desencadeada pela liderança de Lula. Além disso, o acordo alcançado com o PT permitiu ao Psol obter 12 deputados, e o principal líder dessa formação, Guilherme Boulos, obteve excelente votação em São Paulo.

Outros debates mais recentes, no âmbito do Psol, contrapõem os aspectos que priorizam o combate à ultradireita (apontando as limitações do governo Lula) com as tendências que enfatizam o descumprimento do programa inicial do líder petista. Mais intensa é a divergência entre apoiadores e críticos dos cargos ocupados na nova administração. A primeira abordagem sustenta que, em um governo em disputa, é apropriado reforçar essa luta a partir de dentro com posições radicais. A segunda proposta considera que a defesa da nova administração contra ataques da direita não implica assumir cargos oficiais. Entende que esse ingresso neutralizaria a ação da esquerda, impedindo-a de exigir o cumprimento do que foi prometido na campanha (Arcary, 2022d).

Mas ambos os lados concordam em destacar que a derrota de Bolsonaro nas urnas facilitou a reintrodução de uma agenda de reivindicações sociais e democráticas. Essa meta pôde ser estabelecida porque a vitória eleitoral foi alcançada. É evidente que tais iniciativas seriam tímidas, defensivas ou inexistentes se Bolsonaro tivesse permanecido como presidente do Brasil.

Polêmicas na esquerda argentina

O debate no Brasil foi acompanhado com grande atenção pela principal coalizão da esquerda argentina, a Frente de Esquerda e de Trabalhadores – Unidade (FIT-U), que processou uma grande variedade de posições (convergentes e divergentes) como as desenvolvidas pelo Psol.

Um setor se opôs à decisão adotada por aquela corrente no Brasil, apontando que era apropriado votar em branco no segundo turno, apesar de uma possível continuidade de um líder de ultradireita (Heller, 2022). Basta observar a pequena margem de diferença na contagem final para perceber as consequências dramáticas dessa abordagem, caso tivesse tido impacto no resultado das eleições.

Essa abordagem reconheceu as diferenças entre Bolsonaro e Lula, mas destacou que o militar não conseguiu forjar um regime fascistizante. Não destacou que esse fracasso não garantia o mesmo resultado em um segundo mandato. Ignorou, além disso, quão suicida seria permitir essa possibilidade com um voto em branco.

O segundo argumento para postular que não havia diferença entre os dois candidatos, no momento do voto, foi afirmar que a classe capitalista do Brasil (e do imperialismo) apoiava Lula e sua versão conservadora de um terceiro mandato. Mas, se essa atitude dos poderosos determinasse a postura eleitoral da esquerda, então caberia votar em Bolsonaro, que, segundo essa interpretação, não teria apoio entre os ricos.

Na verdade, prevaleceu uma divisão entre os dominadores locais, em linha com a fratura entre Biden (pró-Lula) e Trump (pró-Bolsonaro). Mas a fratura ou a unanimidade do bloco dominante não fornece nenhuma orientação para a esquerda. O principal parâmetro desse espaço é a potencial vigência ou anulação das conquistas democráticas. Nesse sentido, o voto em branco e o consequente perigo de continuidade de Bolsonaro equivaliam a um haraquiri.

O que aconteceu no Brasil teve grande impacto nos debates que antecederam o segundo turno em que Milei venceu Massa. A diferença significativa a favor do primeiro diluiu a intensidade que essas discussões tiveram na esquerda nas semanas anteriores ao resultado eleitoral.

Um setor significativo desse espectro apelou ao voto contra Milei, salientando que a principal diferença com o seu adversário estava no plano democrático. O libertário não hesitou em proclamar que atacaria abertamente as conquistas sociais, criminalizando o movimento popular. Esses aspectos também patrocinaram iniciativas de ação unitária com o kirchnerismo para impedir a vitória eleitoral da ultradireita (Katz, 2023a).

Basearam essa posição na crítica à equiparação do candidato reacionário ao seu rival peronista. Salientaram que a frustração das expectativas populares com os governos progressistas nunca é semelhante à repressão propiciada pela direita. Esclareceram que votar contra o principal inimigo, Milei, não implicava esconder os questionamentos sobre os sofrimentos econômico-sociais gerados pelo candidato do partido no poder, Massa.

Das quatro forças que compõem a FIT-U, apenas uma adotou essa posição, com apelos ao voto contra a ultradireita. Os outros três lados convocaram, explícita ou veladamente, o voto em branco ou a abstenção, repetindo um erro que passou despercebido devido ao resultado final, mas que teria tido graves consequências políticas em um resultado equilibrado.

Confirmação no Chile

A posição da esquerda em relação aos segundos turnos – que colocam os vacilantes candidatos progressistas contra os agressivos expoentes da ultradireita – foi dramática no resultado chileno entre Boric e Kast. O primeiro suscitava duros questionamentos em seu próprio espaço, mas o segundo exaltava, sem qualquer dissimulação, a trajetória de Pinochet.

Tal como ocorreu no primeiro contraponto regional do tipo – Bolsonaro contra Haddad, em 2018 –, a grande maioria da esquerda votou em Boric, expondo inúmeras ressalvas (Borón, 2021b).

Posteriormente, alguns setores que somaram voto contra a ultradireita modificaram essa atitude no frustrado plebiscito sobre a Assembleia Constituinte. Avaliaram que a aprovação e a rejeição constituíam duas vias para restaurar a mesma hegemonia da classe dominante e optaram pelo voto em branco. Essa posição ilustrou a ambivalência e as contramarchas que as definições eleitorais provocam no cenário latino-americano.

A experiência acumulada com esses resultados nos últimos anos não deve deixar dúvidas sobre a conveniência de votar contra a direita nas frequentes polarizações das eleições finais.

Essa atitude é questionada pelas correntes que denunciam as afinidades entre dois setores pertencentes ao mesmo segmento burguês. Elas opõem-se à resignação e destacam os danos que qualquer apoio ao reformismo causa à construção de um projeto revolucionário.

No caso chileno, esse questionamento baseia-se na adaptação de Boric ao *establishment*. Na dura batalha cultural que se trava naquele país contra os arraigados preconceitos neoliberais que o pinochetismo instalou (e a Concertación preservou), é fundamental expor sem rodeios as críticas ao atual governo.

Mas tais objeções nunca deveriam equiparar as correntes reacionárias às correntes progressistas. Nessa equalização, os inimigos se confundem com os adversários, como se fossem duas partes de um mesmo todo.

Às vezes, a equivalência é justificada pela afirmação de que não existe um "mal menor". Mas esquece-se que a mesma qualificação poderia ser aplicada às moderadas vitórias sindicais, sociais ou políticas que são alcançadas sem consumar o ideal socialista. Nenhum desses objetivos é negligenciável por permanecer distante do objetivo histórico da esquerda.

Votar a favor do progressismo contra a direita – em plebiscitos, segundos turnos e certas eleições – contribui simplesmente para frear a restauração conservadora. Permite limitar os abusos econômicos e conter a violência contra os oprimidos. Esse princípio estende-se, por exemplo, ao voto em Bernardo Arévalo, na Guatemala. Depois de uma longa luta, a sua vitória permitiu afastar da presidência a elite criminosa de direita que governou nas últimas décadas.

Com esses resultados, geram-se cenários mais favoráveis ao avanço da esquerda e forjam-se relações de forças mais relacionadas com esse objetivo. Além disso, a estratégia acaba sendo compreensível para a maioria da população, que nunca entende os raciocínios emaranhados que se usam para justificar a abstenção.

A identificação categórica da direita como principal inimiga não se limita às encruzilhadas eleitorais. É um princípio igualmente decisivo face às manobras golpistas dos reacionários no Parlamento. O que aconteceu no Peru, onde um setor da esquerda validou com o seu voto a operação do fujimorismo e dos conservadores para derrubar Castillo, é ilustrativo da vertigem que irrompe em momentos decisivos (Aznárez, 2022b).

Nessas circunstâncias, a ausência de uma bússola estratégica emerge à superfície. Essa orientação deve ser retomada por meio da revisão dos progressos e das dificuldades enfrentadas pelos projetos radicais na região.

11. TRÊS CAMINHOS NO EIXO ALTERNATIVO

Venezuela, Bolívia e Nicarágua constituem um eixo alternativo, que se diferencia dos governos progressistas pela hostilidade que sofrem por parte do imperialismo estadunidense. O gigante do Norte tenta dobrar três governos que rejeitam as suas imposições. Tenta subjugar esses regimes para servir de lição a toda a região, recriando o temor à primeira potência. Mas nesses países desenvolvem-se processos muito diferentes, que requerem avaliações específicas.

O novo cenário da Venezuela

Na última década, os Estados Unidos acumularam um recorde de fracassos nas suas conspirações contra o governo chavista. Esses reveses não o impediram de continuar a organizar conspirações, com forças que projetam novas incursões. Mas os escassos resultados dessas operações induziram Washington a remodelar a perseguição.

Nos últimos tempos, funcionários de Biden optaram por reter um avião venezuelano-iraniano em Buenos Aires e confiscar as reservas internacionais de ouro pertencentes a Caracas. O sequestro do diplomata Alex Saab terminou em grande revés, quando o Departamento de Estado teve de libertá-lo em troca de vários mercenários ianques e venezuelanos capturados por ataques armados.

A sabotagem econômica tem sido o principal instrumento da agressão imperialista. Os Estados Unidos provocaram um desabastecimento seletivo de bens para obstruir a atividade petrolífera. A estatal Petróleos de Venezuela S.A. (PDVSA) não conseguiu refinanciar dívidas ou adquirir peças de reposição, e a extração de petróleo bruto caiu a um nível que levou ao colapso do comércio exterior.

Um estudo recente detalha as 763 medidas coercitivas implementadas pelo Departamento de Estado para impor perdas de 215 bilhões de dólares à Venezuela. A apropriação de empresas – como a Citgo – gerou danos imensuráveis ao país (López Blanch, 2023). O assédio incluiu a manipulação externa da taxa de câmbio mediante dispositivos digitais e a consequente desvalorização da moeda, o que alimentou a hiperinflação.

A Casa Branca apostou todas as suas fichas nessa estratégia destrutiva, pressupondo que o estrangulamento econômico derrubaria o regime político. Em um flagrante sincericídio, Donald Trump declarou que, sob seu governo, "a Venezuela estava prestes a entrar em colapso [e que com esse resultado] teríamos ficado com todo o petróleo" (*Página/12*, 2023). A Casa Branca tentou provocar o mesmo colapso sofrido pelo Iraque, para consumar o despojo. Induziu uma dramática fratura produtiva do país e precipitou a hemorragia da emigração, mas não conseguiu colocar os seus representantes em Miraflores.

Após inúmeros fracassos, verificou-se a derrota dos *esquálidos*. Guaidó perdeu inúmeras jogadas e foi destronado pelos seus cúmplices. As proclamações de Leopoldo López também foram diluídas. As provocações na fronteira com a Colômbia foram desarticuladas pelos acordos com o novo governo Petro e os mercenários adiaram as suas aventuras de invasão.

A sucessão de fracassos afetou a direita no campo eleitoral. Essa corrente não conseguiu boicotar as eleições de 2020 nem impedir a recuperação da Assembleia Nacional pelo partido no poder. Abriu mão do controle da instituição que manteve sequestrada por vários anos e se fragmentou em diversas parcelas, que disputam as atraentes fatias do financiamento estadunidense. O grosso da oposição reconheceu a derrota e procurou a sua reinserção no sistema político, apostando na criação de uma candidatura comum nas eleições presidenciais de 2024. Biden apoiou essa unificação e esperava conseguir, pela via eleitoral, o que não conseguiu por meio de incursões golpistas.

Mas Biden também negociou a remoção das sanções contra a Venezuela, para facilitar a reentrada das empresas estadunidenses na exploração de petróleo bruto. O primeiro passo nessa reconciliação foi a recente concessão de novas licenças de extração à Chevron.

Biden foi pressionado pela grande escassez de combustível criada pela guerra na Ucrânia. Não só precisava aumentar o fornecimento interno aos Estados Unidos, como tinha de cumprir o seu compromisso de fornecer à Europa. Prometeu compensar os fluxos de petróleo bruto que o Velho Continente já não recebe da Rússia, e a Venezuela seria o fornecedor ideal para essa escassez. Esse país tem a possibilidade de aumentar rapidamente a produção se a estrutura de extração de combustíveis for normalizada.

Mas o acordo exigia o desbloqueio prévio das contas internacionais de Caracas, que Washington fechou com a sua habitual arrogância. Os dois chanceleres negociaram a possível regularização com muitos altos e baixos.

Desafogo econômico e repensar político

A catástrofe econômica da Venezuela atingiu o seu ponto crítico em 2021 e foi sucedida pela atual recuperação. Os indicadores de melhoria são visíveis. O PIB recuperou 4,2% em 2022, ao lado de um ressurgimento do investimento e um aumento notável do consumo. Vários dados confirmam a continuidade desses números, e estima-se que o crescimento do último ano tenha ultrapassado os 8% (Cazal, 2022). Essa reativação não resolve o inferno dos últimos nove anos (e a consequente demolição de 70% do PIB), mas inaugura um ciclo mais promissor.

Relatórios recentes assinalam gastos renovados das famílias e uma recuperação significativa na vida comercial. Há também uma redução gradual da inflação, que está no nível mais baixo desde 2015. A escassez continua bem acima da média regional, mas registra uma tendência decrescente.

A afirmação generalizada de que "a Venezuela se recompôs" tem significados muito variados. O partido no poder identifica-a com uma superação definitiva do colapso anterior e a oposição atribui-lhe um significado sarcástico, que sublinha a natureza limitada do novo cenário. Mas ninguém discorda da existência de uma mudança no contexto econômico.

Como sempre aconteceu na Venezuela, a recuperação é sustentada pela alta do preço internacional do petróleo. Com o aumento do preço do barril, a economia recebe um grande impulso. Esse incentivo é limitado pelo grande retrocesso nos volumes de extração. Em 2021, a produção anterior duplicou e espera-se uma próxima recuperação na mesma escala, mas ainda há um longo caminho a percorrer para retomar as médias do passado.

A reentrada de dólares também foi um fator determinante na recuperação, porque gerou a âncora bimonetária que sustenta o ressurgimento comercial. Essa recuperação baseia-se na disponibilidade de moedas estrangeiras para um grande número de transações. A pulverização da moeda nacional impôs a dolarização de fato para contrariar, dessa forma, a louca desvalorização que o bolívar registra desde 2013.

Os dólares que recompõem o funcionamento da economia também vêm das remessas que aumentaram 35% após a pandemia devido aos envios da enorme população de emigrantes (entre 3 e 5 milhões de venezuelanos). Além disso, os grandes grupos capitalistas reiniciaram a oferta de moeda estrangeira para lucrar com o ressurgimento dos negócios. Esse contexto induz, por sua vez, a reintrodução gradual dos dólares escondidos na economia informal.

Desde 2018, iniciou-se a adoção da cédula estadunidense nos pagamentos correntes em muitos comércios. Esse sistema foi institucionalizado por meio de diferentes regulamentos oficiais.

O Banco Central legalizou a utilização do dólar para operações financeiras entre entidades financeiras nacionais, aprovou a abertura de contas e a emissão de cartões em moeda estrangeira.

Ao final de 2021, 52,38% de todos os recursos depositados em bancos eram denominados em dólares (Curcio, 2022a). Algumas estimativas estendem o percentual de transações com esse sinal monetário para 70% (Lozano, 2022). A dolarização de fato induz a utilização desse padrão como garantia de novos contratos.

O principal efeito social da dolarização é o aumento da desigualdade. Os beneficiários de moeda estrangeira dispõem de um recurso para garantir o seu consumo que os beneficiários de rendimentos em bolívares não têm disponível. Essa diferença é muito visível entre trabalhadores dos setores público e privado. A brecha supera todas as tentativas de compensação oficial por meio de mecanismos fiscais. A capacidade do Estado para cumprir essa contrapartida é muito limitada pelo enfraquecimento da sua gestão, em um cenário de inflação elevada.

É verdade que os setores populares desprovidos de divisas recebem subsídios significativos para pagar os serviços e garantir a sua alimentação. Mas esses subsídios não neutralizam o enorme aumento da desigualdade social.

A reativação da economia e a derrota sofrida pela oposição de direita fortaleceram o governo. Esse fato foi destacado por muitos analistas (Stefanoni, 2022). O partido no poder conquistou 20 dos 23 governos estaduais em disputa nas eleições e foi muito beneficiado pela crise migratória, que afetou mais os seus adversários em termos de votos e participação nas mobilizações. Maduro demonstrou uma grande astúcia para dividir os seus inimigos.

Essa capacidade foi novamente notada no referendo sobre Essequibo. O governo reafirmou a sua soberania sobre aquele território e convocou uma consulta para avaliar a decisão de oficializar a incorporação da área ao país. Com essa iniciativa, dividiu a oposição, atualizou uma reivindicação histórica da Venezuela e conseguiu uma presença significativa entre os eleitores.

Essequibo é uma região fronteiriça que a Grã-Bretanha ocupou no final do século XIX. Em 1966 foi transformada em uma república formalmente independente, mas na verdade permaneceu ligada aos ditames da aliança imperialista anglo--americana. Essa desapropriação ganhou importância com a conversão da Guiana, que administra o território de Essequibo, em grande produtora de petróleo extraído do mar.

O Pentágono respondeu à atitude soberana da Venezuela com uma grande movimentação militar na costa do território disputado. Essa tensão levou alguns analistas a traçar um paralelo com o que aconteceu na década de 1980 com a aventura da ditadura argentina nas Malvinas (Cantelmi, 2023).

Mas o único aspecto válido dessa comparação é a influência contínua das antigas ocupações coloniais. Em ambos os casos, persiste um avassalamento da soberania nacional para confiscar o petróleo e garantir a presença militar do imperialismo na América do Sul. Para além dessa semelhança, as duas situações divergem completamente.

Maduro está localizado nos antípodas do ex-ditador argentino Leopoldo Galtieri. Desenvolve uma ação legítima para conter a pilhagem dos recursos naturais e evitar que ela seja validada pela simples passagem do tempo. Qualquer que seja a avaliação da oportunidade tática da sua iniciativa, ela promove uma ação de validade inquestionável.

O governo saiu vitorioso desse teste, mas suas convocatórias para as eleições de 2024 ilustraram a existência de problemas graves. Na última grande disputa eleitoral, em 2022, vencera o pleito em um contexto de elevada abstenção e significativa perda de votos. A derrota no estado de Barinas – após 23 anos consecutivos de vitórias – foi simbólica e retratou essa adversidade.

O Partido Socialista Unido da Venezuela (PSUV) no governo ratificou a eficácia do seu aparelho eleitoral. Mas há numerosos sinais de perda de lealdade, de entusiasmo e de adesão militante, depois de um processo muito difícil de regressão econômica e social.

Propostas econômicas em disputa

É evidente que o governo foi empurrado para uma dolarização que nunca concebeu como estratégia própria. Esse rumo está no extremo oposto do projeto soberano postulado por Hugo Chávez. A Venezuela não pode forjar um processo sustentado de crescimento e redistribuição sem uma moeda nacional.

Vários anos de hiperinflação e fracasso produtivo levaram o partido no poder a validar a utilização da moeda dos Estados

Unidos para fazer frente ao desabastecimento e reanimar o comércio. Mas a grande questão é a durabilidade desse modelo. A dolarização será eliminada quando a economia for normalizada? Ou, ao contrário, será incorporada ao novo esquema promovido pelo setor mais conservador do chavismo? Se essa segunda variante prevalecer, os grupos privilegiados consolidarão o seu poder no comando da gestão estatal.

Uma estabilização da economia com os padrões atuais consolidará a fratura social. A recuperação do crescimento é essencial, mas com o atual padrão de distribuição reafirmará um modelo conservador (Curcio, 2022b).

A lei antibloqueio – que propõe superar a asfixia externa limitando o controle estatal das moedas – abre caminho mediante uma sequência de privatizações. A modalidade dessas transferências é, no momento, pouco transparente e não se sabe se elas chegarão a médias ou grandes empresas.

A iniciativa tem sido complementada com a promoção de Zonas Econômicas Especiais (ZEE), com regras específicas para atrair investimento estrangeiro. O uso dessa legislação para novos empreendimentos petrolíferos poderá afetar a captação estatal das receitas geradas pela atividade (Mazzei, 2022). O governo deve definir quem serão os beneficiários e os afetados pela alternativa econômica em gestação.

Não há dúvida de que a devastação sofrida nos últimos anos foi orquestrada pelo imperialismo e pelos seus parceiros locais, mas também foi validada pela improvisação, pela impotência e pela cumplicidade do partido no poder. Devido a esse conluio, a gigantesca descapitalização que causou a fuga de capitais foi consumada. Essa fuga saltou de 49 bilhões de dólares, em 2003, para 500 bilhões, em 2016, e precipitou o colapso do PIB, em um contexto de estagflação virulenta.

O colapso contrastou com o enriquecimento da mesma *boliburguesía*[1] que atualmente lucra com a recuperação. Esse setor tem sido especialmente privilegiado com o sistema de atribuição de moeda que regula a economia venezuelana.

Dado que a grande torrente de dólares recebidos das exportações de petróleo é gerida pelo Estado, a oferta, a quantidade e o preço dessas moedas não estão sujeitos a qualquer padrão comercial. As autoridades atribuem esse fluxo aos setores capitalistas associados, que desperdiçaram o recurso em uma escala nunca vista antes. Em apenas um biênio (2011-2012), 64,4 bilhões de dólares desapareceram com esse mecanismo (Boza, 2022a).

Uma oligarquia intermediária enriqueceu-se gerindo as importações e utilizando o recebimento de dólares baratos fornecidos pelo Estado para realizar uma reciclagem obscura de moedas em circuitos paralelos. Essa subtração de fundos da atividade econômica formal amputou o apoio à moeda nacional e elevou a inflação às percentagens sem precedentes que a Venezuela sofreu. O desastre econômico não foi causado apenas pela agressão imperialista externa. A política cambial mantida pelo governo também foi decisiva.

A principal causa da hiperinflação não foi a emissão excessiva, mas o prejudicial sistema oficial de alocação de dólares. O Estado subsidia um setor capitalista que depreda esses recursos. A tese monetarista, que coloca o problema no domínio exclusivo da oferta abundante de dinheiro, não tem suporte empírico e esconde a persistência da estrutura que impede o uso produtivo das receitas petrolíferas.

O parasitismo da burguesia venezuelana ultrapassa a média regional, porque se baseia na gestão das divisas que o governo

---

[1] Maneira que perjorativamente se designa a nova burguesia venezuelana criada durante o chavismo. (N. E.)

proporciona com os lucros das exportações de petróleo. De 1970 a 2018, os grupos favorecidos apropriaram-se de metade dos copiosos recursos. Enviaram a maior parte dos fundos para paraísos fiscais, à custa da diminuição do investimento privado.

Em 2003, Chávez estabeleceu o controle desses fluxos para garantir a sua utilização eficaz nas despesas de importação. Mas a má gestão inicial reapareceu nos últimos anos com o agravamento do bloqueio imperialista, a queda das reservas, a dívida externa e a redução das exportações de petróleo bruto (de 29.810 milhões de dólares, em 2018, para 15.379 milhões, em 2022). Em vez de erradicar um mecanismo que desperdiça moeda estrangeira, o governo reafirmou a sua validade, aumentando a liquidez monetária em bolívares a cada entrega de dólares aos intermediários capitalistas. Esse círculo vicioso alimentou a gravíssima crise econômica (Curcio, 2023).

Durante anos, o governo ignorou as propostas do chavismo crítico para introduzir controles sobre os bancos, modificar a atribuição de moeda estrangeira ao setor privado e penalizar os corruptos que superfaturam as importações ou lucram com a especulação cambial. O governismo forjou um partido político forte, mas não avançou um milímetro na criação de uma camada de funcionários honestos e treinados na gestão eficiente da alocação de moeda estrangeira.

A política cambial, a serviço da *boliburguesía*, impediu o desenvolvimento de um modelo econômico semelhante ao implementado na Bolívia durante a última década. Em vez de forjarem um esquema de canalização produtiva de divisas, os diferentes ministros da Economia disfarçaram a hemorragia desses recursos. A proteção e o uso rentável das moedas persistem como o principal instrumento anti-inflacionário que a Venezuela necessita para remodelar a sua política econômica (Boza, 2022b).

Os questionamentos da esquerda

O atual esquema econômico levanta fortes objeções por parte da esquerda e do chavismo crítico. Mas há uma nítida divisão entre um setor que atribui ao governo a responsabilidade pelos infortúnios enfrentados pelo país e outro segmento que coloca o imperialismo e a direita no banco dos réus.

Alguns expoentes do primeiro grupo recorrem a qualificações virulentas contra Maduro. Outros denunciam a primazia de um regime mafioso, lúmpen ou despótico. Além disso, estendem a origem dos sofrimentos atuais ao próprio Chávez (Sutherland, 2022, 2023). Esse desafio indiscriminado a todo o processo bolivariano apresenta semelhanças com as críticas de muitos opositores de direita.

Essa perspectiva perde de vista a emergência que o país enfrenta como consequência da agressão imperialista. Por isso, ignora o mérito de ter contido – com um custo econômico e social gigantesco – as incursões de Washington. Também ignora a dureza da batalha internacional contra os meios de comunicação, que apresentam o chavismo como a encarnação do diabo. O progressismo submisso geralmente repete essas infâmias por toda a região.

A outra abordagem crítica levanta objeções à gestão governamental, sem perder de vista as causas imperialistas da crise. Com base nessa avaliação, eleva o tom do seu questionamento ao partido no poder. O distanciamento do Partido Comunista (PCV) do bloco governamental é uma expressão dessa discordância. Denuncia a ambiguidade dos burocratas do governo que propagam discursos socialistas e implementam políticas neoliberais. Outros intelectuais destacam a grande mudança que o governo fez para efetivar um duro ajuste ao padrão de vida popular.

Vários pontos de vista situam a origem dessa involução no enfraquecimento das estruturas comunais que apoiaram o processo bolivariano. Alguns afirmam que esse declínio foi acompanhado por um grande refluxo dos movimentos sociais. Consideram que a regressão política em curso já tem um alcance equivalente ao Termidor, que no passado quebrou vários processos revolucionários (Gilbert, 2021).

Outra abordagem aponta que essa erosão do pilar comunal facilitou o avanço da vertente conservadora do chavismo sobre o setor radical. Entende que essa mudança gera a primazia do clientelismo burocrático sobre a participação popular, mas também considera que a inversão não é definitiva. Acredita que é possível redirecionar o processo bolivariano com uma dinâmica corretiva orientada pelo princípio do "retorno a Chávez" (Iturriza, 2022).

Essa perspectiva propõe uma mudança substancial no modelo econômico para recompor as raízes populares do processo atual. Concebe essa virada na continuidade da luta que o governo trava contra a direita e o seu mandante em Washington.

O teste da luta social

Os debates sobre a Venezuela ganharam outro sentido a partir da grande luta salarial que eclodiu no início de 2023. As reivindicações de numerosos sindicatos centraram-se na mobilização do magistério, que exigia um aumento salarial para compensar a deterioração gerada pela carestia.

Essa demanda ganhou força após o não cumprimento oficial de outros pagamentos. O movimento de protesto expandiu-se por todo o território e encarnou a mobilização social mais importante dos últimos anos.

Diferentes setores populares convergiram em uma reivindicação salarial, o que refletiu a percepção da mudança registrada na economia. A recuperação da produção e do consumo proporciona incentivos à recomposição salarial (Camacho, 2023).

O governo não definiu respostas. Por um lado, transmitiu mensagens de confronto, mas muitas vozes que apoiam o processo bolivariano apelaram à concessão das melhorias, apontando que contribuiriam para a reconstrução do poder de compra (Britto García, 2023). A proposta de indexação salarial perseguia o mesmo objetivo (Saldivia Najul, 2021). Os seus proponentes estimaram que o aumento salarial não teria efeitos inflacionários nem implicaria transbordamentos de emissões, se fosse implementado em conjunto com um rearranjo da política cambial.

O partido no poder opera sob dois fogos. Os grupos privilegiados rejeitam melhorias salariais, com o fantasma monetarista de um ressurgimento da inflação. Mas na realidade procuram consolidar o seu enriquecimento, captando a maior parte dos rendimentos à custa dos assalariados. No outro campo estão os setores que iniciam a introdução de uma guinada redistributiva.

O governo poderia endossar a demanda social e inaugurar uma retificação geral, que deveria incluir a exemplaridade dos funcionários. Os sacrifícios impostos pelas dificuldades econômicas devem começar no topo do sistema político. Esse comportamento revitalizaria o processo bolivariano.

Conceder melhorias salariais, modificar o modelo econômico e mudar o comportamento dos funcionários são decisões fundamentais para evitar a recomposição da direita e a consolidação do lado conservador do chavismo. Já existe uma longa experiência histórica de reivindicações sociais por parte de governos progressistas, cuja negligência levou à captura reacionária dessa agitação.

Na década de 1980, por exemplo, o surgimento na Polônia de um sindicato autônomo com reivindicações dos trabalhadores, chamado Solidariedade, foi criminalizado por um "governo socialista". Esse desafio favoreceu a virada conservadora posterior, e incluiu a conversão do líder desse movimento, Lech Walesa, em uma figura de renome em eventos internacionais de ultradireita. Uma experiência mais recente e mais próxima foi vivida no Brasil. Lá, as mobilizações de 2013 contra os altos custos de transporte foram ignoradas pelo PT e levaram à germinação do bolsonarismo. Antecedentes desse tipo constituem um grande alerta para o chavismo.

Estão reunidas as condições para recuperar a harmonia com as reivindicações populares e impedir a recomposição da direita. O resultado desse cenário é muito relevante para outros processos de alinhamento regional alternativo.

Analogias e diferenças com a Bolívia

A Bolívia compartilha com a Venezuela a persistente hostilidade do imperialismo. Os Estados Unidos foram os promotores de todos os golpes perpetrados (ou tentados) contra o governo do Movimento ao Socialismo (MAS). O seu envolvimento nos motins de 2008 foi tão descarado que Evo Morales ordenou a expulsão do embaixador Philip Goldberg. A trama incluía uma tentativa de assassinato político, que fracassou após um duro confronto de rua com o partido no poder.

O segundo ataque, de 2019, foi novamente supervisionado pelo Departamento de Estado, em estreita associação com os ministros das Relações Exteriores de Bolsonaro e de Macri. Foi realizado com a fórmula de um golpe clássico e foi implementado pelo alto-comando do Exército, com o apoio da Igreja e do empresariado.

Ao contrário da Venezuela, naquela ocasião a direita conseguiu capturar o governo e teve um mandato curto. Jeanine Áñez conseguiu, por um breve período, o que Guaidó nunca conseguiu. Ela assumiu o Estado com um grande destacamento de milícias neofascistas, mas não conseguiu sustentar a sua administração patética. A resistência popular levou a uma grande rebelião que forçou a saída da equipe corrupta ditatorial. Com esse resultado, La Paz voltou a sintonizar-se com as vitórias de Caracas sobre os *esquálidos*.

A terceira tentativa foi novamente organizada na região de Santa Cruz. A ultradireita não desistiu e a revolta contra o governo Arce começou com uma série de greves em Oriente. Ativaram grupos de choque contra organizações sociais e lançaram o seu golpe no início de 2023.

O pretexto foi a data do censo, que definiria a distribuição de recursos e cargos nas próximas eleições. Com essa desculpa, os bandos reacionários criaram o mesmo caos que precedeu as duas revoltas anteriores. Revitalizaram os grupos paramilitares, aterrorizaram apoiadores do governo, invadiram bairros populares e assassinaram vários moradores.

Mas essa terceira revolta também sucumbiu, seguindo os passos fracassados da direita venezuelana. Após várias semanas, o golpe falhou, num quadro de isolamento regional e paralisia comercial que provocou a rejeição por parte da população.

A ultradireita boliviana repete o caminho dos seus pares caribenhos com certas peculiaridades. As suas ações estão muito concentradas geograficamente em Santa Cruz e brandem uma ameaça de secessão que os reacionários da Venezuela não promovem. Essa exigência regionalista carece de fundamento histórico e não apresenta o menor indício de legitimidade nacional. Simplesmente encobre o velho desejo oligárquico de gerir os recursos de uma província sem coordenação com o resto do país.

Mas o objetivo estratégico dos golpistas de Santa Cruz tem muitas semelhanças com os objetivos dos *esquálidos*. Em ambos os casos, pretendem partilhar com os seus parceiros estadunidenses os benefícios suculentos do rendimento gerado pelos recursos naturais. O controle do lítio é desejado na Bolívia com a mesma avidez que o do petróleo na Venezuela.

Como esse precioso mineral não está em Santa Cruz, mas em Potosí, a ultradireita estabeleceu uma filial naquela região, o Comitê Cívico Potosinista (Comcipo). Estão fazendo pressões para privatizar a gestão dessa riqueza sob o comando direto de várias empresas estadunidenses (Nacif, 2022).

Até agora, não conseguiram alcançar essa parceria devido à reduzida viabilidade do projeto separatista. A direita de Santa Cruz tem procurado parceiros externos no Chile e no Brasil, além do indispensável aceno de Washington (Amusquivar, 2022). Mas a sua aventura pela independência requer financiamento, mercenários e apoio diplomático que atualmente faltam.

O Departamento de Estado hostiliza o governo do MAS, mas nunca perdeu de vista o fato de que a Bolívia não é a Venezuela. Ele sempre tolerou uma influência decrescente no Altiplano mais do que a perda da principal reserva de petróleo do hemisfério.

O ressurgimento de governos de centro-esquerda em toda a região afetou igualmente os dois projetos de direita. Caracas restabeleceu relações com Bogotá, Brasília e todas as capitais do novo mapa progressista. Os golpistas bolivianos também sofreram os efeitos desse contexto. Perderam o fornecimento de armas de Macri e a proteção fornecida por Bolsonaro desapareceu. Mas eles mantêm o apoio do trumpismo e esperam um apoio renovado de Milei.

Existem várias semelhanças e diferenças entre a Venezuela e a Bolívia na resistência desenvolvida pelos dois governos contra os rebeldes. O chavismo sempre desenvolveu uma resposta frontal contra os seus inimigos. O MAS não demonstrou a mesma contundência, mas quando agiu de forma decisiva obteve os mesmos sucessos que os seus pares bolivarianos.

Diante do golpe de 2019, Evo fez concessões e hesitações que facilitaram o levante da direita. Luis Arce repetiu a indecisão diante das provocações de Santa Cruz, até decidir pela audaciosa prisão e transferência de Luis Fernando Camacho para La Paz. Essa operação inaugurou uma grande contraofensiva e a subsequente vitória sobre os golpistas.

Esse tipo de reação é muito semelhante à política ativa que o chavismo desenvolve para neutralizar os *esquálidos*.

Com a prisão de Camacho, o governo do MAS pode concluir os julgamentos que está implementando contra os responsáveis pelos massacres perpetrados pelo Exército em 2019. Os tribunais já determinaram uma pena de dez anos de prisão para Áñez. Dessa forma, poderia ser realizada a mesma purificação das Forças Armadas e o estabelecimento do princípio do "Nunca Mais" ao golpismo que têm desbaratado esse tipo de motim na Argentina.

Contrapontos na economia

A Bolívia não sofreu a catástrofe econômica que a Venezuela padeceu. Ao contrário, durante a década de 2010 alcançou resultados incomparáveis com o restante da região. Desenvolveu um modelo que permitiu uma rápida desdolarização, com o consequente aumento do consumo e a multiplicação do investimento. A pobreza extrema diminuiu de 38,2%, em 2005, para 15,2%, em 2018, e o PIB *per capita* aumentou de 1.037 para 3.390 dólares. Os rendimentos dos setores médios foram recuperados com a expansão do poder de compra, em um esquema baseado na nacionalização do petróleo (Katz, 2021c).

O presidente Arce estreou com sinais de continuidade nesse sentido, ao promover um imposto anual sobre as grandes fortunas, e no início da sua administração conseguiu divorciar a tensão política do país da estabilidade contínua da economia.

O crescimento persiste com um excedente comercial e uma inflação baixa, mas o governo é incapaz de impulsionar os seus grandes projetos estratégicos de biodiesel, farmacêutica e química básica. Esses avanços dependem da sua incerta capacidade de recuperar a solidez do modelo econômico herdado, em um cenário mais adverso. As pressões dos capitalistas para contribuir com menos impostos e obter divisas baratas do Estado multiplicam-se dia a dia.

A Bolívia desenvolveu um esquema antagônico ao implementado na Venezuela, pela prioridade que atribuiu ao uso produtivo da renda. Em vez de validar o desperdício ou o escoamento do excedente para o exterior, estabeleceu uma gestão estatal muito eficiente desse recurso. O Estado absorveu e reciclou 80% das receitas e impôs aos bancos a obrigação de direcionarem 60% dos seus investimentos para atividades produtivas.

O crescimento e a redistribuição de renda permitiram combinar expansão com melhorias sociais. O segredo desse resultado foi a estatização dos recursos naturais, em um quadro de estabilidade macroeconômica e de convivência com os setores privados e informais.

A continuidade desse esquema enfrenta atualmente sérios desafios, porque as reservas de gás que o sustentam estão em evidente declínio. A receita gerada pela venda de combustíveis ao Brasil e à Argentina tende a diminuir devido ao esgotamento de 80% das jazidas conhecidas (Lloret Céspedes, 2022). A balança comercial está minguando devido a essa contração e há previsões de que o país se torne um importador líquido de combustíveis em 2030.

Existem vários projetos para produzir 75% da energia local com recursos não poluentes e para transformar o lítio em uma fonte substituta de renda. A iniciativa mais promissora é o projeto de formar associações com os compradores do mineral, aliado a compromissos com a industrialização local.

Mas esse caminho exige a recriação da coesão política do MAS que prevaleceu durante os mandatos de Evo e que enfrenta agora uma grave erosão. As disputas entre evistas e renovadores já tiveram um impacto negativo nas últimas eleições departamentais e geraram uma multiplicação de listas que afetou o partido no poder. Essas dissidências giram em torno da definição dos candidatos presidenciais de 2025, mas também incluem um sério confronto entre as vertentes indigenistas e governistas (Zapata, 2022).

O que mais surpreende é o tom virulento da disputa. Arce foi ministro da Economia de Morales durante 12 dos seus quase 14 anos no governo. A ruptura da relação começou em 2021, em torno do destino de algumas figuras ministeriais. Surgiram então denúncias de corrupção, proteção ao tráfico de drogas e pressão sobre o Tribunal Constitucional, que deve definir a elegibilidade de Morales para concorrer a uma nova presidência.

O pano de fundo dessas tensões não foi esclarecido, num contexto de intensas controvérsias para redefinir o rumo de um processo radical, que tem norteado direções do mesmo tipo. Essa exemplaridade não se estende ao terceiro país em discussão.

As dualidades da Nicarágua

A Nicarágua faz parte do eixo alternativo, mas possui uma trajetória muito diferente. Com esse bloco, partilha apenas a grande hostilidade do imperialismo estadunidense contra o seu governo.

Washington tem uma longa história de agressão contra o sandinismo. Para evitar que seguisse a trajetória de Cuba, lançou um ataque total e incluiu o país na guerra quente travada pelo Pentágono na América Central. Algumas estimativas contabilizam 300 mil vítimas e 1 milhão de refugiados decorrentes da operação imperialista entre 1975 e 1991 (Anderson, 2013, p. 111).

Ronald Reagan aperfeiçoou essa máquina de terror com recursos do narcotráfico para apoiar os Contra, forçar um armistício em El Salvador e manter a ditadura na Guatemala. Não conseguiu derrubar o sandinismo, mas preparou o terreno para sua derrota eleitoral em 1989. A Frente Sandinista de Libertação Nacional (FSLN) posteriormente passou por um interregno fora do poder e, diante do grande descontentamento gerado por seus adversários conservadores, voltou ao governo.

Esse regresso foi completado com uma modificação substancial do formato revolucionário inicial daquela força. O orteguismo substituiu o sandinismo, com uma nova estrutura adaptada ao capitalismo. Estabeleceu alianças estratégicas com a comunidade empresarial, adotou as medidas exigidas pelo FMI e reforçou os laços com a Igreja após a proibição do aborto.

Nesse regresso formou-se uma burocracia que reforçou a dinâmica anterior de apropriação de bens públicos. O sistema político apoiava um modelo clientelista e a velha simbologia revolucionária persistia sem o conteúdo da sua formação (Katz, 2018). Essa involução explica o governo compartilhado de Daniel Ortega com as elites do país e a relação amistosa que manteve com os Estados Unidos até 2017.

Os protestos de 2018 introduziram uma mudança substancial nesse cenário. O governo respondeu com ferocidade injustificada ao descontentamento criado pelo aumento das contribuições para a seguridade social. Ele recorreu a tiroteios em massa pela polícia contra manifestantes desarmados e a uma perseguição que deixou cerca de 200 mortos.

O regime de Ortega utilizou a violência do Estado na repressão, sem apresentar provas credíveis de qualquer conspiração que justificasse tal resposta. Os protestos expressaram o desconforto de um movimento com baixo nível de politização e elevado descontentamento com a realidade social. Essa reação inaceitável diferencia o governo da Nicarágua dos seus homólogos de Cuba, Venezuela e Bolívia.

O evento levou a uma grande crise. A velha direita reabriu a sua distância de Ortega, a fim de capturar a agitação popular e preparar o caminho para o seu regresso ao governo. Os Estados Unidos apoiaram esse caminho e Trump seguiu os passos de Reagan. Mais uma vez colocou a Nicarágua no "eixo do mal" e apoiou todas as iniciativas dos conservadores.

Biden manteve o novo tom de confronto e promulgou uma lei que permite múltiplas sanções contra o país. Na verdade, ele se tornou o diretor da oposição de direita. Com financiamento da Agência dos Estados Unidos para o Desenvolvimento Internacional (Usaid), financiou os principais expoentes desse grupo, e tramita a criação de um bloco único anti-Ortega entre os diferentes partidos que disputam a condução dessa frente. As ONGs e fundações estadunidenses (ou europeias) complementam esse trabalho com uma gestão obscura de fundos, que corroeu o movimento de protesto forjado desde 2018 (Chavarría Domínguez, 2022).

Essa manipulação externa, por sua vez, reforçou a desarticulação da oposição, que perdeu a capacidade de reagir face à dura perseguição promovida pelo governo. Ortega simplesmente impôs a prisão dos principais candidatos que tentaram desafiá-lo nas eleições de 2022.

A certa altura, chegou a colocar sete candidatos presidenciais na prisão, ao mesmo tempo que ordenou a anulação de três partidos e a prisão de 39 opositores. As eleições que estabeleceram a continuidade do seu mandato decorreram em condições de grande anormalidade.

O orteguismo criou um cenário incomum na América Latina, mas muito comum em outras partes do mundo. Um governo que se opõe intensamente aos Estados Unidos, ao mesmo tempo que atua com inegável violência contra setores importantes do seu próprio povo. Utiliza a força do Estado para enfrentar os adversários e prender muitos democratas e combatentes sociais.

É um contexto semelhante ao que prevaleceu com Saddam Hussein, no Iraque, e com Bashar al Assad, na Síria. Esses antecedentes partilham com Ortega a mesma origem política em vertentes do progressismo. O precedente clássico dessa combinação de choque com Washington e terror interno sempre foi personificado na figura de Josef Stalin. Situações desse tipo suscitam intensas polêmicas.

A esquerda diante da Nicarágua

Duas certezas são evidentes na Nicarágua: os Estados Unidos pretendem derrubar Ortega e o mandatário se divorciou do velho sandinismo (Brieger, 2021). A omissão desses pressupostos impede definir uma posição de esquerda no cenário complexo daquele país.

Algumas abordagens negam (ou relativizam) o conflito com o Departamento de Estado, citando antigas confluências ou novas convergências de interesses. Estimam também que as classes dominantes locais lucram com a preservação do regime atual (Lefevre Tavárez; Rodríguez Banchs, 2021) e procuram a reconciliação com o Norte.

Mas essa adaptação capitalista do orteguismo não reduz a intensidade do conflito com os Estados Unidos. As invasões, devastações e ocupações que os *marines* têm perpetrado em diferentes partes do mundo nunca se restringiram a inimigos exclusivamente socialistas.

Os exemplos de agressão frontal por parte de Washington são tão numerosos como as reações de Manágua. A Nicarágua retirou-se da OEA, anunciou que não reconhecia as credenciais do novo embaixador ianque e elevou o tom das suas críticas aos governos latino-americanos que se adaptam à ofensiva estadunidense.

Algumas perspectivas destacam essa tensão com os Estados Unidos para negar a ruptura entre Ortega e o sandinismo. Como prova dessa continuidade, destacam a persistência da mesma equipe de liderança. Mas os expoentes da primeira FSLN que seguiram a trajetória ziguezagueante do seu atual líder (ou regressaram depois de um longo distanciamento) emparelham-se aos casos opostos de altas figuras que denunciam a dissimulação de Ortega.

O que é inadmissível, em qualquer caso, é a perseguição de heróis reconhecidos e apoiantes da Revolução Sandinista, como Dora María Téllez e Óscar René Vargas, que enfrentaram duras condições de encarceramento, ou Hugo Torres, que morreu na prisão.

É verdade que as diferentes tentativas de forjar uma renovação do sandinismo fora do raio oficial não prosperaram ou derivaram em questionáveis confluências com a oposição. Também são desatinadas as apresentações unilaterais do atual regime como uma "ditadura neoliberal" ou a confiança na OEA e em um processo de democratização externa do país. Mas nenhuma dessas divergências justifica a repressão exercida pelo partido no poder.

A virulência dessa ação explica a divisão que o orteguismo gerou na esquerda latino-americana. Correntes e personalidades que mantêm intensa solidariedade com Cuba e Venezuela levantaram a voz contra a criminalização de posições discordantes na Nicarágua (Clacso, 2022). O fato de Ortega ter vencido o jogo até agora e de o seu governo ter o apoio efetivo de uma parte significativa da população não muda a natureza inadmissível das perseguições.

A libertação de 222 presos políticos, em fevereiro de 2023, confirma essa crítica, uma vez que os exilados descreveram as péssimas condições do seu encarceramento. Embora tenham sido privados da sua nacionalidade e dos seus direitos políticos, a libertação constituiu uma conquista democrática. Os Estados Unidos promoveram essa saída para se reposicionarem na América Central, fortalecerem a sua gestão da oposição de direita e disfarçarem o seu habitual apoio ao golpe (atualmente, no Peru). Ortega procurou moderar as pressões dos líderes da Celac e reduzir os efeitos econômicos das sanções.

É importante sublinhar que a denúncia dos abusos cometidos pelo partido no poder não justifica fazer vistas grossas ao imperialismo, que persiste como o principal inimigo de todos os povos. Dessa dupla observação deduzimos a necessidade de preceder qualquer crítica ao governo da Nicarágua com um questionamento contundente da agressão estadunidense.

Ambas as abordagens devem estar interligadas e é necessário distinguir, categoricamente, as exigências democráticas contra o regime de Ortega das provocações imperialistas contra a Nicarágua. A denúncia de má conduta governamental sem mencionar a perseguição imperialista é um erro frequente em muitas declarações da esquerda.

O governo daquele país tem, por exemplo, todo o direito de exigir transparência no financiamento externo das atividades políticas. Ortega exigiu esse registro, copiando a mesma fórmula que se aplica nos Estados Unidos e na Europa. Grande parte da belicosidade imperialista foi desencadeada pela aplicação dessa regra. Se a esquerda não se distanciar das manobras imperialistas, será absorvida pela grande teia de operações que Washington está criando.

O mesmo se aplica à OEA, uma organização que funciona como o grande trampolim para instalar um presidente de direita na Nicarágua. Os acenos de ex-sandinistas a essa organização levam à substituição de Ortega por algum clone do velho somozismo. Não há dúvida de que esse remédio seria pior que a doença. O atual governo se perpetua banindo adversários, mas os substitutos que os Estados Unidos treinam têm trajetórias e posições muito mais sombrias.

Portanto, o cenário político na Nicarágua difere, substancialmente, daquele prevalecente na Venezuela e na Bolívia. Mas esses três participantes do eixo alternativo mantêm uma ligação estreita e comum com Cuba, que perdura como a principal referência revolucionária na América Latina. O contexto atual daquele país exige uma análise específica.

12. PROEZAS E ENCRUZILHADAS DE CUBA

Desde a década de 1960, Cuba tem sido a principal obsessão regional da Casa Branca. Nenhum presidente estadunidense dispensou o pacote de invasões, conspirações e ataques contra a ilha elaborado pelo *staff* permanente do Departamento de Estado. Trump acentuou essas agressões, obstruindo viagens e remessas familiares e incorporando 243 medidas adicionais de assédio.

Biden não modificou a política de asfixia exigida pelo *lobby* da Flórida. Manteve a tipificação legal de Cuba como Estado terrorista, retomou a retirada de acreditações aos funcionários e, pelo menos até 2022, recusou-se a cumprir as cotas de visto acordadas.

Também favoreceu a implantação renovada de artilharia de comunicação, mediante uma engenharia sofisticada para espalhar notícias falsas. Após excluir o país da Cúpula das Américas, tentou expulsá-lo dos organismos da ONU e aumentou a injeção de dólares para os organizadores de campanhas anticubanas.

O presidente estadunidense manteve o bloqueio como uma estratégia premeditada de asfixia para tornar insuportável o cotidiano da população. Esse torniquete foi reforçado em plena pandemia, afetando o fornecimento de remédios a um país que importa uma parcela considerável de medicamentos básicos.

Ao mesmo tempo, o fornecimento de energia continuou a ser obstruído pela Lei Helms-Burton, que impede transações nos Estados Unidos por parte de empresas que comercializam com Cuba.

Esse tipo de estrangulamento triplicou o custo do frete marítimo e ampliou o desequilíbrio financeiro gerado pelo bloqueio. As perdas já acumularam 147 bilhões de dólares nas últimas seis décadas (Rodríguez, 2021).

Nenhum porta-voz da Casa Branca foi capaz de justificar um assédio que contradiz os sensatos princípios do livre-comércio. O salto mortal semântico de apresentá-lo como um embargo não modifica a brutalidade do cerco. O bloqueio procura causar um desastre humanitário para forçar a rendição de Cuba e apresentar a subsequente intervenção estrangeira como um ato de alívio. Por esse motivo, Biden também obstruiu as doações. Recentemente, restaurou os voos e modificou os limites das remessas, apenas para regular os fluxos de migrantes.

Adversidades econômicas

O assédio estadunidense agravou as duras restrições que o país enfrentou durante a pandemia. Tal como o restante da região, Cuba carecia de recursos suficientes para resolver o confinamento da população, mas teve de lidar com dificuldades adicionais de financiamento externo devido à falta de resolução de pagamentos pendentes com credores estrangeiros.

O coronavírus teve um impacto devastador no turismo, que é a principal fonte de divisas e um impulsionador essencial do nível de atividade. Para sustentar o crescimento do PIB, era necessária a chegada de 4,5 milhões de visitantes em 2020, e o país recebeu apenas 1,3 milhão de turistas. A recuperação posterior, com 2,2 milhões de entradas em 2021, não permitiu restabelecer os níveis necessários para apoiar o funcionamento da economia.

A adversidade ocorreu na difícil situação gerada pelo fracasso da unificação monetária. Com essa iniciativa, esperava-se criar o enquadramento comercial e financeiro necessário para promover uma reativação sustentada. Agora debate-se se essa ordem monetária foi mal concebida ou inoportuna, mas ela não alcançou o seu objetivo por diversas razões. O fracasso agravou, por sua vez, o novo mal da inflação. Os obstáculos à importação de petróleo agravaram o problema, acrescentando a escassez de combustíveis e o reaparecimento de apagões a um cenário marcado pela pior colheita dos últimos tempos.

Essas dificuldades não expressam apenas os inconvenientes de qualquer oscilação cíclica na economia. Cuba sofre de um grave problema de estagnação, que a tem impedido de alcançar o crescimento esperado com a introdução gradual de mecanismos mercantis.

O aumento anual de 1% ou 2% do PIB contrasta fortemente com a expansão prevista de 4,5%. O colapso sofrido durante a pandemia (8%) foi um acontecimento excepcional, que não difere da média regional. Mas as obstruções de médio prazo afetam todo o circuito produtivo e apresentam um perfil bastante singular.

O diagnóstico desses infortúnios é conhecido: Cuba pode sobreviver com o turismo, a venda de vacinas e a exportação de serviços médicos. Mas sem produzir arroz, feijão, carnes ou vegetais, o sufoco tenderá a se recriar continuamente. Os processos básicos de produção de bens são cada vez mais necessários para fazer face à asfixia do setor externo.

Também aqui têm sido debatidas soluções, mas a sua aplicação tende a ser repetidamente adiada. As razões do atraso advêm das perigosas consequências sociais das mudanças já aprovadas. Há uma evidente hesitação na implementação de transformações que possam agravar a desigualdade social. As reformas não implicam apenas um aumento da incidência do mercado. Supõem a presença de um fluxo de investidores que modificaria o estatuto da propriedade, mantendo o controle do Estado, mas cedendo diferentes esferas de gestão a grupos privados. Os atrasos nessas mudanças advêm do resultado potencial dessas transformações em uma restauração capitalista. A regressão afetaria as grandes conquistas da Revolução Cubana. Essa ameaça paira sobre todas as iniciativas em curso. A unificação monetária, por exemplo, foi concebida para facilitar a entrada de dólares e reduzir a falta paralisante de moeda estrangeira. Mas o influxo de fundos aumentaria as disparidades sociais se não fosse estabelecida uma compensação fiscal para a desigualdade gerada por ele. Aqueles que recebem dólares estariam localizados na pirâmide superior, em comparação com os setores desprovidos desse recurso.

Dilemas inevitáveis

Os dilemas enfrentados pela revolução estão presentes desde a formulação do plano de reforma em 2011. Tiveram o seu primeiro teste com a redução do papel da caderneta de racionamento, que garantia o abastecimento básico às famílias. A indefinição subsequente persistiu num contexto de baixo crescimento. Essa estagnação restringiu as receitas que o Estado necessita para compensar as consequências de um maior papel do setor privado.

A revolução gerou um trabalho de equalização social que não tem precedentes ou equivalentes no resto da América Latina. Nenhum outro país conseguiu com tão poucos recursos a igualdade alcançada por Cuba em termos de educação, saúde, cultura, esportes ou assistência social. As reformas foram adiadas por medo de destruir essa herança, num novo modelo que atribui maior centralidade ao mercado e peso crescente às modalidades combinadas de acumulação.

Mas a implementação das mudanças tornou-se uma exigência da própria mutação que o país enfrenta. A homogeneidade social que se seguiu à revolução foi abruptamente modificada pela crise da década de 1990 e, desde então, consolidaram-se três circuitos sobrepostos de economia estatal, mista e mercantil.

O primeiro segmento reúne atividades sustentadas com o orçamento público, o segundo liga o investimento privado às empresas estatais e o terceiro reúne o grande setor de trabalhadores independentes fragmentados e pequenas empresas privadas, que geram as suas próprias formas de rendimento.

Esse último segmento já envolve 22% da população empregada, e a sua estagnação reflete a obstrução que a economia cubana enfrenta. Não conseguiu superar a fase da simples reprodução nem se tornar um motor de decolagem comercial (Ortiz Bentancourt, 2022). Continua a ser um segmento precário, com desenvolvimento irregular e coexiste com os outros dois setores afetados pela mesma falta de dinamismo.

O resultado dessas deficiências é a ausência da decolagem esperada com as reformas e a consequente falta de um rumo de acumulação que recomponha o horizonte socialista (Regalado, 2021). Essa carência marca o contraste com o elevado nível de atividade alcançado pelos modelos chinês ou vietnamita (Valdés Paz, 2022a).

Esses esquemas adaptaram a trajetória anterior ao cenário internacional criado pela implosão da URSS, com estratégias destinadas a evitar a repetição desse colapso. O crescimento econômico alcançado contrabalançou esse perigo, mas gerou novas contradições derivadas da desigualdade social e da tensão do Estado com os setores capitalistas internos. Essa adaptação faz parte da dinâmica para criar sociedades prósperas em países subdesenvolvidos, que exigem elevadas taxas de crescimento.

Lenin foi o primeiro a reconhecer e enfrentar esse tipo de dilema quando, na década de 1920, promoveu a restauração parcial do mercado (conhecida como NEP), para contrariar a adversidade imposta pelo isolamento internacional da Revolução Russa. Cuba enfrenta agora o desafio de encontrar o seu próprio caminho de desenvolvimento, sabendo que está integrada em um cenário latino-americano tão distante do antigo contexto soviético como do atual quadro asiático.

Os dirigentes cubanos têm debatido essa encruzilhada desde o colapso do chamado "campo socialista", depois de apoiarem com admirável heroísmo a epopeia do "período especial". Eles estão cientes da falta de soluções mágicas na próxima esquina.

A ilha é assediada pela maior potência mundial e desenvolve uma luta extraordinária contra os milionários de Miami. A revolução resistiu com o apoio popular, percorrendo um caminho muito estreito, de privações e dificuldades. Mas agora precisa encorajar um arranque econômico implantando reformas há muito adiadas.

Este caminho exige aperfeiçoar, ao mesmo tempo, o controle do Estado, para combinar o crescimento com a conservação das conquistas sociais. O que se discute é a política necessária para incentivar o desenvolvimento do capital produtivo, que desencoraja a mera criação de uma burguesia intermediária dedicada aos serviços, às importações ou aos negócios imobiliários (La Tizza, 2023).

Avaliação dos protestos

O repensar econômico tornou-se imperativo após as manifestações de rua. Essas mobilizações verificaram-se não só em

Cuba, mas em todos os países que enfrentaram dificuldades econômicas após a pandemia. Elas tiveram ressonância nos bairros com maiores problemas sociais e foram precedidas de visível desconforto nas filas para aquisição dos produtos.

Os protestos tiveram três momentos muito diferentes. Iniciaram no dia 27 de novembro de 2020 com ações de artistas, ganharam visibilidade com as passeatas do dia 11 de julho de 2021 e fracassaram na nova chamada de mobilização do dia 15 de novembro do mesmo ano. Os três episódios foram muito diferentes em sua origem e resultado.

A primeira convocação foi promovida por uma atuação limitada de intelectuais que manifestaram seu descontentamento sem propor canais para a resolução de suas demandas. O segundo movimento foi significativo pela extensão e pelo descontentamento social manifestado por seus participantes. Não foi massivo, mas incluiu segmentos populares importantes e com grandes necessidades. O terceiro apelo não teve eco, porque foi comandado por forças de direita, com o propósito indisfarçado de desestabilizar o governo. Esse tipo de ação foi rejeitado pela maioria da população.

O governo permaneceu cauteloso, sabendo da potencial exploração da agitação social pela direita. Organizou algumas contramarchas para demonstrar o apoio efetivo à revolução, mas baixou o tom do confronto e priorizou a batalha política.

O partido no poder optou por uma estratégia dupla, que evitou a colisão frontal, mas incluiu prisões seletivas. Desenvolveu uma resposta que estava tão longe da simples repressão quanto da tolerância ingênua. Procurou ser honesto sobre as adversidades do contexto para redobrar seu compromisso político (La Tizza, 2021).

Com essa orientação, conseguiu frustrar a operação montada pela oposição de direita para transformar o descontentamento em um episódio destrutivo da revolução. A influência direta de Washington sobre os líderes (Yunior García Aguilera, Magdiel Jorge Castro) e as organizações (Archipiélago, Patria y Vida, Movimiento San Isidro) que impulsionaram essa tentativa contrarrevolucionária é óbvia (Veiga, 2022a).

Essa frustração da direita foi corroborada ao longo de 2022. A logística e o dinheiro fornecidos pelo Departamento de Estado não foram suficientes para produzir movimentos de rua relevantes. É provável que o alinhamento explícito dos organizadores com os grupos de Miami tenha dissuadido essa participação. O desconforto com as dificuldades que a ilha atravessa não levou à aceitação da vingança reacionária que esses grupos promovem.

Mas os problemas persistem e a rejeição à direita não anula as dificuldades que vieram à tona nas reivindicações das ruas. Provavelmente, o setor que mais explicitou a sua preocupação nos protestos foi o novo segmento dos trabalhadores precários e dos independentes. São os emergentes de um circuito comercial que não está decolando e carece de identidades políticas definidas ou de subjetividades coesas (Ortiz Bentancourt, 2022).

A renovada ajuda do Estado acalmou o descontentamento social sem o resolver, ao mesmo tempo que se afirma outra tendência significativa para a emigração. A resposta econômica a esses desafios passa por combinar reformas com ajustes no sistema político.

Mutações na mesma estrutura

O aparecimento de mobilizações de rua, diferentes daquelas organizadas tradicionalmente pelo partido no poder, ilustra a presença de um cenário político mais diversificado. O governo demonstrou que pode contestar com sucesso a primazia das ruas, mas essa vantagem não modifica a mudança introduzida pela crescente heterogeneidade política.

O atual sistema institucional é flexível e permite a incorporação de todos os atores no novo contexto, após a sua revitalização com a nova Constituição. Funciona como uma estrutura ancorada no poder popular, mediante um modelo oposto ao constitucionalismo burguês. Funciona em torno de uma variedade de mecanismos de assembleias, integrados no papel de liderança do Partido Comunista de Cuba.

Mas esse regime foi forjado sob a liderança e arbitragem de Fidel Castro. Essa liderança cumpriu um papel insubstituível, pela autoridade que exerceu sobre toda a sociedade. O mesmo sistema, desprovido desse comando, não possui mais a antiga proteção e opera com uma dinâmica diferente. Não só Fidel está ausente. Todos os arquitetos da revolução foram substituídos por uma nova geração, que deve adaptar o modelo político a outros padrões institucionais.

As medidas corretivas têm sido debatidas e envolvem uma agenda de decisões colegiadas para alcançar maior eficiência da administração pública, descentralização dos municípios e separação dos órgãos partidários e do Estado. A nova Constituição, a sua lei eleitoral e o seu componente plebiscitário facilitam essas transformações, mas a sua implementação real requer uma adaptação eficaz dos setores dirigentes (Valdés Paz, 2022b).

A participação dos cidadãos nas eleições e na definição das questões sujeitas a referendo confirma a existência de uma base sólida para apoiar essa adaptação. Mas a revolução precisa de maior participação vinda de baixo para renovar a sua legitimidade e sustentar a sua continuidade por meio de um novo consenso. Apesar de alguns progressos na agenda, a rotação de líderes e a assimilação dos jovens no sistema político continuam a ser, em grande medida, questões pendentes que Cuba processa na complexa adversidade imposta pelo assédio dos Estados Unidos.

O cerco de um gigantesco poder imperialista impõe um estado de alerta defensivo que obriga o pesado orçamento de modernização das Forças Armadas a ser apoiado com os reduzidos recursos do Estado. Washington não só facilita todas as operações agressivas propiciadas pela ultradireita na Flórida. Também apoia a interferência na rádio e na televisão e recusa-se a discutir a soberania cubana do bastião militar de Guantánamo. A magnitude da ameaça imperialista é óbvia quando ouvimos o prefeito de Miami, Francis Xavier Suarez, exigir a devida intervenção do Pentágono por meio de ataques aéreos semelhantes aos perpetrados no Panamá e na ex-Iugoslávia.

O sistema político cubano demonstrou durante décadas a capacidade de sustentar uma luta de Davi contra Golias. Mas a renovação dessa força exige a adaptação da atual estrutura política a um cenário interno de crescente diversidade de opiniões. Essa variedade é compatível com a base comum da soberania cubana.

A nova multiplicidade de pontos de vista inclui um amplo espectro de tendências políticas revolucionárias (fidelistas, guevaristas, socialistas convencionais, pesepistas, críticos, anarquistas) que lutam em comum contra as correntes pró-capitalistas (centristas, social-democratas, socioliberais, anexionistas) (Valdés Paz, 2022b).

As lutas políticas tendem a ser transparentes no atual modelo de poder popular. Esse sistema é mais eficaz do que o sistema multipartidário promovido pelo constitucionalismo burguês. A diversidade formal de organizações políticas que caracteriza esse último regime é totalmente fictícia, quando o poder efetivo da sociedade é detido por um punhado de capitalistas. A farsa republicana dos freios e contrapesos geralmente esconde a dominação exercida pelos ricos, com os seus parceiros militares, judiciais e midiáticos. A Revolução Cubana baseia-se em outro modelo, que tende a adaptar-se às transformações que a sociedade está desenvolvendo.

Debates e batalhas no exterior

As discussões internas em Cuba incluem uma variedade complexa de abordagens para especificar o âmbito das reformas econômicas, o perfil dos protestos e a renovação do sistema político. Por sua vez, fora do país os debates são atravessados por confrontos mais básicos de contestação ou defesa da revolução. Na América Latina, a principal divisão separa os que defendem enterrar o sistema atual (seguindo o caminho inaugurado com o colapso da URSS) daqueles a favor de manter e melhorar o modelo vigente.

O confronto entre ambas as posições se intensificou no calor da crescente influência alcançada pela ultradireita. Todas as correntes reacionárias estão obcecadas em demolir Cuba e transformaram esse objetivo no programa orientador de muitos jornalistas e influenciadores. Eles se especializaram em espalhar mentiras sobre a ilha e em multiplicar infâmias contra a revolução.

Todos atuam sob o comando de grupos neofascistas baseados na Flórida, que incitam o ódio para renovar o antigo programa de ataques contra a ilha. Esse setor da burguesia de origem cubana que vive no Norte mantém grande influência no *establishment* dos Estados Unidos e compartilha os desejos imperialistas da primeira potência.

Pela magnitude desses inimigos, a resistência de Cuba desperta admiração e apoio entre os setores progressistas e populares da América Latina. Nesse país foi possível preservar um projeto revolucionário em condições muito duras de isolamento e conspiração externa. Além disso, durante muito tempo se sustentaram melhorias na educação e na saúde que foram reconhecidas em toda a região.

Mesmo no dramático cenário recente, Cuba fez avanços substanciais nas vacinas Abdala e Soberana I e II, bem como em outras vacinas e medicamentos. Foi o primeiro país latino-americano a gerar imunização contra a covid-19, reafirmando a capacidade já desenvolvida contra o meningococo. Esses sucessos coroam uma longa experiência de trabalho no país com maior número de médicos por habitante da América Latina.

A solidariedade com Cuba tem sido um princípio unificador de grande parte da esquerda latino-americana, que acumula uma longa experiência de ações de apoio à revolução. Nos últimos dois anos, ocorreram importantes manifestações de apoio em inúmeras cidades latino-americanas. Essas marchas transmitiram uma mensagem de encorajamento à continuidade da resistência levada a cabo pelos próprios cubanos.

A mesma solidariedade estende-se à denúncia do bloqueio que sufoca a vida cotidiana na ilha e dificulta a concretização das reformas. Qualquer política econômica para superar os problemas do país exige a erradicação desse assédio externo. Não basta repetir os votos esmagadores contra o cerco na Assembleia Geral da ONU. É necessária uma pressão constante e generalizada para vencer a queda de braço com o imperialismo.

O apoio regional a Cuba é também um ato de retribuição a uma revolução que contribuiu para a durabilidade da esquerda latino-americana. A vitalidade desse espaço, ao contrário do que aconteceu em outras zonas do planeta, deve-se em grande parte à permanência de um projeto socialista a pouco mais de 140 quilômetros de Miami. O contraste com o que aconteceu no Leste Europeu após o colapso da URSS retrata essa gravitação regional de Cuba.

Essa influência incidiu até mesmo na simpatia de alguns presidentes e de muitos funcionários da região. Observam em Cuba a defesa exemplar da soberania, que tem faltado na maior parte da região. Por essa razão, López Obrador proclamou que a ilha deveria ser declarada "Patrimônio Histórico da Humanidade" e adotou novas medidas de solidariedade.

O engano social-democrata

A firmeza demonstrada pela maior parte da esquerda latino-americana em torno de Cuba contrasta com a adaptação ao assédio imperialista que prevalece na social-democracia. Essa corrente não participa em atos de solidariedade e junta-se a todas as críticas promovidas pelo *establishment* regional contra a revolução.

A carta de alguns intelectuais criticando as organizações que se recusaram a apoiar os protestos é um exemplo dessa afirmação. Atacaram duramente um "governo autoritário", omitindo a forma comedida como essa administração respondeu aos protestos (em marcante contraste com a norma repressiva internacional). Também negaram o assédio brutal sofrido pela ilha e o consequente direito de defender a sua soberania.

Alguns pensadores social-democratas promovem a equidistância entre Miami e Havana, atribuindo os problemas de Cuba ao fanatismo propagado por extremistas de ambos os lados. Mas colocam no mesmo plano dois alinhamentos que não são equiparáveis. Existe um poderoso agressor imperialista estadunidense, que não tolera desafios a poucos quilômetros da sua fronteira.

Essas mesmas vertentes consideram o diálogo entre o governo e a oposição como o principal canal para resolver as dificuldades de Cuba. Mas não esclarecem a agenda e o enquadramento político dessas conversações. Na verdade, promovem o desmantelamento da estrutura institucional do país.

Disfarçam esse propósito com uma exaltação ritual da "sociedade civil", mas defendem o desarmamento do sistema que permitiu resistir ao imperialismo. Evitam registrar a brutalidade dos planos de direita e desqualificam o perigo que implicam as suas incursões, como se faltassem provas das conspirações organizadas de Miami. Além disso, postulam que o bloqueio é apenas um problema entre outros, omitindo suas tremendas consequências.

A perspectiva *cool* da social-democracia relativiza as graves ameaças imperialistas. Ela desconsidera a importância do financiamento externo que os adversários recebem e pressupõe que a intensa luta pela defesa de Cuba possa ser realizada em termos cordiais de amizade republicana. Desconhece o protagonismo de uma nova ultradireita e da sua determinação em demolir a revolução. Como esse cenário grosseiro não corresponde às suas mensagens adocicadas, opta por todo tipo de imprecisão em suas reflexões sobre a ilha.

A perspectiva social-democrata também é reativa à trajetória heroica da revolução. Às vezes, zomba do "romance cubano que a esquerda construiu" e acredita que o confronto com o imperialismo está fora de moda. Essa posição está em sintonia com a confortável bolha das ONGs, mas perdeu contato com a realidade da região (Kohan, 2021).

Emaranhados e contradições

Outras visões da esquerda são guiadas por preceitos dogmáticos, que impedem o registro da responsabilidade primária do imperialismo nos infortúnios de Cuba. Tendem a culpar o governo do país pela agitação social e consideram-no o artífice (ou cúmplice) de um ajuste que sustenta a restauração do capitalismo.

Estimam que essa reintrodução já se tenha concluído e que os protestos registrados na ilha se assemelham a qualquer outro levantamento popular na América Latina (Sorans, 2001). Alguns declaram o seu entusiasmo por essas ações, observando no seu desenvolvimento o germe potencial de uma dinâmica socialista. Eles percebem esse fundamento na rejeição ao capitalismo que os questionamentos às "Lojas Especiais" expressariam (Altamira, 2021).

Mas em nenhum momento esclarecem qual seria a ligação entre esses acontecimentos e um futuro anticapitalista. Nem fornecem antecedentes de processos dessa natureza em qualquer país nas últimas décadas. A experiência do período ilustra resultados opostos aos imaginados por esses autores. Basta observar o que aconteceu na Rússia ou na Europa Oriental para avaliar de forma mais sensata o que aconteceu. Nenhum protesto naquela região levou à renovação do socialismo. Ao contrário, todos anteciparam a restauração do capitalismo e o sepultamento, durante muito tempo, do projeto igualitário.

O perigo de uma repetição dessas amargas experiências em Cuba é evidente e as forças que apoiam esse *remake* com o patrocínio dos Estados Unidos são muito ativas. Impulsionam a exaltação da "sociedade civil" com a mesma fraseologia humanista que antecipou a inundação neoliberal nesses países. Dessa onda surgiram os atuais governos de ultradireita no Leste Europeu.

Algumas visões mais realistas reconhecem esse potencial devir regressivo e convocam para que se lute contra ele, mas não dão sugestões de como criar um antídoto. Ao contrário, consideram que a primazia de uma contrarrevolução é relativamente inevitável no atual contexto de adversidade internacional (Sáenz, 2021). Apelam à luta contra essa influência, mas sem indicar qualquer caminho eficaz para essa ação. Na verdade, sugerem que as massas terão de passar pela dura experiência de um comando de direita para mais tarde redescobrirem as vantagens do socialismo.

Revendo o que aconteceu nas últimas décadas, a proposta de percorrer com a direita algum caminho comum que, finalmente, levará ao socialismo não tem credibilidade alguma. Os seus próprios promotores não insistem muito em divulgá-lo e nas suas crônicas limitam-se a descrever os fatos, reconhecendo a gestão imperialista da oposição. Mas não aceitam que, face ao assédio estadunidense, a defesa de Cuba seja uma prioridade. Esse apoio só pode ser desenvolvido no campo da própria revolução, e nunca no lado oposto (Katz, 2021d).

Alternativas e humores

Outras vertentes da esquerda propõem abordagens mais equilibradas, mas igualmente críticas ao governo cubano. Acreditam que ele enfrentou o bloqueio com grande heroísmo, impedindo a restauração do capitalismo que, entendem, está consumada no resto do planeta. Consideram que prevaleceu em Cuba uma administração burocrática ainda distante do capitalismo.

Mas tal caracterização contém um divórcio notável entre afirmações e conclusões. Se em uma pequena nação caribenha foi possível manter o projeto histórico dos socialistas (que em outras latitudes foram abandonados), seria oportuno felicitar os artífices dessa façanha. Teriam conseguido resistir à onda restauradora com recursos insignificantes e em grande isolamento internacional. Esse feito mereceria uma simples mensagem de admiração. Que peso qualquer crítica pode ter diante de um acerto tão gigantesco? A solidariedade que prevalece na esquerda latino-americana obedece, de fato, a intuições desse tipo.

A visão cautelosamente crítica demonstra, ao contrário, grande impaciência com a ausência de um curso mais acelerado de desenvolvimento socialista. Mas é evidente que esse percurso envolve uma longa viagem, que Cuba não poderá percorrer sozinha. Aqueles que sublinharam repetidas vezes a "impossibilidade de construir o socialismo em um único país" por vezes supõem que esse objetivo poderia ser alcançado em um pequeno canto do Caribe.

A natureza prolongada e complexa de uma transição socialista tem sido altamente enfatizada nos debates internos do país. A própria utilização do termo "Revolução", em letras maiúsculas, visa indicar essa longa sequência, em contraste com a interpretação corrente desse conceito como um acontecimento impetuoso, pontual e limitado à mudança de um regime social.

As críticas também visam colocar o eixo dos problemas cubanos na ausência de uma verdadeira democracia socialista. A grave má gestão da economia é atribuída a essa falta. Mas objeções desse tipo têm sido muito frequentes na história interna da própria revolução, pois ninguém desconhece as consequências negativas da burocracia, da improdutividade e da ineficácia em inúmeros setores da vida econômica.

Contudo, a experiência demonstrou a falta de soluções repentinas para essas adversidades. A mera extensão ou aprofundamento da democracia não implica soluções para os dilemas econômicos. "Socialismo com democracia" é uma frase vazia quando foge a propostas concretas para resolver dificuldades. Essas soluções não estão ligadas à simples expansão da soberania popular.

Cuba enfrenta, por exemplo, uma necessidade premente de moeda estrangeira. A sua obtenção gera as desigualdades sociais que acompanham as remessas, o turismo e o investimento estrangeiro.

Como a mera expansão da democracia resolveria esse dilema? Os promotores dessa saída não oferecem respostas à questão.

Às vezes, aludem ao controle operário da gestão como o grande corretivo, mas não esclarecem como esse mecanismo seria desenvolvido. Como funcionaria no setor do turismo que fornece os dólares? Cada empresa definiria a administração cambial que todo o país exige? Existe algum precedente internacional para avaliar tal esquema?

Um mérito dessa visão foi sublinhar a importância das cooperativas. Mas nenhum modelo econômico, em qualquer país, se desenvolve em torno dessas associações. Funcionam sempre como modalidades complementares de estruturas mais determinantes da economia, e as decisões estratégicas são processadas nesse segundo nível.

Ao evitar a avaliação de modelos nacionais específicos de desenvolvimento contemporâneo, a visão fracamente crítica priva referências reais às alterações que imagina para Cuba. Com essa omissão, todos os debates permanecem situados no universo da abstração e das boas intenções. Se não há nada a aprender com algum país (China? Bolívia? Vietnã?), é impossível imaginar soluções para a encruzilhada que a ilha enfrenta.

Certamente, Cuba não consegue forjar um modelo que combine o mercado com o investimento capitalista e o planejamento socialista. Mas pelo menos está testando esse rumo, registrando a impossibilidade de superar a crise atual com algum outro caminho que mantenha de pé o horizonte de uma sociedade igualitária. Esse percurso é sem dúvida problemático, mas proporciona, pelo menos, uma trajetória a seguir.

Ao contrário, a falta de respostas e a falta de alternativas induzem ao pessimismo e à desesperança. O desânimo é bem visível em algumas crônicas ou experiências da ilha. Mas a revolução nunca validou a renúncia face às dificuldades. Sempre apoiou as convicções e esperanças que relacionam todos os lutadores pelo socialismo. Essa tradição pode ser enriquecida com contribuições às alternativas que Cuba desenvolve no cenário convulsivo da América Latina.

PARTE V

13. A NOVA RESISTÊNCIA POPULAR

A América Latina persiste como uma área convulsionada por rebeliões populares e processos políticos transformadores. Em diferentes cantos da região tem-se observado a mesma tendência de retomada dos levantes que marcaram o início do novo milênio. Essas revoltas diminuíram durante a última década e recuperaram intensidade mais tarde.

A pandemia interrompeu de forma limitada a escalada de mobilizações que neutralizou a restauração conservadora dos anos 2014-2019. Esse período de renovado golpismo não conseguiu desativar o protagonismo dos movimentos populares.

A rebelião de 2019 no Equador inaugurou a atual fase de protestos, que repetiu o tom tradicional das irradiações. Bolívia, Chile, Colômbia, Peru e Haiti têm sido os principais centros de confronto recentemente.

Os efeitos políticos dessa nova onda são muito variados. Eles perturbaram o mapa geral dos governos e recriaram a influência do progressismo. Esse aspecto se impôs em grande parte da geografia regional. No início de 2023, os mandatários desse tipo prevaleciam nos países que reúnem 80% da população latino-americana (Cernadas; Santos, 2022).

O cenário também facilitou a continuidade de governos assediados pelo imperialismo estadunidense. Depois de suportar inúmeros ataques, os demonizados presidentes de Cuba, Venezuela e Nicarágua permanecem no poder.

O ciclo de golpes militares e institucionais patrocinados por Washington em Honduras (2009), Paraguai (2012), Brasil (2016) e Bolívia (2019) também foi parcialmente neutralizado.

A rebeldia obstruiu, até agora, a intervenção disfarçada dos *marines* em países devastados como o Haiti. Essa mesma luta popular não conseguiu até o momento conter os golpistas no Peru, mas provocou duras derrotas aos abusos tentados pelos reciclados governos neoliberais do Equador e do Panamá.

A grande intervenção vinda de baixo provoca uma reação mais virulenta e programada das classes dominantes. Os setores ricos processaram a experiência anterior e mostram menos tolerância a qualquer questionamento dos seus privilégios. Articularam uma contraofensiva de ultradireita para subjugar o movimento popular. Aspiram a retomar, com maior violência, a fracassada restauração conservadora da última década, e esse cenário complexo exige uma avaliação das forças em disputa.

Revoltas com efeito colateral

Diversas revoltas nos últimos três anos tiveram traduções eleitorais imediatas. Os novos líderes de Bolívia, Peru, Chile, Honduras, Colômbia e Guatemala emergiram de grandes sublevações que impuseram mudanças de governo. Protestos de rua forçaram eleições, o que levou a vitórias dos candidatos progressistas contra os seus adversários de ultradireita.

Essa sequência foi verificada pela primeira vez na Bolívia. A sublevação confrontou com sucesso as forças de segurança e derrubou a ditadura. A presidenta imposta Jeanine Áñez jogou a toalha ao perder seus últimos aliados e se divorciar dos setores médios que acompanharam sua aventura.

A gestão corrupta da pandemia reforçou seu isolamento e diluiu o continuísmo civil que os candidatos de centro-direita tentavam. A rebelião de baixo impôs o retorno do MAS ao governo boliviano e vários responsáveis pelo golpe foram julgados e presos. A conspiração continuou no bastião de Santa Cruz, mas sofreu nova derrota após a contundente reação oficial.

Dinâmica semelhante ocorreu no Chile, como resultado do grande levante popular que sepultou o governo de Sebastián Piñera. A faísca da batalha foi o custo do transporte, mas a rejeição dos 30 pesos dessa despesa levou a um feito imponente contra 30 anos de legado de Pinochet.

Essa torrente levou a duas vitórias eleitorais que precederam o triunfo de Gabriel Boric sobre José Antonio Kast. O grande aumento da participação eleitoral, com palavras de ordem antifascistas nos bairros populares, permitiu essa conquista no país emblemático do neoliberalismo regional.

Devido à importância do Chile como símbolo do thatcherismo, a posse de um presidente progressista – no âmbito da Assembleia Constituinte, com grande presença popular nas ruas – suscitou enormes expectativas.

Uma sequência mais vertiginosa e inesperada foi registrada no Peru. O tédio popular com os líderes de direita veio à tona em protestos espontâneos, liderados por jovens privados de seus direitos. A revolta seguiu-se à tragédia sanitária gerada pela pandemia e potenciada pela inépcia da burocracia dominante.

Pedro Castillo tornou-se beneficiário da agitação popular e Fujimori não pôde impedir a sua chegada ao Palácio do Governo. O discurso redistributivo do sindicalista e professor criou a expectativa (depois frustrada) de encerrar a esmagadora sucessão de governos conservadores.

Na Colômbia, a rebelião massiva forçou o *establishment* a renunciar, pela primeira vez, à sua gestão direta do Executivo. Vários milhões de pessoas participaram em manifestações impressionantes. As greves massivas foram recebidas com repressão feroz e conseguiram derrubar uma reforma conservadora do setor da saúde. Tal como no Chile, essas mobilizações espalharam-se posteriormente, expressando o enorme mal-estar acumulado durante décadas de neoliberalismo.

Esse cansaço traduziu-se na derrota eleitoral do uribismo e do improvisado partido de ultradireita que tentou impedir a vitória de Gustavo Petro. Com esse êxito, um líder de centro-esquerda tornou-se presidente, depois de superar o terrível destino do assassinato sofrido pelos seus antecessores. Ele estava acompanhado por Francia Márquez, representante afrodescendente dos setores mais oprimidos da população.

O triunfo de Xiomara Castro em Honduras foi na mesma linha. A sua vitória premiou a luta sustentada contra o golpe de Estado que, em 2009, foi promovido pelo embaixador dos Estados Unidos. O motim deu início ao longo ciclo latino-americano de *lawfare* e golpes judiciais parlamentares.

A vantagem de 15 pontos que Xiomara obteve sobre o adversário neutralizou as tentativas de fraude e banimento. Em um contexto dramático de pobreza, tráfico de drogas e crime, a heroica luta popular levou à primeira presidência liderada por uma mulher. Xiomara iniciou a sua administração revogando as leis de gestão secreta do Estado e de entrega de zonas especiais a investidores externos. Inverteu normas de precarização no emprego e estabeleceu medidas para fornecer energia gratuita a famílias empobrecidas.

Mas teve de lidar com a presença sufocante de uma grande base militar dos Estados Unidos, a de Palmerola, e de uma embaixadora de Washington que intervém, com toda naturalidade, nos debates internos sobre os assentamentos camponeses e as leis para reformar o sistema elétrico (Giménez, 2022).

Na Guatemala, as manifestações desde 2015 contra a corrupção do governo de Otto Pérez Molina não só conseguiram a prisão desse presidente e o declínio acelerado dos seus sucessores de direita. Também levaram à formação do movimento Semilla, que conseguiu avançar para o segundo turno e conquistar a presidência, sob a liderança de Bernardo Arévalo, de centro-esquerda.

Os grupos dominantes tentaram todos os vetos imagináveis para impedir o cumprimento do mandato popular, a fim de proteger os interesses do 1% dos ricos, que concentram rendimentos equivalentes aos da metade da população. Apenas 260 milionários detêm todo o poder econômico e lucram com uma extrema monopolização da propriedade territorial, que permite que 2,5% das explorações agrícolas utilizem 65% das terras agrícolas produtivas (D'León, 2023).

Mas as obstruções impostas pelo Poder Judiciário à presidência de Arévalo apenas conseguiram atrasar a oficialização de um reconhecimento que acrescentou mais um país à onda de governos que emergiu da luta popular.

Vitórias de outro tipo

Em outros países, a ascensão de mandatários progressistas não foi resultado direto de protestos populares. Mas essa resistência funcionou como pano de fundo do descontentamento social e da incapacidade dos grupos dominantes em renovar a primazia dos seus candidatos.

O México foi o primeiro caso dessa modalidade. Andrés Manuel López Obrador assumiu a presidência em 2018, depois de um duro confronto com as castas do PRI e do PAN apoiadas pelos principais grupos econômicos. López Obrador aproveitou o desgaste das administrações anteriores, a divisão das elites e a obsolescência da continuidade por meio da fraude. Mas atuou num contexto de menor impacto das mobilizações anteriores de professores e eletricistas.

Os sindicatos foram grandemente afetados no México pela reorganização da indústria e não foram determinantes da guinada política em curso. Obrador mantém uma relação ambígua com a sua referência histórica cardenista, mas inaugurou uma administração muito distanciada dos seus antecessores neoliberais.

Nem na Argentina a chegada de Alberto Fernández, em 2019, foi resultado imediato da ação popular. Não reproduziu a chegada de Néstor Kirchner, em 2003, à Casa Rosada, em meio a uma rebelião generalizada. Anteriormente, Mauricio Macri, de direita, sofreu um retumbante revés nas ruas quando tentou introduzir uma reforma previdenciária, em 2017. Mas não enfrentou o levante geral periódico que abala a Argentina.

O principal movimento de trabalhadores do continente está localizado nesse país. A sua vontade de lutar tem sido muito visível nas 40 greves gerais levadas a cabo desde o fim da ditadura civil-militar, em 1983. A sindicalização está no topo das médias internacionais e está ligada à atrativa organização dos *piqueteros* (desempregados e informais).

A luta desses movimentos permitiu sustentar a ajuda social do Estado, que as classes dominantes concederam sob o grande temor de uma revolta. As novas formas de resistência – ligadas à prévia belicosidade da classe trabalhadora – facilitaram o regresso do progressismo ao governo.

Nos últimos três anos de seu mandato, a decepção gerada pelo não cumprimento das promessas de Fernández gerou grande rejeição, mas com protestos limitados. Houve triunfos de muitos sindicatos, frequentes concessões do Executivo e protagonismo das ruas, mas a ação do movimento popular foi contida.

No Brasil, a vitória de Luiz Inácio Lula da Silva foi uma conquista importante, em um quadro de relações sociais de força desfavoráveis aos setores populares. Desde o golpe institucional contra a então presidenta Dilma Rousseff, em 2016, o domínio das ruas foi capturado pelos setores conservadores, que ungiram Jair Bolsonaro no Palácio do Planalto. Os sindicatos perderam proeminência, os movimentos sociais foram perseguidos e os militantes de esquerda adotaram atitudes defensivas.

A libertação de Lula da prisão incentivou certa retomada da ação popular. Mas esse ímpeto não foi suficiente para reverter a adversidade do contexto, o que permitiu a Bolsonaro reter uma massa significativa de eleitores. O PT retomou a mobilização durante a campanha eleitoral (especialmente no Nordeste do país) e revitalizou suas forças nas comemorações do triunfo.

Em um quadro de grande divisão dos grupos dominantes, saturação com as grosserias do ex-capitão e de liderança coesa de Lula, a derrota de Bolsonaro criou um cenário de potencial recuperação da luta popular (Dutra, 2022). O medo desse surto levou o alto-comando militar a vetar o não reconhecimento do veredito das urnas que o bolsonarismo promoveu.

Mas a batalha contra a ultradireita apenas começou e, para derrotar esse inimigo, é imperativo que os trabalhadores recuperem a confiança na luta (Arcary, 2022a). Esse ímpeto foi corroído pela desilusão com o modelo de pactos com o grande capital que o PT desenvolveu nas suas administrações anteriores.

A derrota de Bolsonaro apenas abriu uma situação mais favorável, sem reverter a relação social adversa de forças. A capacidade de mobilização ainda é baixa e, diferentemente das administrações anteriores, Lula tira seu apoio mais da rejeição à direita do que da expectativa das melhorias prometidas.

Três batalhas relevantes

Outras situações de enorme resistência popular na região não levaram a vitórias eleitorais progressistas, mas sim a grandes derrotas dos governos neoliberais.

No Equador, a primeira vitória desse tipo foi registrada contra o presidente Guillermo Lasso, que tentou retomar as privatizações e a desregulamentação laboral, com um plano de aumento dos preços de tarifas e alimentos ditado pelo FMI. Essa medida precipitou o embate com o movimento indígena e sua nova liderança radical, que promove um programa contundente de defesa da renda popular.

Em meados de 2022, o confronto recriou a batalha travada em outubro de 2019 contra a agressão lançada pelo ex-presidente Lenín Moreno para aumentar o preço dos combustíveis. O conflito foi resolvido com os mesmos resultados da luta anterior e com uma nova vitória do movimento popular. A gigantesca mobilização da Confederação das Nacionalidades Indígenas do Equador (Conaie) entrou em Quito em um clima de grande solidariedade, que neutralizou a chuva de gás lacrimogêneo disparada pelas forças de segurança.

Em 18 dias de greve, o experiente movimento indígena derrotou a provocação do governo, impondo a libertação de seu líder, Leónidas Iza (Acosta, 2022). A Conaie também conseguiu a revogação do estado de emergência e a aceitação das suas principais reivindicações, como o congelamento dos preços dos combustíveis, os bônus de emergência e os subsídios aos pequenos produtores (López, 2022).

O governo ficou sem munição quando o seu discurso insultuoso contra os indígenas perdeu credibilidade. Por isso, teve que ceder a um movimento que mais uma vez demonstrou grande capacidade de paralisar o país e neutralizar os ataques às conquistas sociais.

Outra vitória da mesma relevância foi alcançada no Panamá em meados de 2022, quando os sindicatos docentes convergiram com os transportadores e produtores agrícolas na rejeição do aumento oficial dos preços da gasolina, dos alimentos e dos medicamentos. A unidade forjada para desenvolver essa resistência uniu a comunidade indígena a um movimento de protesto que, durante três semanas, paralisou o país. As marchas superaram todas as precedentes das últimas décadas.

Essa reação social derrotou o governo neoliberal, que teve de recuar nos seus planos de ajuste. O presidente Laurentino Cortizo não conseguiu satisfazer as câmaras empresariais, que exigiam maior dureza contra os manifestantes.

O conglomerado de grupos obteve outra vitória posterior, que rejeitou o contrato assinado pelo governo com uma mineradora para extração de cobre, devastando as florestas do istmo. Essa desapropriação foi travada pela Justiça devido à massividade de um protesto que ratificou a renovada combatividade das novas gerações.

Essas vitórias foram particularmente significativas em uma nação de crescimento sustentado nas últimas duas décadas. Os lucros gerados pela administração do canal do Panamá para os grupos dominantes promoveram essa ascensão. Mas a desigualdade é esmagadora, num istmo onde 10% das famílias mais ricas têm rendimentos 37,3 vezes superiores aos 10% das mais pobres (D'León, 2022).

A invasão do país pelos Estados Unidos em 1989 instalou um esquema neoliberal que complementou essa assimetria com níveis escandalosos de corrupção. A evasão fiscal por si só equivale à totalidade da dívida pública (Beluche, 2022). A vitória nas ruas representou uma severa derrota ao modelo que as elites da América Central apresentam como o caminho a seguir para todos os pequenos países.

O terceiro caso de extraordinária resistência popular sem implicações eleitorais ocorre no Haiti. Gigantescas mobilizações ocuparam o centro das atenções nos últimos anos. Enfrentaram a pilhagem econômica implementada por um regime gerido nos escritórios do FMI. Essa organização levou ao aumento dos preços dos combustíveis, o que gerou protestos em um país ainda dilacerado pelo terremoto, pelo êxodo rural e pela superlotação urbana (Rivara, 2022a).

As marchas de rua acontecem em um vácuo político: há seis anos que não há eleições, e a administração dispensa os poderes Judiciário e Legislativo. O atual presidente, Ariel Henry,[1] sobrevive apenas graças ao apoio das embaixadas de Estados Unidos, Canadá e França.

O atual desgoverno é prolongado pela indecisão que prevalece em Washington quando se trata de consumar uma nova ocupação. Essas intervenções – sob o disfarce da ONU, da OEA e da Missão das Nações Unidas para a Estabilização no Haiti (Minustah) – foram recriadas repetidas vezes ao longo dos últimos 18 anos, com resultados desastrosos. Os servidores locais dessas invasões exigem a reentrada de tropas estrangeiras, mas a futilidade das missões é óbvia.

Esse tipo de controle imperialista foi, de fato, substituído pela disseminação generalizada de gangues paramilitares que aterrorizam a população. Atuam em estreita cumplicidade com as máfias empresariais (ou governamentais) que competem pelos butins em disputa, utilizando as 500 mil armas ilegais fornecidas pelos seus cúmplices do estado da Flórida, nos Estados Unidos (Isa Conde, 2022). O assassinato do presidente Jovenel

---

[1] Henry renunciou ao cargo em abril de 2024. Logo em seguida, um conselho de transição elegeu Edgard Leblanc Fils, presidente em exercício durante o fechamento desta edição. [N.E.]

Moïse foi apenas um exemplo do desastre causado por gangues geridas por diferentes grupos de poder.

Essas organizações também tentaram infiltrar-se nos movimentos de protesto para desmantelar a resistência popular. Espalharam o terror, mas não conseguiram confinar a população às suas casas. Tampouco puderam recriar expectativas em uma outra intervenção militar estrangeira (Boisrolin, 2022). A rebelião continua, enquanto a oposição procura formas de forjar uma alternativa para superar a tragédia atual.

Abordagens focadas na resistência

A sequência de lutas do último período confirma a persistência de um contexto prolongado de ações, sujeito ao padrão habitual de altos e baixos. Os sucessos e retrocessos dessa resistência são limitados. Não há triunfos de envergadura histórica, mas também não há derrotas como as sofridas durante as ditaduras da década de 1970.

Essa fase pode ser caracterizada com diferentes nomes. Alguns analistas observam um longo ciclo de contestação do neoliberalismo (Ouviña, 2021), outros destacam a preeminência de irrupções populares que determinam ciclos progressistas (García Linera, 2021).

Essas abordagens priorizam corretamente o papel da mobilização e a consequente influência dos sujeitos populares. Elas fornecem visões que vão além do frequente desrespeito aos processos vindos da base. Esta última desqualificação predomina em visões que ignoram o papel da luta social e limitam as suas investigações a rumos geopolíticos vindos de cima. Estudam apenas os conflitos que se desenvolvem entre poderes, governos ou classes dominantes.

Essa perspectiva geralmente prevalece nas caracterizações dos ciclos progressistas como processos meramente opostos ao neoliberalismo. Destaca o seu impacto político democratizante, as suas direções econômicas heterodoxas ou a sua autonomia face à dominação estadunidense.

Mas com essa abordagem são avaliadas as diferentes posições dos grupos dominantes, sem registrar os seus propósitos políticos de controle ou subjugação das maiorias populares. Omite-se esse fato fundamental porque não se valoriza a centralidade da luta popular na determinação do atual contexto latino-americano.

Essa distorção é bem visível no uso tendencioso de categorias inspiradas no pensamento de Antonio Gramsci. As noções são tomadas para avaliar como as classes capitalistas conseguem articular consenso, dominação e hegemonia. Mas esquecemos que essa cartografia do poder, para o comunista italiano, constituiu um elemento complementar da sua avaliação da resistência popular. A rebelião foi o pilar de sua estratégia de conquista do poder pelos oprimidos para construir o socialismo.

Uma aplicação atualizada dessa última abordagem requer priorizar a análise das lutas populares. As modalidades que os poderosos utilizam para expandir, preservar ou legitimar a sua dominação enriquecem, mas não substituem, essa avaliação.

A revalorização das revoltas populares esteve muito presente no 50º aniversário da experiência da Unidade Popular Chilena. Em alguns seminários dessa comemoração, foi conceituada a diferença entre a era revolucionária da década de 1970 e o período de rebeliões do século XXI (Clacso TV, 2023).

A dinâmica de construções paralelas ao Estado, com formas de poder popular, ao final de investidas militares impactantes foi verificada nos triunfos de Cuba ou da Nicarágua (1959 e 1979). Essa escala revolucionária diferiu tanto das rebeliões da primeira onda (começando em 1989, em Venezuela,

Bolívia, Equador, Argentina), como da segunda (começando em 2019, em Bolívia, Chile, Colômbia, Peru e Haiti).

As revoltas ultrapassaram as etapas básicas do protesto social, sem atingir magnitudes revolucionárias. As distinções contribuem para conceber estratégias de poder à esquerda, sem perder de vista que o sujeito popular é o principal ator e motor das mudanças sociais.

Comparações com outras regiões

Ao investigar a resistência dos oprimidos, percebem-se as singularidades latino-americanas dessas lutas. Nos últimos anos, a ação popular apresentou semelhanças e diferenças com outras regiões.

Em 2019, observou-se um forte aumento de protestos em várias partes do planeta, liderados por jovens indignados de França, Argélia, Egito, Equador, Chile e Líbano.

A pandemia interrompeu abruptamente essa irrupção, gerando um período de dois anos de medo e confinamento. O refluxo foi, por sua vez, acentuado pela influência do negacionismo de direita, que desafiou a proteção da saúde. Nesse quadro, surgiu a dificuldade de articular um movimento global em defesa da saúde pública, centrado na eliminação de patentes de vacinas.

Terminado o dramático período de confinamento, os protestos tendem a reaparecer, suscitando alertas por parte do *establishment*, que adverte para a proximidade de rebeliões pós-pandemia (Rosso, 2021). Teme-se especialmente a indignação gerada pelo elevado custo dos combustíveis e dos alimentos. Essa dinâmica de resistência já inclui um ressurgimento significativo de greves na Europa e de sindicalização nos Estados Unidos. Mas a proeminência da América Latina continua a ser um fato marcante.

Em todo o lado, os temas da batalha reúnem uma grande diversidade de atores, com significativa relevância do jovem trabalhador precarizado. Esse segmento sofre maior grau de exploração do que o dos empregados formais. Sofre com a insegurança no emprego, a falta de benefícios sociais e as consequências da flexibilidade laboral (Standing, 2017).

Por essas razões, ele é particularmente ativo nas lutas de rua. Foi privado das esferas tradicionais de negociação e enfrenta uma contraparte patronal muito difusa. Em diferentes países ele é pressionado a impor as suas exigências por meio do Estado.

Os migrantes, as minorias étnicas e os estudantes endividados são atores frequentes nessas batalhas nas economias centrais, e a massa de trabalhadores informais ocupa uma centralidade semelhante nos países periféricos. Este último segmento não faz parte do proletariado fabril tradicional, mas faz parte (em termos gerais) da classe trabalhadora e da população que vive do seu próprio trabalho.

Os *piqueteros* da Argentina compõem uma variedade desse segmento, que forjou sua identidade ao bloquear as ruas devido à perda de trabalho nos locais que centralizavam suas demandas. Dessa batalha surgiram movimentos sociais e diferentes formas de economia popular. Papel igualmente relevante é desempenhado pelo setor camponês que forjou o MAS, na Bolívia, e pelas comunidades indígenas que criaram a Conaie, no Equador.

Os vínculos entre esses movimentos de luta latino-americanos e os seus homólogos de outras partes do mundo perderam visibilidade devido à deterioração dos órgãos de coordenação internacional. A última grande tentativa de articulação foram os Fóruns Sociais Mundiais, patrocinados na última década pelo movimento altermundista. As Cúpulas dos Povos, alternativas às reuniões de governos, banqueiros e diplomatas, já não têm esse impacto. A batalha contra a globalização neoliberal foi substituída por agendas populares mais nacionais (Kent Carrasco, 2019).

Certamente persistem dois movimentos globais altamente dinâmicos: o feminismo e o ambientalismo. O primeiro obteve sucessos muito significativos e o segundo reaparece periodicamente com picos inesperados de mobilização. Mas o âmbito comum das campanhas globais, proporcionadas pelos fóruns sociais, não encontrou um substituto equivalente.

A grande vitalidade dos movimentos de luta na América Latina é verificada periodicamente, embora também exija convergências e impulsos de outras áreas para manter a sua intensidade. Essa força se deve a vários motivos. Mas o seu perfil político progressista, longe do chauvinismo e do fundamentalismo religioso, tem sido muito convincente. Na região foi possível conter as tendências reacionárias patrocinadas pelo imperialismo para gerar confrontos entre povos ou guerras entre nações oprimidas.

O Pentágono não encontrou uma forma de induzir na América Latina os conflitos sangrentos que conseguiu desencadear na África e no Oriente. Também não foi possível instalar um apêndice como Israel para perpetuar esses massacres ou validar o terror duradouro dos jihadistas.

Washington tem sido o invariável promotor dessas monstruosidades para tentar manter a sua liderança imperialista. Mas, até agora, nenhuma destas aberrações prosperou na região devido à centralidade mantida pelas organizações de luta popular.

A América Latina persiste como referência para outras experiências internacionais. Muitas organizações da esquerda europeia procuram, por exemplo, replicar a estratégia de unidade ou os projetos redistributivos desenvolvidos na região (Febbro, 2022b). Mas essas perspectivas exigem programas e horizontes políticos mais abrangentes.

14. INTEGRAÇÃO, SOBERANIA E SOCIALISMO

A América Latina precisa resistir à dominação exercida pelo imperialismo estadunidense e à dependência econômica que foi gerada com a China. Uma ação combinada é essencial para apoiar o desenvolvimento, melhorar o rendimento popular e reduzir a desigualdade na região. São duas batalhas de tipos diferentes, mas que passam pela mesma construção de um quadro regional autônomo.

Essa junção serviria, sobretudo, para recuperar a soberania latino-americana face à interferência imperialista de Washington. Mas também facilitaria o desenvolvimento da região face ao retrocesso produtivo gerado pelos acordos de cada país com Beijing. Tomar plena consciência de ambos os objetivos e procurar uma forma de combinar a sua realização é um objetivo central da unidade regional.

Sem erradicar a presença secreta dos *marines* e a interferência aberta dos embaixadores ianques, a América Latina não pode tomar as decisões que necessita para remodelar a sua economia. Mas sem reverter a assinatura dos acordos balcanizados com a China, que promovem a expropriação dos recursos naturais, o subdesenvolvimento da região também não será erradicado.

Negociar em bloco com a China

Já existem fortes indícios das adversidades que o atual padrão de relações com a China acarreta para a região. Diante dessas evidências, apenas se multiplicam as sugestões, exortações ou apelos para corrigir os contratempos, mas sem propostas para alterar o problema. Não basta apelar ao desenvolvimento de "estratégias triangulares" para reposicionar autonomamente a América Latina na disputa da China com os Estados Unidos. As convocatórias serão meramente formais se permanecerem divorciadas de qualquer medida para tornar o apelo eficaz.

Uma concretização assim implica criar condições para uma negociação econômica em bloco com o gigante oriental. Só esse contrapeso permitiria equilibrar os acordos que favorecem Beijing, revertendo a transferência de rendimentos para um grande credor, investidor e cliente de toda a zona.

É evidente que os atuais tratados acentuam a primarização, o extrativismo e a dependência, e que devem ser transformados em acordos de sinal inverso. Somente quando facilitarem o investimento produtivo, a reindustrialização e a transferência de tecnologia serão favoráveis ao desenvolvimento latino-americano. Mas essa reorientação nunca será alcançada com as negociações dispersas levadas a cabo pelas desprotegidas economias latino-americanas, face ao poder centralizado da China.

Um repensar da América Latina deveria registrar a mudança em curso na cena mundial. A globalização uniforme que os Estados Unidos comandaram no início do novo século foi substituída por um choque de projetos, atualmente consubstanciados no confronto da Aliança para a Prosperidade Econômica das Américas com a Rota da Seda. A China não só apoia um projeto global alternativo, mas também antecipa, penetra e mina as iniciativas estadunidenses. Washington procura responder com pressão militar e novas apostas econômicas, em sintonia com os seus poderosos aliados no Ocidente e no Oriente.

Em vez de continuar sujeita aos mandatos geopolíticos dos Estados Unidos e às prioridades comerciais da China, a América Latina pode repensar, de forma drástica, a sua relação com as duas potências poderosas do planeta. Precisa recuperar a sua verdadeira independência do dominador do Norte e reordenar os acordos com Beijing, aproveitando a flexibilidade desses tratados. A Rota da Seda acaba de surgir, não tem fundamentos anteriores em nenhum dos países associados e está sujeita ao que os seus participantes possam exigir.

A América Latina não explorou nenhuma dessas alternativas, porque mantém um comportamento passivo que simplesmente valida os negócios acordados com Beijing pelos grupos capitalistas dominantes em cada país.

O único órgão designado para negociações coletivas é a Celac-China, que se limita a recriar agendas protocolares com pouco impacto no futuro da região. Sem forjar um bloco negociador unitário, a região continuará presa no atual formato dos TLC e não poderá se beneficiar das mudanças nesses acordos.

Outro cenário dos TLC

As adversidades geradas pelos TLC explicam a sua contínua oposição em muitas partes do mundo. Essa resistência é especialmente verdadeira nos setores agrícolas, afetados pela destruição de pequenas propriedades. A organização Via Campesina promove um movimento de rejeição duradoura aos tratados de abertura comercial, que provocam a desapropriação dos agricultores, o aumento da concentração de terras e o crescente predomínio das exportações em detrimento do abastecimento local. As importantes ações contra os TLC em países asiáticos (Geum-Soon, 2021) ou na América Latina (Castro Alegría; Pastrana Buelvas, 2020) ilustram a validade dessa resistência.

Mas em escala global já não existem movimentos com o mesmo peso das décadas anteriores. Essas mobilizações deram origem ao surgimento do Fórum Social Mundial como uma esfera de denúncia da globalização capitalista. Apoiaram também as resistências regionalizadas, que tiveram um primeiro êxito na derrota infligida na Europa a uma tentativa de livre-comércio irrestrito (Acordo Multilateral de Investimento, AMI, em 1998). Um segundo coroamento dessa sequência foi a vitória sul-americana contra a Alca, em 2005. Essa sequência de protestos diminuiu posteriormente, até perder, na atualidade, o impacto do passado.

A consolidação dos TLC influenciou significativamente esse refluxo. O ritmo de assinatura desses acordos disparou nos últimos anos, apesar do abrandamento da própria globalização. Embora o comércio tenha deixado de aumentar acima da produção, os acordos de intercâmbio continuaram a prosperar.

Esse divórcio manteve-se, mesmo nos dois momentos de grande paralisação da economia, impostos pela crise de 2008-2009 e pela pandemia. O nível de atividade produtiva foi impactado pelos dois acontecimentos, mas os TLC sobreviveram e expandiram-se em meio a ambos os colapsos.

Esse contraste é particularmente marcante se observarmos a enorme intervenção dos Estados nas duas situações. O resgate dos bancos e o apoio às empresas com fundos públicos foram ações flagrantemente contraditórias com a desregulamentação promovida pelos acordos de livre-comércio (Ghiotto, 2020).

É verdade que o protecionismo reintroduzido por Trump abrandou a escala dessas subscrições, mas apenas temporariamente e no âmbito dos acordos promovidos pelos Estados Unidos. Os parceiros ocidentais da primeira potência continuaram a celebrar acordos e a China deu um ritmo sem precedentes às negociações. A Rota da Seda coroa e articula esse avanço dos tratados, por meio de uma rede global de transportes e comunicações.

O desafio em bloco aos TLC por parte dos movimentos sociais enfrenta um novo cenário. Os liberais continuam a promovê-los, mas a ultradireita trumpista questiona-os, com bandeiras que idolatram o protecionismo, exaltam o chauvinismo e difamam a imigração. Essa oposição reacionária aos TLC complica as posições da esquerda, que no início do novo século era o único objetor relevante desses tratados.

Durante o auge do Fórum Social Mundial, as organizações mais radicais lideraram a batalha contra os TLCs e alcançaram vitórias que ainda persistem. Geraram campanhas internacionais que continuam a ter impacto em todo o mundo. Os relatos sobre a exploração de crianças africanas nas minas ou de trabalhadores brutalmente explorados no Bangladesh exemplificam a vitalidade dessas questões (Hernández Zubizarreta; Ramiro, 2016).

Mas já não se registram as grandes mobilizações diante das cúpulas do G7, que transformavam anualmente diversas cidades do planeta em grandes áreas de resistência de ruas. Esse declínio do radicalismo altermundista aumentou a incidência de aparatos sindicais internacionais e ONG moderadas, que sempre se opuseram à batalha frontal contra os TLC, defendendo a melhoria do seu funcionamento com a introdução de cláusulas sociais (Dobrusin; Ventrici, 2018).

Essas abordagens encorajaram formas de negociação internacional, em conflito com a intenção empresarial de autorregular a sua conduta com as normas vagas de uma auditoria privada. Com o engodo da "Responsabilidade Social Corporativa", as empresas evitaram durante muito tempo qualquer negociação ou concordaram em ajustá-las a um quadro global, sem qualquer presença orientadora dos Estados nacionais.

Depois de inúmeras disputas, generalizaram-se as negociações de diversas matrizes com as federações sindicais internacionais, que costumam discutir salários, condições de trabalho e direitos sindicais. Essas discussões decorrem sem qualquer mobilização de baixo e no quadro habitual do *lobby* promovido pelos dirigentes sindicais. O sindicalismo transnacional projeta fora das fronteiras de cada país o mesmo comportamento que desenvolve em escala nacional e privilegia a pressão institucionalizada em greves ou mobilizações de rua (Antentas, 2012).

As empresas costumam evitar a outorga de concessões significativas, tiram partido da terceirização das suas atividades em inúmeras empresas subcontratantes e continuam a lucrar com a diferenciação internacional de salários. Mas devem lidar com um contexto inédito.

Negociações inovadoras e alternativas

O novo cenário gera resultados surpreendentes e o que aconteceu com o T-MEC, de México, Estados Unidos e Canadá, é muito marcante. Esse tratado sucedeu o Acordo Norte-Americano de Livre-Comércio (Nafta), em um quadro de resistência limitada face à derrota devastadora sofrida pela Alca (Ghiotto, 2016).

Ao contrário desse resultado, o T-MEC consolidou-se no hemisfério Norte, mas com modificações no seu formato inicial de mera tirania empresarial. A pressão exercida pelos sindicatos estadunidenses permitiu a introdução de certas normas de aumento salarial e o direito de sindicalização para os trabalhadores mexicanos (Cano, 2022).

Essa mudança ilustra um contexto muito diferente daquele prevalecente na última década, quando predominavam apenas as ações coletivas do movimento antiglobalização contra os TLC (Botto, 2014). A mesma mutação afeta o movimento que derrubou a Alca. O pano de fundo do problema reside no fato de já não existir um único projeto dominante promovido pelos Estados Unidos que desencadeie a oposição convergente dos movimentos, sindicatos ou governos da América Latina.

Washington está tentando iniciativas múltiplas e contraditórias para recompor o seu domínio sobre a região, enquanto a China se tornou o principal promotor dos TLC, com os consequentes efeitos dessa incidência na América Latina. Beijing já assinou quatro acordos desse tipo com o Chile (2004), o Peru (2009), a Costa Rica (2010) e recentemente o Equador (2023). Este último acordo é particularmente significativo porque foi celebrado com um governo de direita, em plena rivalidade com os Estados Unidos e afetando seriamente a débil indústria têxtil local.

Os investimentos chineses na mineração, nos combustíveis ou nas exportações agrícolas estão gerando as mesmas adversidades nas condições de trabalho e no entorno ambiental que os seus equivalentes de origem americana, europeia ou japonesa. O mesmo acontece com os níveis de exploração prevalecentes nas fábricas geridas por Beijing. É imperativo questionar esses abusos e exigir cláusulas de proteção, estendendo aos contratos com a China o mesmo tipo de exigências que passaram a reger o T-MEC com os Estados Unidos.

A generalização desses corretivos poderia ser conceituada como uma introdução dos princípios de Bandung à Rota da Seda. Essa é a proposta que alguns analistas têm sugerido nos debates do projeto (Mohanty, 2022). As ideias de emancipação social que estiveram presentes na década de 1950, na conferência dos líderes que comandaram a independência da Ásia e da

África, poderiam ser atualizadas no novo formato do quadro econômico mundial patrocinado pela China.

Um projeto centrado apenas nos princípios do livre-comércio, da competitividade e da rentabilidade poderá encontrar a sua contrapartida de demandas populares, se os movimentos sociais, os governos radicais e as forças de esquerda apoiarem essa remodelação. A América Latina poderia desempenhar um papel de liderança nesse repensar, desde que consolide o seu próprio formato de unidade anti-imperialista.

Essa direção exige recompor, sobretudo, as áreas de desenvolvimento da unidade regional a partir de baixo, que começaram a emergir na última década nas Cúpulas dos Povos. Nas ações contra a Alca, nos Fóruns Sociais Altermundistas, nas confluências da Unasul e nas reuniões da Alba surgiram essas dinâmicas alternativas.

Começou aí a elaboração de propostas de unidade latino-americana, com perfis radicais, sentidos anti-imperialistas e aspectos anticapitalistas. Essa trajetória começa a ser retomada pelas iniciativas da Celac Social. A ebulição que acompanhou a primeira onda progressista ainda não ressurgiu, mas multiplicam-se os sinais de um ressurgimento dessa tradição em torno do programa convergente desenvolvido pelos movimentos populares da região.

Essa plataforma denuncia o flagelo da desigualdade, proclama a necessidade de uma política fiscal progressiva, exige o aumento dos salários-mínimos e o estabelecimento de um piso de rendimento comum para toda a área. Promove também iniciativas para gerar trabalho produtivo, com medidas específicas para eliminar o trabalho infantil, proteger os migrantes, melhorar as pensões e reduzir a jornada de trabalho.

Além disso, esse caminho exige a recuperação da soberania financeira, minada pelo endividamento e pelo controle que o FMI exerce sobre a política econômica de numerosas nações. Implica impor uma auditoria geral desses passivos e a suspensão de pagamentos nos países mais comprometidos, para lançar as bases de uma Nova Arquitetura Financeira. Significa também avançar em direção à soberania energética, estabelecer grandes entidades interestaduais para complementar os recursos dos diferentes países e iniciar agora mesmo a criação de uma empresa estatal latino-americana de lítio.

Esses projetos sustentam um objetivo de integração regional inspirado em concepções geopolíticas típicas da periferia. Os países dependentes devem enfrentar formas de interligação defensiva, em tensão com as grandes potências que competem pela apropriação dos recursos das regiões relegadas. A geopolítica que emerge do subdesenvolvimento é muito diferente da sua equivalente, entre aqueles que competem pela dominação global (Puntigliano, 2021).

A geopolítica latino-americana tem uma base sólida elaborada durante o século XX por pensadores desenvolvimentistas, estruturalistas e marxistas. A utopia da Pátria Grande sintetiza uma velha contradição entre o bolivarianismo e o monroísmo, que assumiu diferentes modalidades de anti-imperialismo na turbulenta história da região. A meta de integração sempre surgiu como projeto para superar os infortúnios e, nas últimas décadas, incluiu um contraponto persistente entre a versão convencional da Cepal e o formato socialista introduzido pelas façanhas de Che Guevara.

O amadurecimento dos projetos radicais de unidade regional poderia construir a contribuição latino-americana ao desenvolvimento de uma alternativa global contra o capitalismo neoliberal, que na atualidade prevalece no planeta. O perfil desse modelo pode ser vislumbrado avaliando as opções em debate.

Pluripolaridade versus multipolaridade

Todas as concepções críticas do sistema atual coincidem em diagnósticos semelhantes sobre as tragédias que o capitalismo incuba no campo da opressão social, da devastação bélica e da catástrofe ambiental. Mas as opiniões mais comuns estimam que esses infortúnios poderiam ser corrigidos ou mitigados apenas com a dispersão do poder mundial. Consideram que a perda da supremacia estadunidense e a validade de um maior equilíbrio global entre potências irão, por si só, aliviar as contradições do capitalismo. Os apelos à construção de um mundo multipolar são inspirados nessa perspectiva.

Mas expectativas muito semelhantes foram desmentidas no século passado pelas devastadoras crises periódicas geradas pelo próprio funcionamento do sistema atual. O desastre financeiro de 2008-2009 foi a ilustração mais recente desses desequilíbrios insolúveis.

A ajuda estatal adiou as consequências desse tremor, mas o capitalismo acentuou imediatamente os efeitos da calamidade natural gerada pela pandemia. Esse momento confirmou que a batalha contra o sistema é inevitável para desenvolver um projeto de bem-estar coletivo.

Essa opção há muito esperada exige a retomada do objetivo estratégico do socialismo, com novos rumos de transição para alcançá-lo. Um horizonte desse tipo foi delineado por Hugo Chávez, quando postulou um cenário de pluripolaridade como o quadro mais favorável para uma posterior passagem ao socialismo (Instituto Tricontinental de Pesquisa Social, 2023a).

Esse modelo de pluripolaridade promove a neutralização do poder destrutivo do sistema imperialista comandado pelos Estados Unidos. Mas não restringe a batalha a uma simples contraposição entre opções multipolares e unipolares. Também não se limita a formular contrapontos entre o multipolarismo progressista do Sul e o multipolarismo conservador do Norte.

A tese pluripolar questiona o sistema capitalista que está subjacente a todos estes aspectos e postula um caminho socialista de erradicação desse regime por mediações transitórias enunciadas de maneira incerta. Propõe um caminho para enfraquecer a dominação imperialista, ao mesmo tempo que forja os pilares de um futuro pós-capitalista.

Uma abordagem política convergente com essa proposta sublinha a centralidade da luta contra o imperialismo, denunciando a nova guerra fria que os Estados Unidos desencadearam contra a Rússia e a China. Afirma que a primeira potência está determinada a restaurar a sua primazia, com agressões contra todos os governos que não aceitem as suas exigências (Group, 2021). Também destaca a centralidade do confronto com a ultradireita e descreve corretamente como a adaptação social-democrata ao neoliberalismo permitiu a canalização conservadora do descontentamento.

Outras visões com pontos de coincidência propõem apoiar a criação de um horizonte internacional alternativo, recriando antigas organizações (como o Movimento dos Não Alinhados) ou iluminando outras (como a Internacional Progressista), em uma direção que não se limite a substituir a unipolaridade capitalista pela multipolaridade capitalista (Varoufakis, 2023).

Um fundamento conceitual da estratégia pluripolar é apontar a grande diversidade de hegemonias que tem imperado ao longo da história. Em contraste com a suposição de uma supremacia inevitável de um determinado poder no sistema mundial, essa visão destaca que em nenhum período do capitalismo os países mais influentes alcançaram preeminência total (Kagarlitsky, 2014).

Essa visão é estendida até o presente, não apenas para destacar os limites da dominação estadunidense (Desai; Freeman;

Kagarlitsky, 2016). Destaca também que no passado a falta de preponderância imperial gerou lacunas na dominação global, o que facilitou o surgimento de rumos alternativos.

Mas o que distingue essencialmente um projeto de pluripolaridade socialista da abordagem meramente multipolar é a ênfase em um programa revolucionário radical de transição anticapitalista. Essa plataforma implica patrocinar a desmercantilização dos recursos básicos, a redução da jornada de trabalho e a nacionalização dos bancos e das plataformas digitais, a fim de criar as bases de uma economia mais igualitária.

A segunda diferença substancial com a abordagem multipolar é o destaque atribuído aos sujeitos populares em todas as transformações propostas. A tese pluripolar aposta na força dos movimentos de resistência, sublinhando a relevância dessa batalha. Essa abordagem contrasta com visões focadas exclusivamente em acontecimentos geopolíticos.

A visão multipolar mais comum assume que as transformações progressistas surgirão como mero resultado de lutas entre potências ou governos. A visão alternativa adota outro critério e sustenta uma construção situada no universo dos explorados, dos despossuídos e dos combatentes.

Repensar socialista

A pluripolaridade é concebida como um cenário favorável para retomar a batalha pelo socialismo, em um contexto muito diferente da segunda metade do século passado. Atualmente, não se verifica a expectativa de processos revolucionários simultâneos ou concatenados, que acompanharam todos os momentos de triunfo anticapitalista.

O contexto criado pelas vitórias na Rússia, na China, no Vietná ou em Cuba ainda não se repetiu no novo século. Ao lado do colapso da URSS, a esperança de uma extensão geográfica gradual do socialismo a partir de uma matriz já consolidada também diminuiu. Essas deficiências tornam mais imprevisível o rumo que uma trajetória de erradicação global do capitalismo poderia tomar.

Mas as referências ao socialismo também reapareceram na América Latina, por meio da campanha cega desenvolvida pela ultradireita contra o principal objetivo da esquerda. Os seus porta-vozes mais reacionários observam a presença desse projeto em inúmeras correntes, governos ou personalidades da região. Questionam a tendência socialista dos responsáveis moderados e a contaminação comunista de qualquer variante do progressismo.

Essa patética atitude macarthista colocou mais uma vez o significado de uma sociedade pós-capitalista no centro da cena. Por vias inusitadas, todos os conceitos do léxico socialista recuperaram uma influência inesperada.

A fúria anticomunista não é apenas mais um delírio da ultradireita. Na sua fanática defesa do sistema atual, identifica o principal adversário desse regime. Esse adversário não exibe, por enquanto, a força do passado nem a capacidade de disputar a primazia com os diferentes lados das classes dominantes. Mas o socialismo continua a encarnar a única alternativa que se opõe efetivamente ao retrocesso promovido pelos neofascistas. Eles não estão errados na percepção que têm dos inimigos.

O socialismo persiste como o único projeto substancialmente alternativo às tragédias que o capitalismo prevê. É o grande antídoto para o sofrimento, as guerras e a destruição do meio ambiente gerados pelo sistema vigente. Todas as tentativas da heterodoxia social-democrata de reformar ou humanizar esse regime falharam, porque a própria dinâmica do capitalismo obstrui os alívios (Katz, 2017).

O funcionamento do sistema atual aumenta o desemprego, a desigualdade e a pobreza, refutando todas as fantasias neoliberais sobre as virtudes do mercado. O ideal comunista é muito menos utópico do que todas as ilusões inconsistentes propagadas pela ortodoxia liberal. Baseia-se no reconhecimento das contradições insolúveis do capitalismo, que a heterodoxia progressista sonha alterar por meio de maior intervenção do Estado.

Retornar à identidade política socialista sem vergonha, timidez ou cautela é o ponto de partida de qualquer reformulação de um projeto alternativo. É válido objetar ou renunciar ao objetivo pós-capitalista, mas a sua mera ignorância leva a um mar de confusão. Essa omissão impede-nos de saber o que se deseja para o futuro. As ideias, símbolos e denominações do projeto socialista incluem dois séculos de história, cujo esquecimento torna impossível forjar outro modelo para o futuro.

Por essa razão, é importante tornar explícito o objetivo socialista. Não se intimide com esse postulado nem se conforme com a habitual relutância do progressismo em mencionar esse objetivo. Tornou-se muito comum falar em "outro mundo", "outra sociedade" ou "outro futuro" diferente do capitalismo, mas sem aludir ao propósito alternativo que o socialismo encarna.

Esse ideal enfrenta, na América Latina, as mesmas dificuldades que cercam outros projetos radicais. É uma meta que ganhou força na última década com as experiências de Cuba, Venezuela, Bolívia e Alba, e é afetada pelo retrocesso desses processos.

Em nenhum desses casos, o objetivo histórico de uma sociedade de abundância, igualdade e bem-estar comum foi efetivamente criado, mas foram dados os primeiros passos em caminhos diferentes para construí-lo. Sempre houve grande consciência do caráter prolongado da luta, e o desenrolar dos acontecimentos tem corroborado que esse feito está rodeado de avanços e retrocessos complexos.

Cuba continua a contribuir com um horizonte socialista, que só ganharia substância visível na confluência com processos do mesmo tipo em escala regional ou global. A Venezuela sofreu uma batalha exaustiva pela sobrevivência, que ofuscou o sentido de renovação imaginado com os programas do socialismo do século XXI. Na Bolívia, esse mesmo objetivo foi reformulado em termos locais, adaptado à influência dos povos indígenas e ao modelo plurinacional.

A Alba destacou-se como alternativa de coordenação econômica solidária e de resistência anti-imperialista. Forneceu indicações importantes sobre as pontes a serem forjadas entre o vínculo regional e a meta universal do socialismo.

A partir desse contexto, a região desempenha um papel decisivo na renovação do ideal socialista e nas estratégias para alcançá-lo. O novo contexto de ressurgimento da luta popular, com vitórias eleitorais do progressismo e uma forte contraofensiva da direita, antecipa o cenário das próximas batalhas. Aí emergirá mais uma vez o esboço da futura sociedade de igualdade, justiça e democracia.

APÊNDICE
OS ENIGMAS DA ARGENTINA

A Argentina comemorou os 40 anos do fim da ditadura em seu contexto habitual, de convulsão econômica e incerteza política. No início de 2024, as turbulências financeiras e cambiais antecipam outro duro ajuste contra o padrão de vida popular, mas em um cenário de florescentes negócios posteriores.

A gestão dessa intrincada combinação foi deixada nas mãos de Milei, um presidente de ultradireita que pretende implementar um ataque furioso contra as conquistas populares. Procura instaurar um modelo neoliberal duradouro, modificando as relações de forças que limitam o despotismo dos capitalistas. Para esse fim, tenta submeter os sindicatos, enfraquecer os movimentos sociais e atemorizar as organizações democráticas. Dessa forma, ele espera introduzir uma hegemonia duradoura dos poderosos.

Milei proclama a conveniência do sofrimento para posteriormente alcançar a recuperação econômica. Ele omite que os sofrimentos não se estenderão ao punhado de poderosos que enriquecem a sua administração. Esconde também o caráter desnecessário e premeditado dos danos que causa a toda a população.

O novo presidente apresenta a sua marretada como a única contenção possível de uma iminente catástrofe da economia.

Mas ele fundamenta esse diagnóstico com cifras disparatadas. Ele exagera alucinadamente os desequilíbrios da herança recebida para esconder a atrocidade de suas medidas (Katz, 2023b). O libertário também repete os diagnósticos convencionais para explicar uma prolongada crise argentina, que vai além do que tem sido feito por um ou outro governo.

Mitos reciclados

A fratura social é o drama mais visível e cotidiano da Argentina. A expansão da pobreza e da precariedade está ligada à deterioração da educação, ao crescente déficit habitacional, à demolição do sistema de saúde e à emigração de profissionais qualificados. Essa degradação tende a se tornar natural diante da redução da receita. Cada crise coloca o cenário social em um degrau abaixo do universo anterior.

A ingênua expectativa do ano de 1983 ("com democracia se come, se educa e se cura") foi dissipada. A consolidação do regime constitucional não modificou a tendência decrescente da economia.

As explicações mais inconsistentes atribuem o retrocesso à idiossincrasia do povo argentino, como se os habitantes do país compartilhassem um gene autodestrutivo. As interpretações da direita evitam essa nebulosa e atacam os despossuídos para desculpar os poderosos. Afirmam que os pobres não querem trabalhar porque perderam a cultura do trabalho. Mas essa afirmação contrasta com a queda do desemprego, com cada aumento do nível de atividade.

O retrocesso produtivo deve-se, de fato, à falta de emprego genuíno, e não ao comportamento das vítimas dessa falta. Os reacionários atacam os planos sociais, como se fossem uma escolha, e não um forçado recurso de subsistência. Denunciam as mulheres que sustentam seus lares com a absurda acusação de "engravidar para receber o benefício por filho". Elogiam genericamente a educação como solução mágica, omitindo que essa educação não pode neutralizar a ausência de postos de trabalho.

Os especialistas em difamar os humildes absolvem as classes dominantes. Eles elogiam a criatividade dos capitalistas, a astúcia dos banqueiros e a audácia dos empresários. Com esses elogios, escondem que os principais responsáveis pelo rumo que o país está tomando são os administradores do poder.

Os neoliberais atribuem o declínio econômico ao elevado gasto público, ignorando que essa despesa não excede a média internacional ou regional. Com esse desconhecimento atacam o emprego e as empresas públicas, sem mencionar o sistema fiscal conservador que rege o país.

Ignoram também que o desequilíbrio fiscal é consequência da ajuda aos ricos. Todos os governos aperfeiçoaram esses mecanismos de subsídios, com resgates de falências, seguros cambiais, estatização de empresas fundidas ou conversão de dívidas privadas em obrigações públicas.

A direita focaliza o problema argentino no "populismo", esquecendo que nas últimas quatro décadas não predominaram a demagogia social e as concessões aos despossuídos, mas sim o apoio estatal aos principais grupos capitalistas. O grande paradoxo dessa ajuda reside no fato de os seus beneficiários condenarem os políticos que disponibilizam esses fundos.

Milei chegou ao governo fazendo da "casta" o bode expiatório de todos os infortúnios do país. Com essa campanha, conseguiu uma atração transversal de eleitores e uma simpatia especial dos jovens empobrecidos. Conseguiu canalizar o descontentamento, porque ele mesmo se forjou como um *outsider* instalado pelos meios de comunicação para popularizar a agenda da direita (Katz, 2023c).

Suas mensagens foram refutadas nas primeiras semanas de seu governo, com decretos que penalizaram a maior parte da população e não o difamado punhado de políticos. Diante dessa evidência, o próprio Milei substituiu suas menções à "casta" por referências a todo o Estado como destinatário do recorte. Mais tarde, confessou que a sua tesoura se estenderia também ao setor privado, omitindo que os grandes grupos capitalistas foram isentos desse ajuste.

A verdadeira casta protegida por Milei reúne seus padrinhos capitalistas, que fizeram fortunas com recursos públicos (como o milionário Eduardo Eurnekian). Esse homem rico expandiu a sua empresa têxtil com empréstimos de bancos estatais, lucrou com os meios de comunicação regulados pelo Estado, consolidou-se com a privatização dos aeroportos e fez fortunas em sociedade com a YPF.

Com esse mesmo apoio, Marcos Galperín, Paolo Rocca, Héctor Magnetto, os grupos Pérez Companc, Fortabat, Macri e todos os líderes empresariais enriqueceram. A direita é muito condescendente com essa elite, que transferiu as suas empresas para paraísos fiscais para evitar o pagamento de impostos. Mas é implacável com os trabalhadores que aspiram a preservar os seus rendimentos. Apresenta qualquer aspiração popular como um obstáculo ao distribucionismo, ao consumo insustentável ou à "extorsão salarial".

Os de direita consideram que a Argentina decaiu devido ao seu divórcio do Ocidente. Imaginavam o país como um afilhado de Paris (e agora de Miami) localizado na geografia latino-americana. Com essa perspectiva, idealizam o passado latifundiário e embelezam a oligarquia, que lucrou com a exploração de arrendatários e de assalariados. Também omitem que esse modelo exaltado semeou os desequilíbrios duradouros que se seguiram. Milei especializou-se na divulgação dessa miragem da Argentina como grande potência do final do século XIX.

A remodelação agroexportadora

As críticas heterodoxas ao neoliberalismo têm desmascarado muitas fábulas sobre a economia argentina. Mas muitas vezes essas questões destacam mais os efeitos do que as causas do retrocesso nacional.

Várias perspectivas marxistas destacaram corretamente que os infortúnios da Argentina não são exclusivos do nosso país. Constituem desventuras geradas por um sistema capitalista que afeta a maior parte da população de todo o planeta. Essa constatação é muito útil, mas não esclarece a razão pela qual os desequilíbrios locais são superiores a economias semelhantes.

Em poucos países se verificam convulsões do alcance e com a periodicidade das que sacodem a Argentina. Também não são registradas tantas degradações comparadas com as padecidas por uma nação que, em cinco décadas, ampliou seu percentual de pobres de 3% para 40% da população. Esse retrocesso avassalador coincide com o fracasso de todos os modelos que tentaram reverter o declínio. O mal-estar gerado por esse resultado explica o ceticismo, a descrença e o pragmatismo de muitos pensadores. Mas essa atitude não nos permite compreender o que está acontecendo.

O ponto de partida desse esclarecimento é reconhecer a localização objetiva da Argentina como uma economia de médio porte no universo latino-americano. Dentro dessa configuração subdesenvolvida, ela está localizada num escalão inferior da semiperiferia.

Tal como outros países dependentes, destacou-se pela consolidação da sua especialização primária. Mas no início contou com uma alta renda da terra, em um contexto de baixa população nativa para explorá-la. Essa carência foi compensada com um grande fluxo imigratório, que criou um "celeiro do mundo" fornecedor de carne para as metrópoles.

Na segunda metade do século XX, perdeu as vantagens de exportação para novos concorrentes e compensou essa deslocalização com tecnologia avançada, que aumentou a produtividade agrícola. O modelo extrativista de *pools* e semeadura direta reproduz uma especialização em insumos básicos que expulsa mão de obra. Em vez de absorver imigrantes e criar pequenos agricultores, o esquema engrossa o contingente de população empobrecida de trabalhadores informais nas cidades.

Desequilíbrios aumentados

A Argentina teve uma industrialização precoce, com recursos que o Estado reciclou da renda agrária. Mas nunca conseguiu construir uma estrutura fabril autossustentada e competitiva. O setor não gera as divisas necessárias para sua própria continuidade. Depende de importações que o Estado garante por meio de subsídios indiretos para uma atividade com alta concentração em poucos setores, grande predomínio estrangeiro e baixa integração de componentes locais.

Os ramos fabris foram muito afetados pelos novos parâmetros de rentabilidade impostos pela globalização neoliberal. A mesma dissociação teve impacto em outros países afetados pela mudança de investimento para o continente asiático. Mas as adversidades da Argentina são maiores. A economia que inaugurou o modelo de substituição de importações não conseguiu superar as consequências dessa antecipação.

O país ficou mais deslocado do que seus pares diante do novo padrão de montagens e cadeias de valor imposto pelas corporações transnacionais. Não tem as compensações que o México conserva por sua proximidade com o mercado estadunidense, nem tem o tamanho do Brasil para ampliar a escala de sua produção.

Os desequilíbrios estruturais se devem ao desperdício de renda, que não foi usada para construir uma indústria eficiente. A disputa pelo excedente gera intensos conflitos entre o agronegócio e o setor industrial. A tensão é projetada em todo o aparato produtivo e fratura a sociedade em uma sucessão de crises duradouras.

A magnitude desses distúrbios, como nos anos 1989 e 2001, é uma consequência adicional das medidas fiscais e financeiras tomadas pelo Estado para administrar as crises. Essa intervenção exacerba os desequilíbrios causados pelas disputas pela renda.

O Estado arbitra entre os diferentes grupos dominantes usando quatro instrumentos que exacerbam os desequilíbrios. O primeiro mecanismo é a desvalorização, que tem sido tradicionalmente implementada para sustentar a renda dos exportadores, insatisfeitos com a fatia estatal da renda. Essa desvalorização da moeda alimenta os aumentos de preços sem melhorar a competitividade.

A própria dinâmica da inflação atua como um segundo instrumento de intervenção, consolidando o flagelo permanente da carestia. Já se perdeu a conta dos símbolos monetários que removeram os zeros da denominação do peso, consagrando assim o funcionamento parcial e de fato de uma economia bimonetária.

A inflação é alta porque a economia sofre um retrocesso de longo prazo, o que reduz o investimento, deteriora a produtividade e contrai a oferta de produtos. Mas também se tornou um procedimento autônomo para a apropriação da renda popular por parte das grandes empresas. Isso já ficou incorporado como um hábito no manejo corrente dos negócios. Os capitalistas se acostumaram a remarcar os preços e garantir sua rentabilidade com o suporte emissor do Estado.

O terceiro mecanismo de intervenção estatal é o endividamento público, que, nas últimas décadas, assumiu um ritmo enlouquecido. Esse descontrole se desenvolve em estreita sintonia com uma classe dominante que investe pouco. Depois de ter transformado o país no principal tomador de empréstimos privados, o governo Macri exacerbou essa tendência com o empréstimo impagável acordado com o FMI.

No gerenciamento desses passivos, intervém um influente capital financeiro que monopoliza as comissões. O pagamento dos juros dessas dívidas, por sua vez, impõe uma hemorragia de recursos que inviabiliza a continuidade de qualquer modelo econômico. As reservas enfrentam, periodicamente, uma situação crítica, e essa situação torna impossível sustentar qualquer estabilidade da moeda.

A fuga de capitais é o quarto potencializador da crise. Ela aumenta a descapitalização de um aparato produtivo que coexiste com a expatriação de 70% de seu PIB. Os grupos dominantes protegem fora do país parcelas significativas dos lucros obtidos no circuito local. O endividamento público costuma financiar uma drenagem que asfixia os periódicos aumentos do nível de atividade.

Os mecanismos que surgiram para mitigar a disputa entre o agro e a indústria pela renda não cumprem mais essa função. Após tantos anos de ação corrosiva, a desvalorização, a inflação, a dívida pública e a fuga de capitais se transformaram em instrumentos de autopropagação de uma crise incontrolável.

Fracassos neoliberais e fracassos neodesenvolvimentistas

A receita liberal para reverter o atraso endêmico da Argentina resume-se à simples liquidação dos setores menos rentáveis. Esse roteiro não disfarça sua afinidade com os interesses minoritários da agroexportação e do capital financeiro: busca demolir a maior parte do aparato fabril, sepultando dois terços da população. Milei encarna uma versão extrema desse projeto reacionário iniciado por Videla, retomado por Menem e recriado por Macri.

A devastação da indústria atrasada e de grande parte do setor público é patrocinada a troco de nada. Os neoliberais presumem que, uma vez consumado o "industricídio" e a redução drástica do emprego estatal, os investimentos choverão e ocorrerá um transbordamento lucrativo.

Esse experimento de engenharia social não foi implementado com sucesso em nenhum lugar do mundo, e para aplicá-lo ficarão sobrando 20 milhões de argentinos. O que mais se aproximou desse esquema foi o modelo de Carlos Menem e Domingo Cavallo, que terminou com a explosão da conversibilidade após uma década de privatizações, abertura comercial e desregulamentação do trabalho. O esquema naufragou em um cenário de aguda depressão, picos de desemprego e descontrole de endividamento. A direita não tem outro programa e sempre volta ao mesmo roteiro.

Milei repete essa trajetória com a promessa de erradicar definitivamente a inflação, introduzindo, em algum momento, a dolarização da economia. Mas ele não apresenta um único exemplo da viabilidade de sua proposta, nem qualquer evidência do funcionamento lucrativo de uma economia dolarizada. Omite, em particular, a decadência produtiva que se seguiria a uma estabilização monetária baseada em tal modelo.

Desde sua chegada à presidência, ele tem evitado o tema, diante da evidente impossibilidade de avançar em qualquer opção de dolarização em um país sem moeda estrangeira. Mas ele está promovendo iniciativas para substituir a dívida pública em moeda nacional por outra em dólares estadunidenses, ao mesmo tempo que reduz a massa total de pesos em circulação para deixar em aberto a possibilidade de eventual dolarização. Indícios dessa perspectiva são vistos em outras iniciativas (desestímulo a depósitos em pesos e regras de contratos em dólares). Milei concebe essa opção como a coroação do projeto neoliberal ou como um recurso emergencial em caso de corridas cambiais ou colapsos bancários.

O libertário vê essa eventualidade de cenários caóticos como uma oportunidade de consolidar seu ajuste induzindo a aceitação de intensos sofrimentos ("doutrina do choque"). Ele sugere que esse desastre permitirá a posterior gestação de um paraíso econômico voltado para a exportação. Mas ele se esquece de que essas fantasias sucumbiram repetidas vezes e que, atualmente, estão sendo confrontadas com o declínio internacional do neoliberalismo. Em todo o mundo, há uma mudança em direção a políticas de maior regulamentação estatal, o que Milei ignora. Ele age como um neoliberal fora do tempo, ignorando quão distante ficou o ambiente da década de 1990.

O desenvolvimentismo sempre promoveu outros tipos de remédios para recompor a economia com políticas heterodoxas favoráveis à reindustrialização. Em sua versão recente, incentivou o programa aplicado em outros países, afetados pela mesma presença de rendas de agroexportação que desestimulam o investimento em manufatura. Ele incentivou a canalização desse excedente para a atividade industrial, o que diferiu significativamente do desenvolvimentismo clássico. Em particular, ele substituiu a antiga proteção dos setores mais vulneráveis por um plano de inserção nas cadeias globais de valor.

Durante o ciclo progressista da última década, esse modelo neodesenvolvimentista foi testado em vários países latino-americanos. Na Argentina, o kirchnerismo introduziu uma dessas variantes, aproveitando o cenário interno gerado pela crise de 2001 e o contexto internacional de altos preços das matérias-primas.

Com o instrumental desse esquema, ele sustentou a reativação e a recomposição do emprego, mas sem reverter os problemas estruturais da economia. Essa irresolução levou ao ressurgimento da inflação e ao déficit fiscal, em um contexto de grande hesitação em reindustrializar o país com maior captura da renda da soja.

As mesmas hesitações levaram a controles cambiais tardios e ineficazes e ao adiamento de reformas fiscais progressivas ou mudanças em um sistema financeiro adverso a investimentos. Mas o principal defeito desse modelo foi o subsídio contínuo aos capitalistas, que usaram os recursos fornecidos pelo Estado para dar fuga ao capital. O neodesenvolvimentismo demonstrou grandes inadequações na reversão do declínio econômico, que foram exploradas pela ultradireita para retomar o governo.

Ajuste imediato com negócios posteriores

Nos quatro anos de Alberto Fernández, a economia continuou a afundar. Não persistiu o neoliberalismo de Macri, mas também não foi retomado o neodesenvolvimentismo de Néstor Kirchner. A manifesta ineficiência que prevaleceu durante esse governo favoreceu a chegada de Milei à Casa Rosada.

O peronismo atribuiu a inação de seu presidente às adversidades geradas pela pandemia, à estiagem e à guerra na Ucrânia, omitindo que todos os países enfrentaram os mesmos infortúnios com resultados diferentes.

Na prática, Fernández consolidou um modelo que beirava a ortodoxia e se baseava em vários pilares conservadores. Validou a altíssima inflação que, primeiro, afetou os alimentos (devido à recusa em aumentar os impostos) e, depois, se generalizou (devido aos efeitos inflacionários do acordo com o FMI). Os capitalistas também tiveram o apoio oficial para continuar com seus aumentos descontrolados de preços.

Com uma certa reativação, um aumento nos investimentos e a estabilização do emprego, esse modelo levou a uma queda acentuada nos salários. Consolidou a precarização do trabalho e o *status* pobre do trabalhador formal, favorecendo os enormes lucros das empresas. Também sustentou a desigualdade, que se expandiu com o *boom* do turismo em um oceano de despossuídos.

O esquema consolidou a primarização, para dessa maneira pagar a dívida externa com o aumento das exportações de *commodities*. A exploração da jazida de Vaca Muerta, a extração desregulada de lítio e o descontrole das vias navegáveis fizeram parte da submissão ao FMI. O endividamento interno foi ainda mais impulsionado pelo refinanciamento de títulos públicos a taxas insustentáveis e apenas para o benefício dos bancos, que evitaram qualquer empréstimo significativo ao setor produtivo.

O brutal ajuste posterior iniciado por Milei para conter esses desequilíbrios coexiste com os grandes negócios subsequentes, com os quais o *establishment* está muito entusiasmado. A Argentina foi colocada em uma posição internacional privilegiada, como grande fornecedora de matérias-primas, e os ricos esperam tirar proveito desse cenário para aumentar seus lucros.

Já preveem a proximidade das colheitas com preços altos. Também estão apostando na duplicação das exportações de lítio e imaginam um grande superávit energético com o bombeamento do novo gasoduto. Além disso, estão multiplicando os planos para transformar o país em um grande provedor de mineração e um contínuo abastecedor da pesca, facilitando a depredação realizada por navios de vários continentes.

A Argentina se tornou um dos principais butins na disputa entre os Estados Unidos e a China. O FMI opera como instrumento de Washington para obstruir a presença de Beijing, vetando investimentos em energia nuclear, portos, usinas de energia e tecnologias 5G. A China alcançou uma proeminência sem precedentes, com créditos em iuanes para financiar suas exportações e impulsionar sua captura de recursos naturais.

Até a chegada de Milei ao governo, o *establishment* local era incapaz de adotar uma postura comum diante das exigências estadunidenses e das ofertas orientais. Sua dependência político-cultural do Norte entrava em conflito com os atraentes negócios oferecidos pela China.

O libertário iniciou com um provocador palavreado anticomunista, que esfriou as relações com Beijing e ameaçou a continuidade dos *swaps* incorporados às reservas do Banco Central. Se, para ficar bem com Washington, Milei volta atrás nos acordos já assinados com a China (barragens, energia nuclear, Rota da Seda), o principal cliente das exportações argentinas poderá reduzir drasticamente suas compras, criando uma séria tensão entre o libertário e o agronegócio local.

Na verdade, Milei não está inventando a pólvora, e sua política de submissão aos Estados Unidos simplesmente agrava o subdesenvolvimento e a dependência. Assim como no caso do pacto Roca-Runciman, a Argentina está mais uma vez atrelando seu destino a uma potência em declínio, e as consequências desse curso seriam dramáticas para o país.

Hegemonias fracassadas

Há décadas, a Argentina enfrenta uma crise de hegemonia que não se resolve e impede que as classes dominantes forjem as alianças necessárias para alcançar uma estabilidade política duradoura.

Raúl Alfonsín não conseguiu criar um consenso mínimo para lidar com a corrosão da economia. Menem conseguiu manter alguma coesão em torno da conversibilidade, mas sofreu um vertiginoso desgaste quando as inconsistências de seu modelo vieram à tona. Ele conseguiu introduzir o maior avanço da reestruturação neoliberal das últimas décadas, mas nunca chegou perto da estabilidade alcançada por seus pares no Chile, no Peru ou na Colômbia.

O kirchnerismo forjou outro modo de aprovação e manteve uma liderança significativa até 2012. A reaparição da crise econômica recriou as tensões, e a tênue hegemonia se dissipou mais uma vez, diante de um novo desafiante de direita. A supremacia forjada por Macri foi mais transitória e se desvaneceu completamente em 2017. Por fim, Fernández foi a antítese de qualquer hegemonia. Demonstrou um alto grau de incapacidade para lidar com os inimigos políticos e sua autoridade ficou pulverizada após a pandemia.

Essa sucessão de fracassos reafirmou a instabilidade que antes afetou as ditaduras e os governantes civis-militares. O desgoverno tem sido uma característica duradoura das crises argentinas. Essa inconsistência corroeu as administrações das três formações políticas predominantes (radicais, peronistas e os de direita). Nenhuma delas conseguiu satisfazer seus eleitores ou seus referentes dos grupos dominantes.

Diante dessa debilidade, o poder econômico optou por fortalecer sua influência sobre as burocracias não eletivas do Estado. Com esse patrocínio, o Poder Judiciário aumentou sua influência por meio de vetos, liminares, condicionamento de candidatos e supervisão de eleições. Tem perseguido seus oponentes com virulência incomum e transformou a Suprema Corte de Justiça em um poder paralelo, que define sua própria agenda e administra seus próprios negócios.

A mesma importância foi alcançada pelos meios de comunicação, que detêm um poder mais relevante do que os atores tradicionais da política. Seu distanciamento com relação aos partidos levou a grandes desarranjos. A imprensa costuma ser, muitas vezes, a força motriz por trás de escândalos, para apoiar os personagens que patrocina em detrimento das figuras a que fazem objeções. Mas, com essas manipulações, prejudica a gestão cotidiana dos assuntos públicos e deteriora o comando do Estado.

Na América Latina, o mesmo tripé do poder econômico, judiciário e midiático tem sido o artífice do *lawfare* contra aqueles que têm sido os expoentes do ciclo progressista. Com esses ataques, a elite de capitalistas, juízes e comunicadores que controla o poder real na Argentina minou a autoridade de governadores, ministros e presidentes. Esse ativismo aumenta a desordem política do país.

Mas a Argentina se distingue pela ausência (ou debilidade) do poder militar, que mantém sua tradicional influência no restante da região. Após o fracasso da ditadura, a derrota nas Malvinas e a eliminação dos militares *carapintadas*,[2] o antigo protagonismo do Exército foi anulado. Esse afastamento reduziu o uso da coerção para combater a vulnerabilidade política. Isso priva a classe capitalista de um importante instrumento de dominação. As Forças Armadas não exercem o poder explícito ou o papel subjacente que mantêm na Colômbia, no Brasil, no Chile ou no Peru.

Direita convencional e extremista

No espectro partidário verificou-se uma grande mutação do radicalismo que não conseguiu sobreviver em seu formato tradicional ao declínio de Alfonsín e à catástrofe do governo

---

[2] Grupo dentro exército argentino que após o fim da ditadura no país se levantou contra os processos e condenações aos militares pelos crimes cometidos no período. (N. E.)

de Fernando de la Rúa. Persiste como uma grande estrutura de governadores, prefeitos e legisladores, mas sem qualquer vestígio de progressismo. A União Cívica Radical (UCR) ficou subordinada ao macrismo, que conseguiu forjar a primeira formação de direita triunfante em uma disputa eleitoral.

Nos últimos anos, essa coalizão priorizou seu objetivo de submeter o protesto social para estabelecer um regime repressivo. Em Jujuy, o governador Gerardo Morales introduziu uma reforma constitucional que restringe os direitos, suprime as eleições de meio de mandato e facilita a corrupção de sua família, com o objetivo de expropriar os povos originários e entregar o lítio às grandes empresas. Para levar a cabo esse ultraje, ele permitiu que a polícia atirasse nos olhos dos manifestantes, promoveu penhoras milionárias contra os detidos, articulou sentenças de criminalização sem precedentes e patrocinou a incursão das forças fardadas na universidade. O ataque virulento contra as conquistas populares foi comemorado pelo *establishment*.

Os líderes dessa agressão de direita conseguiram manter sua base eleitoral, mas não preservaram, nas ruas, o apoio político dos anos anteriores. Não conseguiram promover os "panelaços" realizados durante a pandemia ou as marchas que apresentavam o suicídio de Alberto Nisman como um crime cometido pelo kirchnerismo.

Nesse cenário, o Juntos por el Cambio [Juntos pela Mudança] foi abruptamente tirado de sua posição pela irrupção inesperada de um concorrente da ultradireita. Essa vertente emergiu como o principal canal para atrair o descontentamento com o sistema político e disputou com sucesso a liderança de todo o bloco conservador.

Javier Milei foi fabricado pela mídia e chegou à política sem nenhuma trajetória anterior. Ele foi colocado para reforçar uma agenda de agressão por meio da disseminação de crenças ridículas.

Seus delírios incluíam a expectativa de receber altos salários com a dolarização, extinguir o déficit fiscal incendiando o Banco Central e superar a decadência nacional erradicando a "casta política".

Os autodenominados "libertários" também foram promovidos para reintroduzir um clima repressivo e incentivar a demagogia punitiva, com propostas para o livre porte de armas. Seus expoentes não se furtaram a expressões homofóbicas, elitistas ou racistas, tampouco disparate da comercialização de órgãos de menores de idade. A fracassada tentativa de assassinato de Cristina Fernández mostrou que suas ações não se limitam a delírios verbais.

Milei canalizou o incômodo da nova geração, farta da degradação contínua do país. Ele conseguiu transformar o lema rebelde de 2001 (*"que se vayan todos"*) em uma demanda vazia, canalizada contra o espectro da casta. Com esse apoio, ele atacou a igualdade ("a justiça social é uma aberração") e criou a ilusão de que o mercado resolverá os infortúnios dos despossuídos.

Depois de popularizar as falácias patrocinadas pelos poderosos, Milei acabou fraturando a coalizão forjada pelos governantes para garantir o próximo governo. Dessa forma, uma força criada para acompanhar a mudança conservadora do Juntos por el Cambio tornou-se, inesperadamente, presidente.

A partir desse novo comando governamental, Milei está tentando reconfigurar a Argentina com um projeto de presidencialismo autoritário. No início de seu governo, misturou leis com decretos, apostou na docilidade do Judiciário, na confusão da oposição e no apoio dos governadores. Ele pretendia chegar a um acordo com a direita peronista sobre a gestação de um segundo *menemato*[1] e adotou abertamente todos os truques da casta política.

---

[1] Termo que se refere ao período que inclui as presidências de Carlos Menem (1989-1999) e Fernando de la Rúa (1999-2001). [N.E.]

O libertário pretende repetir o caminho seguido por Yeltsin para destruir a União Soviética. Busca impor uma remodelação total da sociedade, aproveitando o estupor, a passividade e a rejeição ao sistema político.

Mas ele enfrenta múltiplas adversidades, que tentará neutralizar com intimidações repressivas. Espera ter cobertura midiática e apoio do Poder Judiciário, mas como opção complementar imagina a repetição do modelo fujimorista de autoritarismo presidencial.

Milei também pretende construir a sua própria força política de rua com recursos públicos para enfrentar os sindicatos, os movimentos sociais, o kirchnerismo e a esquerda. Mas esse projeto esbarra na virulência do ajuste e afeta os seus eleitores, que se imaginaram isentos do sacrifício. Também não é fácil para ele agregar alianças, enquanto a direita convencional espera por resultados antes de assumir compromissos de longo alcance.

Para completar, o libertário administra com personagens pouco apresentáveis, que desconhecem o funcionamento do Estado e improvisam diretrizes em órgãos inusitados, como o novo Ministério do Capital Humano. O presidente acompanha essa trapaça com enunciados místicos e mensagens esotéricas de conversão ao judaísmo medieval.

Nessa estrutura, o futuro do seu projeto é uma intrincada incógnita. Milei não possui o partido tradicional que Trump tem, nem a base socioideológica de Kast, no Chile, nem o apoio evangélico-militar de Bolsonaro, no Brasil. Essa singularidade pode desgastá-lo ou catapultá-lo.

A decepção com o quinto peronismo

Uma singularidade da Argentina tem sido a persistência do peronismo como estrutura política dominante. Ele mantém grande impacto como cultura, identidade, força eleitoral e rede de poder. Conseguiu se recuperar da derrota para Alfonsín e da decepção menemista com uma nova mutação interna, que confirmou a plasticidade de suas cinco versões.

A vertente clássica (1945-1955) inspirou-se no nacionalismo militar e apoiou a burguesia industrial, em conflito com o capital estrangeiro e as elites locais. Implementou melhorias sociais sem precedentes para a região e forjou um Estado de Bem-Estar próximo ao da social-democracia europeia. Com essa base, conseguiu apoio duradouro da classe trabalhadora organizada.

O segundo peronismo foi totalmente diferente (1973-1976). Esteve marcado pela violenta ofensiva dos setores reacionários (com José López Rega à frente) contra as correntes radicalizadas, como a Juventude Peronista (JP) e os Montoneros. A direita atacou a tiros uma vasta rede de militância, forjada durante a resistência à proscrição de Perón. Agiu com fúria contrarrevolucionária no contexto insurgente da década de 1970. A presença desses dois polos extremos dentro do próprio movimento era uma peculiaridade desse peronismo.

O terceiro peronismo foi o neoliberal (1989-1999). Introduziu as políticas de privatização, abertura comercial e flexibilidade laboral, que os thatcheristas implementavam em outras latitudes. Não foi o único convertido do período (vejam-se Fernando Henrique Cardoso, no Brasil, ou o PRI, no México), mas ninguém incorporou uma deserção tão atrevida do antigo nacionalismo. A mesma mutação reacionária foi verificada em outros casos, como o Movimento Nacionalista Revolucionário, da Bolívia, ou a Aliança Popular Revolucionária Americana, do Peru. Mas essas formações abandonaram definitivamente todos os laços com a sua base popular e enfrentaram a dissolução ou o declínio.

Os três peronismos do século XX ilustram a multiplicidade de variedades que o movimento assumiu: foi protagonista de grandes crises e reconstituições surpreendentes, e de cada colapso surgiu um novo projeto, adaptado ao seu tempo.

O kirchnerismo liderou um quarto peronismo, de natureza progressista. Com outros fundamentos, retomou as melhorias do primeiro período. O antigo paternalismo conservador foi substituído por novas ideologias pós-ditatoriais de participação cidadã. O confronto interno com a direita não foi dramático e foi resolvido com distanciamento da corrente liderada pelo ex-presidente Eduardo Duhalde.

Kirchner reconstruiu o aparelho de Estado demolido pelo colapso de 2001. Restabeleceu o funcionamento da estrutura que garante os privilégios das classes dominantes. Mas ele conseguiu essa reconstituição expandindo a assistência aos mais pauperizados, alargando os direitos democráticos e facilitando a recuperação do nível de vida.

A administração de Cristina Fernández introduziu uma marca mais combativa, criada no confronto com os sojicultores, os meios de comunicação e os fundos abutres. Essa polarização quebrou o equilíbrio que Néstor Kirchner tinha mantido com todos os grupos de poder. Seu quarto peronismo localizou-se na centro-esquerda regional (com Lula, Correa e Tabaré Vázquez), mas estabeleceu vínculos com as vertentes radicais de Hugo Chávez e Evo Morales. Não compartilhou do endeusamento institucional que prevalecia no Brasil ou no Uruguai.

O quinto peronismo, de Alberto Fernández, encarnou um fracasso sem precedentes. O justicialismo sempre incluiu experiências contraditórias, mas nunca comandou uma vertente tão inútil, de simples validação do *status quo*. Após o primeiro teste de conflitos, relacionado com a empresa Vicentin, a direita lhe dobrou o braço e o presidente argentino acumulou recorde de recuos. Ele não conseguiu sequer defender a sua política de proteção à saúde. E, quando a inflação começou a pulverizar os salários, optou por submeter-se ao FMI.

Essa impotência contrastou não só com Perón, mas também com Néstor e Cristina. Não houve o menor indício de disputa com o agronegócio, como em 2010, nem iniciativas comparáveis às da nacionalização da YPF e dos fundos de pensão (AFJP) ou à lei da mídia. O fracasso de Fernández coloca-o no mesmo grupo que outros líderes da nova onda progressista, como Boric, no Chile, e Castillo, no Peru, que decepcionaram os seus seguidores.

A crise do justicialismo

A magnitude da derrota peronista no segundo turno contra Milei recria os antigos debates sobre o futuro do justicialismo. Não há dúvida de que o triunfo do libertário se deve ao desastre econômico promovido pelo governo Fernández, que com discursos progressistas disfarçou o ajuste e generalizou o *status* de trabalhador formal pobre.

A maioria do eleitorado atribuiu a responsabilidade desse desastre ao governo peronista. Poderia ter culpado grupos capitalistas ou as pressões de *impeachment*. O governo venezuelano e os líderes cubanos derrotaram a oposição demonstrando esse tipo de assédio, em condições econômicas comparáveis às da Argentina.

O que pulverizou o peronismo nas urnas foi a inação política face à grande deterioração econômica. A culpa direta de Alberto Fernández é óbvia, mas a responsabilidade de Cristina Fernández não tem sido menos relevante. Ela desistiu de travar a batalha contra a degradação econômica e limitou-se a apontar as adversidades com mensagens elípticas. Na vice-presidência, ela poderia ter introduzido uma mudança de rumo quando Milei apenas emergia como uma pequena força em formação.

Cristina também não promoveu uma reação à altura da gravidade do atentado à sua vida, e o toque final foi a renúncia à sua candidatura. Essa atitude de resignação contagiou a militância e desmoralizou os seus seguidores. Foi uma posição inversa à adotada por Lula para enfrentar Bolsonaro.

É verdade que a canalização do descontentamento pela ultradireita com os governos progressistas não é uma singularidade argentina. Milei reproduz as mesmas tendências observadas em outras latitudes, principalmente após a pandemia. Muitas avaliações foram feitas sobre os efeitos psicossociais dessa infecção e a desestabilização emocional que ela gerou nas camadas jovens.

Algumas interpretações consideram que essa comoção fortaleceu as pulsões autodestrutivas que cercam a sociedade. Mas é um abuso extrapolar essas avaliações para o campo político para explicar a vitória de Milei. As principais causas do sucesso da ultradireita estão localizadas nas áreas visíveis de degradação econômica e fraude política geradas pelo peronismo no governo.

É evidente que Milei navegou com o vento em popa proporcionado pela reação ideológica neoliberal contra o progressismo. A precarização do emprego e a erosão dos benefícios sociais do Estado deterioraram a imagem positiva da atividade pública.

Os libertários aproveitaram esse desgaste para propagar os mitos do indivíduo empreendedor e autossuficiente, sem fornecer um único exemplo da viabilidade dessas crenças. Milei aproveitou uma onda de reação conservadora e administrou habilmente as redes sociais para espalhar notícias falsas. Aproveitou o clima pós-moderno de dissolução da verdade e de perda de confiança na razão para, dessa forma, apresentar propostas absurdas, contradizer suas afirmações e manter incoerências sem envergonhar-se.

Mas esses dados complementam parcialmente a frustração político-econômica com o peronismo. A decepção tem sido a principal determinante da maré violeta. Os pensadores do justicialismo geralmente evitam essa conclusão, substituindo o balanço real do governo de Alberto Fernández por meras descrições de adversidades econômicas (inflação, dívida). Alegam também infortúnios políticos (ascensão global da ultradireita) ou destacam o contexto infeliz da sua gestão (pandemia, guerra, estiagem).

Outros analistas do mesmo setor pedem para adiar a avaliação ("é necessário pensar na derrota") ou evitá-la ("para evitar maiores danos"). Alguns optam por criticar os eleitores ("as pessoas cometem erros"), com um olhar semelhante ao da direita sobre a Argentina ("país de merda"). A caracterização política, que eles tentam evitar, é a única maneira de esclarecer o novo contexto, que prevalece com Milei.

Os pilares da resistência

A relação social de forças é um fator determinante no cenário argentino devido à tradicional influência das lutas populares. A omissão dessa influência impossibilita a compreensão da dinâmica atual. No país está localizado o principal movimento de trabalhadores do continente. Sua disposição de luta foi verificada nas 40 greves gerais que ocorreram desde o fim da ditadura, em 1983. A adesão majoritária a essas greves persistiu como uma característica incomum em outras latitudes. A sindicalização também está acima da média internacional.

A Argentina apresenta certas semelhanças com a França na influência do sindicalismo e no seu poder nas ruas. Esse protagonismo dos trabalhadores afeta a região de modo semelhante ao papel desempenhado pelos trabalhadores franceses na Europa.

Mas a principal novidade das últimas décadas foi a consolidação dos movimentos sociais de trabalhadores informais. Essas organizações foram, em grande medida, o resultado de experiências sindicais anteriores. O seu surgimento foi consumado durante a crise de 2001, quando os trabalhadores privados de emprego foram forçados a bloquear as ruas para exigir os seus direitos. Recorreram a essa modalidade por uma simples necessidade de subsistência.

A luta desses movimentos permitiu manter a ajuda social do Estado, que as classes dominantes concederam sob o medo de uma grande revolta. Esses planos tornaram-se uma despesa essencial para a reprodução do tecido social. O que inicialmente surgiu como uma resposta provisória ao colapso econômico transformou-se num fato estrutural.

As novas formas de resistência estão ligadas à anterior belicosidade da classe trabalhadora. Facilitaram o regresso do progressismo ao governo e desempenharam um papel ativo na organização dos despossuídos. Por sua vez, deram origem a uma rede de solidariedade ligada ao desenvolvimento de muitas localidades.

A proeminência do movimento *piquetero* nas ruas se assemelha ao seu homólogo indígena no Equador. São formações que vêm de tradições muito diferentes e organizam conglomerados socioculturais igualmente divergentes, mas estão relacionadas pelo impacto político das suas ações.

No Equador, derrotaram o governo neoliberal de Lasso. Uma influência equivalente foi demonstrada pela organização *piquetera* ao precipitar o fim do governo Duhalde e o consequente surgimento do kirchnerismo. Nas últimas duas décadas, mantiveram uma presença marcante como expoentes visíveis do descontentamento popular.

A Argentina também conta com uma enorme reserva de combatentes dos direitos humanos. A consciência democrática que prevalece no país emerge anualmente nas grandes marchas do dia 24 de março. A presença massiva nessa comemoração ilustra como quatro gerações sucessivas mantiveram vivo o acervo da memória.

A vigência das conquistas democráticas é corroborada nos 300 julgamentos realizados por crimes contra a humanidade, com 1.115 condenados. Os genocidas ainda estão na prisão e todas as tentativas para libertá-los falharam. O "dois por um" provocou uma rejeição contundente e o assassinato de Santiago Maldonado, em agosto de 2017, desencadeou uma comoção. Após 47 anos de buscas, em julho de 2023 um novo neto foi recuperado pelas Avós da Plaza de Mayo, na incansável batalha pela identidade. Outras conquistas estão incluídas nesse quadro, como a descriminalização do aborto e as leis de igualdade de gênero.

É importante destacar esses avanços – que contrastam com a degradação econômico-social – para evitar balanços unilaterais dos últimos 40 anos. A caracterização desse período como um mero "fracasso da democracia" é uma simplificação. No meio de terríveis retrocessos nos padrões de vida, foram mantidos sucessos democráticos notáveis.

Até certo ponto, essas melhorias baseiam-se no legado duradouro da educação pública. A escolarização em massa em estabelecimentos seculares forjou uma ideologia de coexistência e progresso, que não foi substituída pelo modelo chileno de privatização. Apesar do colapso dramático da educação estatal, a direita não conseguiu generalizar as crenças elitistas ou anular a vitalidade do pensamento crítico nas universidades.

Empate social reciclado

A força preservada pelos movimentos sindicais, sociais e democráticos é o principal ativo do país e o pilar de uma resolução popular da crise. Por isso, a direita prioriza o enfraquecimento dessa resistência. Ela está bem consciente da rebelião de 2001 e do duro revés que Macri sofreu quando tentou a reforma das pensões. Há muito tempo que se discute como romper os piquetes, parar as greves e impedir as mobilizações.

Esse poder popular que enfurece os inimigos é muitas vezes desconsiderado no próprio campo. A tese do "passivismo", da "neutralização" ou da "cooptação" dos combatentes exemplifica tal desqualificação. Depois de muitas batalhas, predominou, na realidade, uma dinâmica contraditória de concessões para contrabalançar os conflitos.

É verdade que a decepção gerada pelo governo Fernández apenas suscitou protestos limitados. Durante essa administração houve triunfos de muitos sindicatos e ações sindicais relevantes, mas a resposta geral dos oprimidos foi contida. O país não participou da onda de protestos que conteve a restauração conservadora na região (2019-2022). Essas revoltas forçaram a saída precipitada de líderes de direita na Bolívia, no Chile, no Peru, em Honduras e na Colômbia. Na Argentina, o descontentamento social não desencadeou rebeliões equivalentes, embora tenha dado origem ao mesmo tipo de vitórias progressistas nas urnas.

Sob o governo Fernández, houve uma reação popular menor do que a habitual ao terrível ajuste em curso. A burocracia da Confederação Geral do Trabalho conseguiu manter a desmobilização das bases. O descontentamento foi parcialmente canalizado por marchas e piquetes, que demonstraram grande coragem face à demonização orquestrada pelos grandes meios de comunicação. Essa mobilização teve o mérito de contrariar a amnésia das tradições populares que a direita promove. Também facilitou a persistência de níveis significativos de militância e politização.

A limitada resistência nos últimos anos deveu-se a vários motivos. Influiu a eficácia dos planos sociais, que funcionaram como uma cobertura estendida para mitigar os efeitos da desaceleração econômica. Em alguns setores da população também se percebeu uma certa resignação diante da inflação, na medida em que ela coexistia com a continuidade do emprego. A sobrevivência dos empregos informais contrabalançou o descontentamento, e a deterioração da renda era vista como um mal menor diante do drama do desemprego. Em contrapartida, a impossibilidade de poupar induziu a classe média a consumir ou a se endividar para evitar a adversidade.

Analisando de forma retrospectiva as últimas décadas, pode-se observar que a Argentina continua a enfrentar um impasse não resolvido nas relações sociais de força. Esse conceito foi usado nas décadas de 1960 e 1970 por vários intelectuais para conceituar o cenário criado pelo peso da classe trabalhadora e dos sindicatos. A mesma noção voltou a ser utilizada em 2001, após uma rebelião que conteve o ajuste neoliberal.

O equilíbrio persistiu, e os poderosos estão determinados a mudá-lo por meio de agressão brutal. Dessa vez, eles estão indo com tudo, com o plano de guerra contra a classe trabalhadora que Milei está conduzindo. Mas, em sua estreia, essa agressão já foi enfrentada com a resistência de atos públicos que neutralizaram as ameaças repressivas, panelaços nos bairros e uma grande greve nacional convocada pelas confederações sindicais. Milei está conduzindo o ajuste com velocidade vertiginosa para desencorajar os lutadores e, se ele falhar nessa intimidação, suas iniciativas perderão a coesão. Todo o seu plano reacionário depende do resultado dessa queda de braço.

Forças alternativas

As duas forças mais comprometidas com a luta social e democrática são o kirchnerismo crítico e a esquerda. Essa intervenção é muito diferente em termos de persistência ou da consequência, mas ambos os setores têm o embrião militante necessário para conduzir uma via alternativa.

O kirchnerismo crítico inclui um grupo heterogêneo de formações que questionam fortemente o governo de Alberto Fernández. Seu projeto de forjar uma vertente radicalizada dentro do peronismo não é novidade. Ele tem o precedente do relacionamento de Perón com a JP. Uma revisão dessa experiência nos lembraria de como tem sido frustrante a tentativa de forjar um polo alternativo dentro do verticalizado Partido Justicialista.

A esquerda enfrenta outro tipo de dilema. Em torno da Frente de Izquierda y de los Trabajadores (FIT), consolidou-se uma formação socialista, com uma presença eleitoral minoritária, mas inovadora e visível. Ela se distingue por sua combatividade e seu embate frontal com a tibieza do progressismo.

Mas ninguém vota no FIT com a expectativa de facilitar sua chegada próxima, futura ou distante ao governo. Essa descrença limita as perspectivas do FIT. O próprio FIT não se apresenta como uma opção de governo. Carece de alguma estratégia para atingir esse objetivo, e não concorre às eleições para sair vitorioso. Sua única perspectiva está ligada à eclosão de um processo revolucionário, que não aconteceu nas últimas décadas.

A avaliação dessa última carência é tão omitida quanto qualquer hipótese de ganhar o governo para disputar o poder em um longo período de transição. Essa política exigiria reconhecer a diferença qualitativa que separa a luta pela supremacia em um governo, um regime político, um Estado e uma sociedade. A diferenciação dessas instâncias permitiria conceber outras vias de ação, buscando formas de conquistar prefeituras ou governos de províncias.

Desfecho em aberto

Todas as avaliações do cenário argentino foram agora subitamente modificadas pelos desvarios do governo de Milei. A derrota desse ajuste depende, acima de tudo, da luta social e, em segundo lugar, das contradições geradas pelo plano do governo nas classes dominantes. Sem uma resistência maciça, essas tensões permanecerão limitadas, porque os poderosos compartilham o objetivo de demolir sindicatos, cooperativas e redes democráticas.

Existe a possibilidade de uma vitória popular diante de um presidente que está embarcando em um ultraje monumental. Milei pretende perpetrar sua agressão sem o apoio necessário para tal escalada. Ele comanda um gabinete improvisado para implementar um projeto muito ambicioso. Faltam-lhe os governadores, legisladores e prefeitos necessários para implementar um plano que irrita a maior parte da população.

A comparação com Bolsonaro é esclarecedora e vai além dos disparates compartilhados por ambos os personagens. Assim como seu colega argentino, o ex-capitão se tornou presidente inesperadamente, substituindo o candidato preferido pelos grupos dominantes. Bolsonaro substituiu Alckmin na mesma sequência em que Milei substituiu Rodríguez Larreta ou Bullrich. No primeiro caso, o desenvolvimento incontrolável do golpe contra Dilma Rousseff foi decisivo; no segundo, a crise da direita convencional.

Mas Bolsonaro tomou posse em um cenário de direita estabilizada, com a maior parte do pacote de ajustes consumado por seu antecessor, Temer (reforma trabalhista, congelamento dos gastos sociais por 20 anos, retrocesso educacional, privatizações em andamento). Ele apenas acrescentou a esse pacote as mudanças na previdência social. Em contrapartida, Milei tem de lidar com uma crise econômica descomunal retomando o descontinuado receituário neoliberal.

Bolsonaro aproveitou o clima de mobilizações de direita que promoviam a vingança contra o PT e a rejeição da corrupção (Lava Jato). Milei não conta com esse apoio e o que aconteceu com Macri esgotou os episódios de suborno de funcionários públicos. O libertário tampouco conta com a poderosa rede de evangélicos, militares e agrocapitalistas que apoiaram o ex-capitão. Em vez de tirar proveito do refluxo do movimento sindical – o que aconteceu no Brasil após a greve de 2018 –, ele precisa enfrentar uma estrutura sindical que preserva grande poder de fogo.

É um ponto de interrogação se Milei mostrará a plasticidade de seu ídolo brasileiro para adaptar seu governo às adversidades. Por enquanto, ele está se limitando a aumentar a aposta com medidas mais ousadas e para gerar uma liderança coesa das classes dominantes. O resultado de sua aventura depende da resistência popular. Na estreia dessa agressão, a única certeza é a centralidade da luta para conseguir sua derrota.

REFERÊNCIAS

ABUFOM, P. Chile: Gabriel Boric, ¿último presidente de lo viejo o primer presidente de lo nuevo? *Viento Sur*, 2021. Disponível em: https://vientosur.info/chile-gabriel-boric-ultimo-presidente-de-lo-viejo-o-primer-presidente-de-lo-nuevo/. Acesso em: jul. 2023.

ACOSTA, A. Propuestas y exigencias del movimiento indígena y las organizaciones sociales. *Rebelión*, 2022. Disponível em: https://rebelion.org/propuestas-y-exigencias-del-movimiento-indigena-y-las-organizaciones-sociales/. Acesso em: jul. 2023.

ACOSTA REYES, B. En Bolivia vuelve el fantasma del golpismo. *Rebelión*, 2022. Disponível em: https://rebelion.org/en-bolivia-vuelve-el-fantasma-del-golpismo/. Acesso em: jul. 2023.

ACUÑA ASENJO, M. Chile: obituario de un gobierno que no pudo ser. *Nodal*, 2022. Disponível em: https://www.nodal.am/2022/10/chile-obituario-para-un-gobierno-que-no-pudo-ser-por-manuel-acuna-asenjo/. Acesso em: jul. 2023.

AGULLO, J. El "bolsonarismo" no es flor de un día. *Rebelión*, 2022. Disponível em: https://rebelion.org/el-bolsonarismo-no-es-flor-de-un-dia/. Acesso em:[julho de 2023].

AHARONIAN, A. Progresismo: aprender a desaprender. *Nodal*, 2022. Disponível em: https://www.nodal.am/2022/09/progresismo-aprender-a-desaprender-por-aram-aharonian/. Acesso em: jul. 2023.

AHARONIAN, A. El narcotráfico se va adueñando de Latinoamérica. *Rebelión*, 2023. Disponível em: https://rebelion.org/el-narcotrafico-se-va-aduenando-de-latinoamerica/. Acesso em: dez. 2023.

ALEMÁN, J. Declaraciones y Debate con respecto al FMI. *Página/12*, 2022. Disponível em: https://www.pagina12.com.ar/401929-declaraciones-y-debate-con-respecto-al-fmi/. Acesso em: jul. 2023.

ALMEIDA, J. Sin movilizar a las masas ni abandonar el culto al pasado, difícil será el triunfo de Lula. *Nodal*, 2022a. Disponível em: https://www.nodal.am/2022/10/sin-movilizar-a-las-masas-ni-abandonar-el-culto-al-pasado-dificil-sera-el-triunfo-de-lula-por-juraima-almeida/. Acesso em: jul. 2023.

REFERÊNCIAS

ALMEIDA, J. Brasil ganó su derecho a la esperanza: Lula será presidente. *Nodal*, 2022b. Disponível em: https://www.nodal.am/2022/10/brasil-gano-su-derecho-a-la-esperanza-lula-sera-presidente/. Acesso em: jul. 2023.

ALMEIDA, J. Lula y la difícil reconstrucción. *Estrategia*, 2023. Disponível em: https://estrategia.la/2023/01/03/lula-y-la-dificil-reconstruccion-de-un-brasil-en-ruinas/. Acesso em: jul. 2023.

ALTAMIRA, J. Cuba en la encrucijada. *Política Obrera*, 2021. Disponível em: https://politicaobrera.com/5194-cuba-en-la-encrucijada/. Acesso em: jul. 2023.

ÁLVAREZ ORELLANA, M. Pedro Castillo: un suicidio político televisado. *Rebelión*, 2022. Disponível em: https://rebelion.org/pedro-castillo-un-suicidio-politico-televisado/. Acesso em: jul. 2023.

ÁLVAREZ, M. Nicaragua, un reto para la izquierda internacional. *Viento Sur*, 2021. Disponível em: https://vientosur.info/nicaragua-un-reto-para-la-izquierda-internacional/. Acesso em: jul. 2023.

AMUSQUIVAR, G. Separatismo 2.0: Santa Cruz intenta separarse del resto del país. *Resumen Latinoamericano*, 2022. Disponível em: https://www.resumenlatinoamericano.org/2022/11/14/bolivia-separatismo-2-0-santa- cruz-intenta-separarse-del-resto-del-pais/. Acesso em: jul. 2023.

ANDERSON, B. *Comunidades imaginadas:* reflexiones sobre el origen y la difusión del nacionalismo. Ciudad de México: F.C.E., 1993.

ANDERSON, P. Algunas observaciones históricas sobre la hegemonía. *Crítica y emancipación. Revista latinoamericana de ciencias sociales*, II (3), p. 219-240, 2010.

ANDERSON, P. *Imperium et Consilium:* la política exterior norteamericana y sus teóricos. Madrid: Akal, 2013.

ANDERSON, P. Los herederos de Gramsci. *New Left Review*, 100, p. 79-110, –set.--out. 2016.

ANTENTAS, J. Epílogo. *In: Sindicalismo y "movimiento antiglobalización": distancias y divergencias*. Bilbao (Espanha): Betiko Fundazioa, 2012.

ARCARY V. Una victoria política gigante. *Correspondencia de Prensa*, 2022a. Disponível em: https://correspondenciadeprensa. com/?p=30568/. Acesso em: jul. 2023.

ARCARY, V. Vencer el miedo será uno de los grandes retos para asegurar la derrota de los fascistas. *Sin Permiso*, 2022b. Disponível em: https://www.sinpermiso. info/textos/brasil-vencer-el-miedo-sera-uno-de-los-grandes-retos-para-asegurar-la-derrota-de-los-fascistas/. Acesso em: jul. 2023.

ARCARY, V. El PSOL decidió apoyar a Lula. ¿Por qué? *Sin Permiso*, 2022c. Disponível em: https://www.sinpermiso.info/textos/brasil-el-psol-decidio-apoyar-a-lula-por-que/. Acesso em: jul. 2023.ARCARY, V. Brasil. Tres opciones dividen a la izquierda socialista. *Viento Sur*, 2022d. Disponível em: https://vientosur. info/brasil-tres-opciones-dividen-a-la-izquierda-socialista/. Acesso em: jul. 2023.

ARCARY, V. Es momento de avanzar contra los golpistas. *Jacobin América Latina*, 2023. Disponível em: https://jacobinlat. com/2023/01/09/es-momento-de-avanzar-contra-los-golpistas/. Acesso em: jul. 2023.

ARKONADA, K. Las elecciones agridulces. *Resumen Latinoamericano*, 2021. Disponível em: https://www.resumenlatinoamericano.org/2021/06/07/mexico-las-elecciones-agridulces/. Acesso em: jul. 2023.

REFERÊNCIAS

ARÓSTICA, P. China, Estados Unidos y el pulso por Taiwán: geoestrategia en el Indo-Pacífico y América Latina. *América Economía,* 2022. Disponível em: https://www.americaeconomia.com/china-estados-unidos-y-el-pulso-por-taiwan-geoestrategia-en-el-indopacifico-y-america-latina. Acesso em: jul. 2023.

ARRIGHI, G. *El largo siglo XX.* Madrid: Akal, 1999.

AZNÁREZ, C. El centro político apoyado por la vieja clase política de la Concertación será el mejor aliado del modelo que encarna Boric. *Resumen Latinoamericano,* 2021. Disponível em: https://www.resumenlatinoamericano.org/2021/12/24/chile-el-centro-politico-apoyado-por-la-vieja-clase-politica-de-la-concertacion-sera-el-mejor-aliado-del-modelo-que-encarna-boric/. Acesso em: jul. 2023.

AZNÁREZ, C. Entre la alegría de la victoria y el enorme desafío de un devenir difícil pero no imposible. R*esumen Latinoamericano,* 2022a. Disponível em: https://www.resumenlatinoamericano.org/2022/06/20/colombia-entre-la-alegria-de-la-victoria-y-el-enorme-desafio-de-un-devenir-dificil-pero-no-imposible/. Acesso em: jul. 2023.

AZNÁREZ, C. Los errores de Castillo no pueden justificar el reconocimiento de un gobierno golpista de derecha. *Resumen Latinoamericano,* 2022b. Disponível em: https://www.resumenlatinoamericano.org/2022/12/09/peru-los-errores-de-castillo-no-pueden-justificar-el-reconocimiento-de-un-gobierno-golpista-de-derecha/. Acesso em: jul. 2023.

BARBA, J. El Salvador: la implosión que viene con Bukele. *Página/12,* 2023. Disponível em: https://www.pagina12.com.ar/528800-el-salvador-la-implosion-que-viene-con-bukele/. Acesso em: dez. 2023.

BARRENNECHEA, J. Del antiamericanismo al panamericanismo. *Cubaencuentro,* 2022. Disponível em: https://www.cubaencuentro.com/internacional/articulos/del-antiamericanismo-al-panamericanismo-341128. Acesso em: jul. 2023.

BELUCHE, O. Problemas en la Dubái centroamericana. *Jacobin América Latina,* 2022. Disponível em: https://jacobinlat.com/2022/07/19/problemas-en-la-dubai-centroamericana/. Acesso em: jul. 2023.

BELUCHE, O. La guerra Rusia-Ucrania y la parábola de la zorra y el león. *Rebelión,* 2023. Disponível em: https://rebelion.org/ la-guerra-rusia-ucrania-y-la-parabola-de-la-zorra-y-el-leon/. Acesso em: jul. 2023.

BENDER, T. *Historia de los Estados Unidos:* una nación entre naciones. Buenos Aires: Siglo XXI, 2011.

BOISROLIN, H. El prócer Dessalines alienta la insurrección del pueblo haitiano. *Resumen Latinoamericano,* 2022. Disponível em: https://www.resumenlatinoamericano.org/2022/10/19/haiti-henry-boisrolin-el-procer-dessalines-alienta-la-insurreccion-del-pueblo-haitiano/. Acesso em: jul. 2023.

BORÓN, A. Antonio Gramsci y el balotaje en Chile. *Atilio Borón,* 2021a. Disponível em: https://atilioboron.com.ar/antonio-gramsci-y-el-balotaje-en-chile/. Acesso em: jul. 2023.

BORÓN, A. José Antonio Kast: peor que Augusto Pinochet. *Página/12,* 2021b. Disponível em: https://www.pagina12.com.ar/384686-jose-antonio-kast-peor-que-augusto-pinochet/. Acesso em: jul. 2023.

BORÓN, A. Mike Pompeo se confiesa en un libro. *Página/12,* 2023a. Disponível em: https://www.pagina12.com.ar/521040-mike-pompeo-se-confiesa-en-un-libro. Acesso em: jul. 2023.

REFERÊNCIAS

BORÓN, A. Brasil: crónica de un ensayo anunciado. *Página/12*, 2023b. Disponível em: https://www.pagina12.com.ar/514211-brasil-cronica-de-un-ensayo--anunciado/. Acesso em: jul. 2023.

BOTTO, M. Los movimientos sociales y el libre comercio en América Latina: ¿qué hay después del ALCA? *Revista CIDOB d'Afers Internacionals*, 2014, p. 191-213.

BOULOS, G. Bolsonaro devolvió a Brasil al mapa del hambre. *Página/12*, 2022. Disponível em: https://www.pagina12.com.ar/486302-bolsonaro-devolvio-a--brasil-al-mapa-del-hambre/. Acesso em: jul. 2023.

BOZA, A. Venezuela: El salario es la clave. Todavía estamos a tiempo. *Tramas. Periodismo en movimiento*, 2022a. Disponível em: https://tramas.ar/2022/07/19/venezuela-el-salario-es-la-clave-todavia-estamos-a-tiempo/. Acesso em: jul. 2023.

BOZA, A. "El Estado no debería seguir entregando divisas al sector privado". *Aporrea*, 2022b. Disponível em: https://www. aporrea.org/economia/n376156.html/. Acesso em: jul. 2023.

BRIEGER, P. El laberinto de Nicaragua. *Con información*, 2021. Disponível em: https://coninformacion.undav.edu.ar/1130/. Acesso em: jul. 2023.

BRITTO GARCÍA, L. Venezuela: Precios y salarios. *Tramas. Periodismo en movimento*, 2023. Disponível em: https://tramas.ar/2023/02/04/venezuela-precios--y-salarios/. Acesso em: jul. 2023.

CABIESES, M. ¿Para avanzar o retroceder? Dulce patria recibe los votos. *Crónica digital*, 2021. Disponível em: https://www.cronicadigital.cl/2021/11/15/para--avanzar-o-retroceder-dulce-patria-recibe-los-votos/. Acesso em: jul. 2023.

CABIESES, M. Nueva Constitución ¡No aflojen, ciudadanos! *Diario U Chile*, 2022. Disponível em: https://radio.uchile.cl/2022/06/15/nueva-constitucion-no-aflojen-ciudadanos/. Acesso em: jul. 2023.

CAMACHO, I. Las Dos Movilizaciones del 23 y el Punto de Inflexión. *Aporrea*, 2023. Disponível em: https://www.aporrea.org/actualidad/a319021.html/. Acesso em: jul. 2023.

CAMPIONE, D. Entre derechas nuevas y viejas nos jugamos nuestra existencia. *FISYP*, 2022. Disponível em: https://fisyp.org.ar/2022/09/27/entre-derechas--nuevas-y-viejas-nos-jugamos-nuestra-existencia-por-daniel-campione/. Acesso em: jul. 2023.

CANO, A. Reducir brecha salarial México-EU, que es de 10 a 1, objetivo del T-MEC. *La Jornada*, 2022. Disponível em: https://www.jornada.com.mx/2022/07/12/politica/010e1pol/. Acesso em: jul. 2023.

CANTELMI, M. Nicolás Maduro, los juegos con fuego de un Galtieri en el Caribe. *Clarín*, 2023. Disponível em: https://www.clarin.com/mundo/nicolas-maduro--juegos-fuego-galtieri-caribe_0_6g1Gm2XCSM.html/. Acesso em: dez. 2023.

CARDOSO, C.; PÉREZ BRIGNOLI, H. *Historia económica de América Latina Tomo II*. Barcelona: Crítica, 1979.

CASARI, F. Cumbre de las Américas, los sordos y los mudos. *Rebelión*, 2022. Disponível em: https://rebelion.org/cumbre-de-las-americas-los-sordos-y-los--mudos/. Acesso em: jul. 2023.

CASTRO ALEGRÍA, R.; PASTRANA BUELVAS, E. Auge y estancamiento de la Alianza del Pacífico. *Fundación Carolina*, 2020. Disponível em: https://www.

Referências

fundacioncarolina.es/wp-content/uploads/2020/02/AC-7.2020.pdf. Acesso em: jul. 2023.

CAZAL, E. Venezuela. Notas y contexto para pensar el presente económico. *Resumen Latinoamericano*, 2022. Disponível em: de https://www.resumenlatinoamericano.org/2022/04/09/venezuela-notas-y-contexto-para-pensar-el-presente--economico/. Acesso em: jul. 2023.

CEGNA, A. Gobierno Meloni, lo que está en juego, 2022. (G. Trucchi, Entrevistador)

CERNADAS, G.; SANTOS, M. ¿Es posible una segunda ola progresista en América Latina? *ALAI*, 2022. Disponível em: https://www.alai.info/es-posible-una--segunda-ola-progresista-en-america-latina/. Acesso em: ago. 2023.

CHAVARRÍA DOMÍNGUEZ, S. Nicaragua: RIP para la UNAB. *Sin Permiso*, 2022. Disponível em: https://www.sinpermiso.info/textos/nicaragua-rip-para--la-unab/. Acesso em: jul. 2023.

CLACSO. Arbitraria detención de Oscar René Vargas en Nicaragua. *CLACSO*, 2022. Disponível em: https://www.clacso.org/arbitraria-detencion-de-oscar--rene-vargas-en-nicaragua/. Acesso em: jul. 2023.

CLACSO TV. Las Nuevas Derechas: Qué desafíos para los progresismos en América Latina y el Caribe, *Clacso TV*, 2023. Disponível em: https://www.youtube.com/watch?v=niT5Gn6CLkk/. Acesso em: ago. 2024.

COCKCROFT, J. *América Latina y Estados Unidos:* historia y política país por país. Ciudad de México: Siglo XXI, 2002.

COLUSSI, M. Latinoamérica y las nuevas izquierdas. *Rebelión*, 2022. Disponível em: https://rebelion.org/latinoamerica-y-las-nuevas-izquierdas/. Acesso em: jul. 2023.

CONROY, C.; DERVIS, K. Nacionalistas del mundo, uníos. *Sin Permiso*, 2018. Disponível em: https://www.sinpermiso.info/textos/nacionalistas-del-mundo--unios/. Acesso em: jul. 2023.

COOK, J. De qué manera dicta el Pentágono los argumentos de Hollywood. *Rebelión*, 2022. Disponível em: https://rebelion.org/de-que-manera-dicta-el-pentagono-los-argumentos-de-hollywood/. Acesso em: jul. 2023.

CRESPO, E. El Brasil de Lula y los motivos de un optimismo moderado. *Página/12*, 2022. Disponível em: https://www.pagina12.com.ar/498445-el-brasil-de-lula--y-los-motivos-de-un-optimismo-moderado/. Acesso em: jul. 2023.

CRIVELLI MINUTTI, E.; LO BRUTTO, G. *Las relaciones entre China y América Latina en la segunda década del siglo XXI*. Cuadernos del CEL, 2019.

CUEVA, A. *El desarrollo del capitalismo en América Latina*. Ciudad de México: Siglo XXI, 1986.

CURCIO, P. Venezuela. Legalización de la dolarización (II). *Resumen Latinoamericano*, 2022a. Disponível em: https://www.resumenlatinoamericano.org/2022/02/17/venezuela-legalizacion-de-la-dolarizacion-ii/. Acesso em: jul. 2023.

CURCIO, P. Venezuela se está arreglando. *Aporrea*, 2022b. Disponível em: https://www.aporrea.org/tiburon/a315983.html/. Acesso em: jul. 2023.

CURCIO, P. La dolarización y el negocio más rentable de la burguesía en Venezuela. *Mate Amargo*, 2023. Disponível em: https://www.mateamargo.org.

REFERÊNCIAS

uy/2023/11/30/la-dolarizacion-y-el-negocio-mas-rentable-de-la-burguesia-en/. Acesso em: dez. 2023.

D'ADDARIO, F. Javier Milei y la lotería del liberalismo. *Página/12*, 2022. Disponível em: https://www.pagina12.com.ar/394032-javier-milei-y-la-loteria-del--liberalismo/. Acesso em: jul. 2023.

DAVIDSON, N. From deflected permanent revolution to the law of uneven and combined development. *International Socialist*, 2010.

DE GORI, E.; ESTER, B.; GÓMEZ, A.; VOLLENWEIDER, C. Derechas outdoors, la marcha de los oposicionistas. *Celag*, 2017. Disponível em: https://www.celag.org/derechas-outdoors/. Acesso em: jul. 2023.

DE LA CUADRA, F. Brasil. Bolsonaro y Kast: dos perfiles de una ultraderecha vernácula. *Resumen Latinoamericano*, 2022. Disponível em: https://www.resumenlatinoamericano.org/2021/10/22/brasil-bolsonaro-y-kast-dos-perfiles--de-una-ultraderecha-vernacula/. Acesso em: jul. 2023.

DE LA CUADRA, F. El gobierno Lula navega sobre aguas turbulentas. *Rebelión*, 2023. Disponível em: https://rebelion.org/ el-gobierno-lula-navega-sobre--aguas-turbulentas/. Acesso em: dez. 2023.

D'LEÓN, M. Crisis social. Panamá al borde del estallido social luego de tres semanas de protestas generalizadas. *La Izquierda Diario*, 2022. Disponível em: https://www.laizquierdadiario.com/Panama-al-borde-del-estallido-social-luego--de-tres-semanas-de-protestas-generalizadas/. Acesso em: jul. 2023.

D'LEÓN, M. Elecciones 2023. Balotaje en Guatemala: claves de una elección bajo una gran crisis política. *La Izquierda Diario*, 2023. Disponível em: https://www.laizquierdadiario.com/Balotaje-en-Guatemala-claves-de-una-eleccion--bajo-una-gran-crisis-politica/. Acesso em: jul. 2023.

DESAI, R.; FREEMAN, A.; KAGARLITSKY, B. The Conflict in Ukraine and Contemporary Imperialism, *International Critical Thought*, 6 (4), p. 489-512, 2016. Disponível em: https://www.tandfonline.com/doi/abs/10.1080/215982 82.2016.1242338/. Acesso em: set. 2023.

DOBRUSIN, B.; VENTRICI, P. Acción sindical transnacional: Procesos históricos y retos actuales. *In:* VENTRICI, P.; RODRÍGUEZ MIGLIO, M.; PINAZO, G.; BOSISIO, W. (Org.). *El trabajo y las empresas multinacionales hoy:* economía, relaciones laborales y conflictividad. Los Polvorines (Argentina): Universidad Nacional de General Sarmiento, 2018.

DONOSO ÁLVAREZ, N. Imperialismo ruso y chino en América Latina. Cada vez más influencia de las superpotencias. *LatinAmerican Post*. 2022. Disponível em: https://latinamericanpost.com/es/41103-imperialismo-ruso-y-chino-en-amrica--latina-cada-vez-mas-influencia-de-las-superpotencias/. Acesso em: jul. 2023.

DUQUE, H. Políticos, periodistas y militares de ultra-derecha orquestan golpe de Estado contra presidente Gustavo Petro. *Resumen Latinoamericano*, 2023. Disponível em: resumenlatinoamericano.org/2023/01/14/colombia-politicos--periodistas-y-militares-de-ultraderecha-orquestan-golpe-de-estado-contra--presidente-gustavo-petro/. Acesso em: jul. 2023.

DUSSEL PETERS, E. América Latina y el Caribe-China: más allá de la moda de su análisis socioeconómico. *LASA Forum*, Unam, 52 (3), p. 25-29, jul. 2021. Disponível em: https://dusselpeters.com/355.pdf. Acesso em: jul. 2023.

REFERÊNCIAS

DUSSEL PETERS, E. ¿TLC con Estados Unidos y/o con China? *Reforma,* 2022. Disponível em: https://dusselpeters.com/reforma2022-05.pdf/. Acesso em: jul. 2023.

DUTERME, B. América Latina: impulsos progresistas, reacciones conservadoras. *Alternatives Sud,* 2023. Disponível em: https://www.cetri.be/America-Latina--impulsos?lang=fr/. Acesso em: dez. 2023.

DUTRA, I. La victoria de Lula es un gran triunfo democrático contra el autoritarismo. *Viento Sur,* 2022. Disponível em: https://vientosur.info/la-victoria-de--lula-fue-un-gran-triunfo-democratico-contra-el-autoritarismo/. Acesso em: jul. 2023.

ECUADOR TODAY. El gigante asiático cambió la estrategia para la región. 2021. Disponível em: https://ecuadortoday.media/2021/04/30/inversion-china-por--otras-vias/. Acesso em: ago. 2023.

ELLNER, S. Lo que más teme Washington del Presidente Lula da Silva. *Nodal,* 2022. Disponível em: https://www.nodal.am/2022/11/lo-que-mas-teme-washington-del-presidente-lula-da-silva-por-steve-ellner/. Acesso em: jul. 2023.

ELLNER, S. La priorización del imperialismo norteamericano y la Marea Rosada. *Rebelión,* 2023. Disponível em: https://rebelion.org/la-priorizacion-del-imperialismo-norteamericano-y-la-marea-rosada/. Acesso em: dez. 2023.

ESTENSSORO, F. América Latina en la geopolítica del siglo XXI: el riesgo de pasar de "Sur global" a "Sur absoluto". *Papeles de relaciones ecosociales y cambio global,* (162), p. 13-24, 2023. Disponível em: https://www.fuhem.es/2023/07/05/america-latina-en-la-geopolitica-del-siglo-xxi/. Acesso em: dez. 2023.

FEBBRO, E. Del intento de asesinato a Jacques Chirac al atentado a Cristina. *Página/12,* 2022a. Disponível em: https://www.pagina12.com.ar/481182-radiografia-de-las-ultraderechas-en-francia-y-su-irradiacion/. Acesso em: jul. 2023.

FEBBRO, E. El dilema de la izquierda. *Página/12,* 2022b. Disponível em: https://www.pagina12.com.ar/501899-francia-el- dilema-de-la-izquierda/. Acesso em: jul. 2023.

FEBBRO E. El dilema de la izquierda. *Página/12,* 2022c. Disponível em: https://www.pagina12.com.ar/501899-francia-el- dilema-de-la-izquierda/. Acesso em: jul. 2023.

FEBBRO E. Cómo Mélenchon, inspirado por el progresismo latinoamericano, logró sus éxitos en Francia. *Página/12,* 2022c. Disponível em: https://www.pagina12.com. ar/472364-como-jean-luc-melenchon-inspirado-por-el-progresismo-latinoa/. Acesso em: jul. 2023.

FELIU POCH, R. Imperios combatientes: geopolítica de las renovables. *Ctxt,* 2021. Disponível em: https://ctxt.es/es/20211201/Firmas/37954 /geopolitica- energias-imperialismo-petroleo-transicion.htm. Acesso em: jul. 2023.

FERRARI, S. La voracidad de las aves de rapiña. *Prensa Latina,* 2022. Disponível em: https://www.prensa-latina.cu/2022/09/11/ la-voracidad-de-las-aves-de--rapina. Acesso em: jul. 2023.

FIGUEROA CORNEJO, A. A tres años de la Revuelta la represión continúa: ¿qué te pasó Boric? *Rebelión,* 2022. Disponível em: https://rebelion.org/a-tres-anos--de-la-revuelta-la-represion-continua-que-te-paso-boric/. Acesso em: jul. 2023.

FRADE, I. ¿Cuándo va a morir la Doctrina Monroe? *Prensa Latina,* 2021. Disponível em: https://www.prensa-latina.cu/2021/12/31/escaner-cuando-va-a-morir--la-doctrina-monroe-fotos-info-video. Acesso em: jul. 2023.

FRASER, N. ¿Podemos entender el populismo sin llamarlo fascista? *Sin Permiso,* 2019. Disponível em: http://www.sinpermiso.info/textos. Acesso em: jul. 2023.

FUENZALIDA SANTOS, E. El plan económico de EE. UU. para Latinoamérica: ¿un "globo pinchado"? *El Mostrador.* Disponível em: https://www.elmostrador.cl/destacado/2022/06/28/el-plan-economico-de-ee-uu-para-latinoamerica-un--globo-pinchado/. Acesso em: jul. 2023.

GALMES AGUZZI, J. Bajo la bota del FMI. Litio: el extractivismo minero de EE. UU. avanza en Salta, Jujuy y Catamarca, ¿quiénes se benefician? *La Izquierda Diario,* 2022. Disponível em: https://www.laizquierdadiario.com/El-extractivismo-minero-de-EE-UU-avanza-en-Salta-Jujuy-y-Catamarca/. Acesso em: jul. 2023.

GAMBINA, J. ¿Moneda común o única para la región? Asignaturas pendientes de la política. *El Cronista,* 2023. Disponível em: https://www.cronista.com/columnistas/moneda-comun-o-unica-para-la-region/. Acesso em: jul. 2023.

GARCÍA ITURBE, N. La Doctrina Monroe siempre ha estado vigente. *Rebelión,* 2018. Disponível em: https://rebelion.org/la-doctrina-monroe-siempre-ha--estado-vigente/ Acesso em: jul. 2023.

GARCÍA LINERA, A. Estamos en la segunda oleada progresista. *Página/12,* 2021. Disponível em: https://www.pagina12.com.ar/326515-garcia-linera-estamos--en-la-segunda-oleada-progresista/. Acesso em: jul. 2023.

GARCÍA LINERA, A. Seis hipótesis sobre el crecimiento de las derechas autoritarias. *Jacobin América Latina,* 2023. Disponível em: https://jacobinlat.com/2023/10/22/seis-hipotesis-sobre-el-crecimiento-de-las-derechas-autoritarias/. Acesso em: dez. 2023.

GARCÍA LINERA, A. Para derrotar a la ultraderecha, las izquierdas deben ser radicales. *Ctxt,* 2024. Disponível em: https://ctxt.es/es/20240101/Politica/45225/entrevista-alvaro-garcia-linera-exvicepresidente-bolivia-tamara-ospina-posse--latinoamerica-derecha-milei-fascismo.html/. Acesso em: jan. 2023.

GATTI, D. El avance evangelista en la política latinoamericana. *Rebelión,* 2018. Disponível em: https://www.rebelion.org/noticia.php?id=249171/. Acesso em: jul. 2023.

GAUDICHAUD, F. El mejor antídoto contra la extrema derecha es el resurgimiento de las luchas sociales. *Le Courrier,* 2023. Disponível em: de https://lacasaeditora.org/el-mejor-antidoto-contra-la-extrema-derecha-es-el-resurgimiento-de--las-luchas-sociales/. Acesso em: dez. 2023.

GAUDICHAUD, F.; ABUFOM, P. ¿Se abre un nuevo ciclo político en Chile? *Sin Permiso,* 2023. Disponível em: https://www.sinpermiso.info/textos/se-abre--un-nuevo-ciclo-politico-en-chile/. Acesso em: jan. 2024.

GERBAUDO, P. La globalización como un horizonte de crecimiento permanente y estable ha terminado. *Rebelión,* 4 jan. 2024. Disponível em: https://rebelion.org/la-globalizacion-como-un-horizonte-de-crecimiento-permanente-y-estable--ha-terminado/. Acesso em: jan. 2024.

REFERÊNCIAS

GEUM-SOON, Y. El pueblo asiático contra el libre comercio: "la sociedad se quedó traumatizada por las deudas". *CADTM*, 2021. Disponível em: https://www.cadtm.org/spip.php?page=imprimer&id_article=20205/. Acesso em: jul. 2023.

GHIOTTO, L. ¿Resistencia o Alternativas? Veinte años de lucha contra el Libre Comercio. *CADTM*, 2016. Disponível em: https://www.cadtm.org/Resistencia--o-Alternativas/. Acesso em: jul. 2023.

GHIOTTO, L. Coronacrisis y libre comercio. O acerca de por qué en tiempos de crisis, el libre comercio no se cuestiona. *CADTM*, 2020. Disponível em: https://www.cadtm.org/Corona-crisis-y-libre-comercio/. Acesso em: jul. 2023.

GHIOTTO, L. Los tratados de libre comercio aseguran una matriz extractiva. *Página/12*, 2022. Disponível em: https://www.pagina12.com.ar/496254-luciana--ghiotto-los-tratados-de-libre-comercio-aseguran-una-/. Acesso em: jul. 2023.

GILBERT, C. Lecciones de la Revolución Cultural ¿Dónde está el socialismo en Venezuela? *Rebelión*, 2021. Disponível em: https://rebelion.org/autor/chris--gilbert/. Acesso em: jul. 2023.

GIMÉNEZ, P. Un proyecto popular se abre paso en el corazón de Centroamérica. *Nodal*, 2022. Disponível em: https://www.nodal.am/2022/11/honduras-honduras-un-proyecto-popular-se-abre-paso-en-el-corazon-de-centroamerica-por--paula-gimenez/. Acesso em: jul. 2023.

GODIO, J. *Historia del movimiento obrero latinoamericano 3*. Caracas: Nueva Sociedad, 1985.

GONZÁLEZ, S. Ponen bajo la lupa resultados de la Alianza del Pacífico. *La Jornada*, 2020. Disponível em: https://www.jornada.com.mx/ultimas/economia/2020/02/20/ponen-bajo-la-lupa-resultados-de-la-alianza-del-pacifico-2118.html/. Acesso em: jul. 2023.

GROUP, I. M. A través de la pluripolaridad al socialismo: Un manifiesto. *International Manifesto Group*, 2021. Disponível em: https://internationalmanifesto.org/wp-content/uploads/2021/09/final-espanol-de-la-pluripolaridad-al-socialismo-final.pdf/. Acesso em: jul. 2023.

GROSFOGEL, R. Ocho tesis acerca del imperialismo estadounidense y las luchas antiimperialistas en el siglo XXI. *Rebelion*, 2020. Disponível em: https://rebelion.org/ocho-tesis-acerca-del-imperialismo-estadounidense-y-las-luchas--antiimperialistas-en-el-siglo-xxi/. Acesso em: jul. 2023.

GUERRA CABRERA, A. La Celac y la rebelión peruana. *Rebelión*, 2023. Disponível em:https://rebelion.org/la-celac-y-la-rebelion-peruana/. Acesso em: jul. 2023.

GUERRA VILABOY, S. *Breve historia de América Latina*. Veracruz: Editorial de Ciencias Sociales, 2006.

HELLER, P. Brasil: por qué votar nulo o en blanco en la segunda vuelta. *Prensa Obrera*, 2022. Disponível em: https://prensaobrera.com/internacionales/brasil--por-que-votar-nulo-o-en- blanco-en-la-segunda-vuelta/ . Acesso em: jul. 2023.

HERNÁNDEZ AYALA, J. La soledad de los zapatistas. *Rebelión*, 2019. Disponível em: https://rebelion.org/la-soledad-de-los-zapatistas/. Acesso em: jul. 2023.

HERNÁNDEZ AYALA, J. La deuda laboral de la 4T. *Rebelión*, 2022. Disponível em: https://rebelion.org/la-deuda-laboral-de- la-4t/. Acesso em: jul. 2023.

REFERÊNCIAS

HERNÁNDEZ AYALA, J. Dos organizaciones de la izquierda socialista mexicana se fusionan. *Rebelión,* 2023. Disponível em: https://rebelion.org/dos-organiza-ciones-de-la-izquierda-socialista-mexicana-se-fusionan/. Acesso em: jul. 2023.

HERNÁNDEZ ZUBIZARRETA, J.; RAMIRO, P. El control de las cadenas mun-diales de suministros y la acción sindical. *Viento Sur,* 2016. Disponível em: https://vientosur.info/el-control-de-las-cadenas-mundiales-de-suministros-y--la-accion-sindical/. Acesso em: jul. 2023.

INSTITUTO TRICONTINENTAL DE INVESTIGACIÓN SOCIAL. Un le-gado estratégico: el pensamiento revolucionario del Comandante Chávez a 10 años de su partida. *The Tricontinental,* 2023a. Disponível em: https://thetricon-tinental.org/es/dossier-chavez-pensamiento-estrategico/. Acesso em: ago. 2023.

INSTITUTO TRICONTINENTAL DE INVESTIGACIÓN SOCIAL. ¿Qué esperar de la nueva ola progresista de América Latina? Dossier n. 70, 2023b. Disponível em: https://thetricontinental.org/es/dossier-70-nueva-ola-progresis-ta-latinoamericana/. Acesso em: jan. 2024.

ISA CONDE, N. Haití. Rebelión popular apunta contra fórmula imperial a favor del caos. *Resumen Latinoamericano,* 2022. Disponível em: https://www.resu-menlatinoamericano.org/2022/09/20/haiti-rebelion-popular-apunta-contra--formula-imperial-a-favor-del-caos/. Acesso em: jul. 2023.

ITURRIZA, R. Con gente como esta es posible comenzar de nuevo. *Contrahege-monía Web.* 2022. Disponível em: https://contra- hegemoniaweb.com.ar/app/uploads/2022/05/con-gente-como-esta-.pdf/. Acesso em: jul. 2023.

KAGARLITSKY, B. *From Empires to Imperialism:* The State and the Rise of Bour-geois Civilisation. Londres: Routledge Taylor & Francis Group, 2014.

KATZ, C. *Las disyuntivas de la izquierda en América Latina.* Buenos Aires: Edicio-nes Luxemburg, 2008.

KATZ, C. *Bajo el imperio del capital.* Buenos Aires: Luxemburg, 2011.

KATZ, C. *Neoliberalismo, Neodesarrollismo, Socialismo.* Buenos Aires: Batalla de Ideas, 2015.[São Paulo: Expressão Popular, 2015].

KATZ, C. Socialismo y antiimperialismo. *La Haine,* 2017. Disponível em: www.lahaine.org/katz/. Acesso em: jul. 2023.

KATZ, C. Nicaragua duele. *La Haine,* 2018. Disponível em: www.lahaine.org/katz/. Acesso em: jul. 2023.

KATZ, C. Los protagonistas de la disputa en América Latina. *La Haine,* 2019. Disponível em: www.lahaine.org/katz/. Acesso em: jul. 2023.

KATZ, C. El quinto peronismo a la luz del pasado. *La Haine,* 2020a. Disponível em: www.lahaine.org/katz/. Acesso em: jul. 2023.

KATZ, C. Descifrar a China I. ¿Desacople o Ruta de la Seda?, Descifrar a China II: ¿Capitalismo o socialismo?, Descifrar a China III: proyectos en disputa. *La Haine,* 2020b. Disponível em: www.lahaine.org/katz. Acesso em: jul. 2023.

KATZ, C. Radiografía de una conmoción electoral. *La Haine,* 2021a. Disponível em:www.lahaine.org/katz/. Acesso em: jul. 2023.

KATZ, C. Tres posturas frente a la deuda. *La Haine,* 2021b. Disponível em: www.lahaine.org/katz/. Acesso em: jul. 2023.

KATZ, C. Las nuevas encrucijadas de América Latina. *La Haine,* 2021c. Disponível em: www.lahaine.org/katz/. Acesso em: jul. 2023.

REFERÊNCIAS

KATZ, C. Cuba inclina la balanza de América Latina. *La Haine,* 2021d. Disponível em: www.lahaine.org/katz/. Acesso em: jul. 2023.

KATZ, C. Un punto de inflexión. *La Haine,* 2022a. Disponível em: www.lahaine.org/katz/. Acesso em: jul. 2023.

KATZ, C. El nefasto regreso del FMI. *La Haine,* 2022b. Disponível em: www.lahaine.org/katz/. Acesso em: jul. 2023.

KATZ, C. La izquierda frente a los peligros de octubre y noviembre. *La Haine,* 2023a. Disponível em: www.lahaine.org/katz/. Acesso em: ago. 2023.

KATZ, C. Inconsistencias de una inédita agresión. *La Haine,* 2023b. Disponível em: www.lahaine.org/katz/. Acesso em: dez. 2023.

KATZ, C. El caótico atropello que prepara Milei. *La Haine,* 2023c. Disponível em: www.lahaine.org/katz/. Acesso em: nov. 2023.

KENT CARRASCO, D. El internacionalismo que viene. *Revista Común,* 2019. Disponível em: https://www.revistacomun.com/blog/el-internacionalismo--que-viene/. Acesso em: jul. 2023.

KERSFFELD, D. La OTAN presiona a América latina para enviar armas a Ucrania. *Página/12,* 2023. Disponível em: www.pagina12.com.ar/520067-la-otan--presiona-a-america-latina-para-enviar-armas-a-ucrania/. Acesso em: jul. 2023.

KNIGHT, A. Latinoamérica: un balance historiográfico. *Revista Historia y Grafía*, 10, p. 165-207, 1998.

KOHAN, N. *Simón Bolívar y nuestra independencia.* Buenos Aires: La Rosa Blindada, 2013.

KOHAN, N. ¿Cuáles son las instituciones contrainsurgentes que operan en la cooptación de intelectuales? *Cubadebate,* 2021. Disponível em: http://www.cubadebate.cu/especiales/2021/11/12/nestor-kohan-cuales-son-las-instituciones--contrainsurgentes-que-operan-en-la-cooptacion-de-intelectuales/. Acesso em: jul. 2023.

KOSSOK, M. *Historia del ciclo de las revoluciones de España y América Latina (1790-1917).* La Habana: Universidad de La Habana, 1990.

LACLAU, E. La deriva populista y la centroizquierda latinoamericana. *Nueva Sociedad*, 2006. Disponível em: https://nuso.org/articulo/la-deriva-populista-y--la-centroizquierda-latinoamericana/. Acesso em: ago. 2023.

LARSEN, F. El corazón xenófobo del norte del mundo. *La tinta,* 2018. Disponível em: https://latinta.com.ar/2018/06/28/el-corazon-xenofobo-del-norte-del--mundo/. Acesso em: jul. 2023.

LA TIZZA. La respuesta debe ser ampliar y fortalecer el poder popular. *La tizza,* 2021. Disponível em: https://medium.com/la-tiza/la-respuesta-debe-ser--ampliar-y-fortalecer-el-poder-popular-1f3ad7101381/. Acesso em: jul. 2023.

LA TIZZA. Ni los muertos estarán a salvo si el enemigo vence. *La Tizza,* 2023. Recuperado de https://medium.com/la-tiza/ni-los-muertos-estar%C3%A1n-a--salvo-si-el-enemigo-vence- a93be6caac35/. Acesso em: dez. 2023.

LAUFER, R. Estratégica argentina/china y la política de Beijing hacia América Latina. *Cuadernos del CEL,* 2019.

LEDGER, G. Latinoamérica frente al CPTPP y el RCEP: ¿espectadores del multilateralismo? *Bilaterals,* 2022. Disponível em: https://www.bilaterals.org/?latinoamerica-frente-al-cpt-pp-y-el&lang=en. Acesso em: jul. 2023.

REFERÊNCIAS

LEFEVRE TAVÁREZ, J.; RODÍGUEZ BANCHS, M. Nicaragua, tan violentamente amarga. *Momento crítico*, 2021. Disponível em: www.momentocritico. org/post/nicaragua-tan-violentamente-amarga/. Acesso em: ago. 2023.

LLORET CÉSPEDES, R. Bolivia: con su gas en declive, se enfrenta a una transición energética involuntaria. *Resumen Latinoamericano*, 2022. Disponível em: www.resumenlatinoamericano.org/2022/05/20/bolivia-con-su-gas-en-declive--se-enfrenta-a-una-transicion-energetica-involuntaria/. Acesso em: jul. 2023.

LÓPEZ, E. Victoria del paro nacional en el Ecuador. *Rebelión*, 2022. Disponível em: https://rebelion.org/victoria-del-paro-nacional-en-el-ecuador/. Acesso em: jul. 2023.

LÓPEZ, O. Cómo la derecha radical toma fuerza en América Latina. *El Siglo*, 2022. Disponível em: https://elsiglo.cl/analisis-como-la-derecha-radical-toma-fuerza--en-america-latina/. Acesso em: jul. 2023.

LÓPEZ BLANCH, H. México defiende la soberanía energética. *Rebelión*, 2022a. Disponível em: https://rebelion.org/mexico-defiende-su-independencia-economica/. Acesso em: jul. 2023.

LÓPEZ BLANCH, H. Las extorsiones contra Rusia golpean a Latinoamérica. *Rebelión*, 2022b. Disponível em: https://rebelion.org/las-extorsiones-contra--rusia-golpean-a-latinoamerica/. Acesso de: jul. 2023.

LÓPEZ BLANCH, H. Venezuela, encomiásticos pasos económico-políticos. *Rebelión*, 2023. Disponível em: https://rebelion.org/venezuela-encomiasticos-pasos--economico-politicos/. Acesso de: jul. 2023.

LOUÇA, F. El populismo fascista no ha hecho más que empezar. *Viento Sur*, 2018. Disponível em: https://vientosur.info/el-populismo-fascista-no-ha-hecho-mas--que-empezar/. Acesso em: jul. 2023.

LÖWY, M. La extrema derecha: un fenómeno global. *Viento Sur*, 2019. Disponível em: https://vientosur.info/la-extrema-derecha-un-fenomeno-global/. Acesso em: jul. 2023.

LOZANO, D. ¿Cuál es el estado de la economía venezolana? *La Nación*, 2022. Disponível em: https://www.lanacion.com.ar/autor/daniel-lozano-2167/. Acesso em: jul. 2023.LUCITA, E. IX Cumbre de las Américas: la Cumbre de la Exclusión. *Contrahegemonía Web*, 2022. Disponível em: https://contrahegemonia-web.com.ar/2022/06/11/ix-cumbre-de-las-americas-la-cumbre-de-la-exclusion/. Acesso em: jul. 2023.

LUCITA, E. *América latina: la ultraderecha está entre nosotros.* Manuscrito inédito, 2023.

MAJFUD, J. ¿Es el fascismo el futuro de la Humanidad? *Página/12*, 2022. Disponível em: https://www.pagina12.com.ar/498421-es-el-fascismo-el-futuro-de--la-humanidad/. Acesso em: jul. 2023.

MALAMUD, A. El Mercosur no es el problema. *Clarín*, 2022. Disponível em: www.clarin.com/opinion/mercosur-problema_0_14IGRcNHk6.html/. Acesso em: jul. 2023.

MALASPINA, L.; SVERDLICK, I. Las batallas de Petro. *Página/12*, 2022. Disponível em: https://www.pagina12.com.ar/491359-las-batallas-de-petro/. Acesso em: jul. 2023.

MARCHINI, J. La propuesta de Sur, una moneda única regional: abriendo el debate. *Nodal*, 2022. Disponível em: https:// www.nodal.am/2022/05/la-propuesta-

REFERÊNCIAS

-de-sur-una-moneda-unica-regional-abriendo-el-debate-por-jorge-marchini-
-especial-para-nodal/. Acesso em: jul. 2023.

MARCÓ DEL PONT, A. Deuda garantizada con recursos naturales. *Rebelión*, 2022. Disponível em: https://rebelion.org/deuda-garantizada-con-recursos-
-naturales/. Acesso em: jul. 2023.

MARINGONI, G. Tentación liberal y retroceso prematuro: los dilemas de Lula. *Outras Palavras*, 2023. Disponível em: https://correspondenciadeprensa. com/?p=34288/. Acesso em: dez. 2023.

MARTINS, C. O ressurgimento do fascismo no mundo contemporâneo: história, conceito e prospectiva. *Intellèctus*, 21 (2), p. 5-25, 2022.

MAZZEI, U. Venezuela en la encrucijada. *Rebelión*, 2022. Disponível em: https:// rebelion.org/venezuela-en-la-encrucijada-4/. Acesso em: jul. 2023.

MENDOZA, C. ¿Qué es China? *Rebelión*, 2021. Disponível em: https://rebelion. org/que-es-china/. Acesso em: jul. 2023.

MERINO, G.; MORGENFELD, L. América Latina y crisis de la hegemonía estadounidense: disputas en el BID y la Cumbre de las Américas. *Saber*, 2021. Disponível em: www.saber. ula.ve/bitstream/handle/123456789/48042/articulo1.pdf?sequence=1&isAllowed=y. Acesso em: jul. 2023.

MESA, A. La OTAN amazónica y canje de deuda por naturaleza. *Nodal*, 2023. https:/www.nodal.am/2023/08/la-otan-amazonica-y-canje-de-deuda-por-
-naturaleza-por-alejandro-mesa/. Acesso em: dez. 2023.

MIGUEL, P. Guerra antidrogas: fracaso o farsa. *La Jornada*, 2022. Disponível em: https://www.jornada.com.mx/2022/08/12/opinion/016a2pol. Acesso em: jul. 2023.

MIOLA, J. Asalto al Capitolio de Brasilia: ¿intento de golpe? *Análisis*, 2023. Disponível em: https://www.analisisdigital.com.ar/opinion/2023/01/10/asalto-al-
-capitolio-de-brasilia-intento-de-golpe/. Acesso em: jul. 2023.

MISIÓN VERDAD. La crisis política e institucional peruana: un análisis a fondo. *Misión Verdad*, 2022. Disponível em: https://misionverdad.com/globalistan/ la-crisis-politica-e-institucional-peruana-un-analisis-de-fondo/. Acesso em: jul. 2023.

MODONESI, M. Progresismo y hegemonía en América Latina. *La Izquierda Diario*, 2019. Disponível em: https://www.laizquierdadiario.com/Entrevista-a-
-Massimo-Modonesi-progresismo-y-hegemonia-en-America-Latina/. Acesso em: jul. 2023.

MOHANTY, M. *Balance de la reconfiguración geopolítica: del Atlantismo al Indo-
-Pacífico*. Conferencia de CLACSO, Ciudad de México, México, 2022.

MOLDIZ MERCADO, H. Hay perspectiva anticapitalista en América Latina y el Caribe. *Nodal*, 2023. Disponível em: https://www.nodal.am/2023/08/ hay-perspectiva-anticapitalista-en-america-latina-y-el-caribe-por-hugo-moldiz-
-mercado/. Acesso em: dez. 2023.

MOLINA, M. Colombia hacia las elecciones presidenciales: sin paz ni legalidad. *Annur TV*, 2022. Disponível em: https://www.annurtv.com/news-124950-
-colombia-hacia-las-elecciones-presidenciales-sin-paz-ni-legalidad/. Acesso em: jul. 2023.

REFERÊNCIAS

MONTAÑO, G.; VOLLENWEIDER, C. La derecha boliviana en su laberinto. *Sin Permiso,* 2023. Disponível em: https://www.sinpermiso.info/textos/la-derecha--boliviana-en-su-laberinto/. Acesso em: jul. 2023.

MORGENFELD, L. Trump y el retorno a la Doctrina Monroe. *Nodal,* 2018. Disponível em: https://www.nodal.am/2018/02/trump-retorno-la-doctrina--monroe-leandro-morgenfeld/. Acesso: jul. 2023.

MORGENFELD, L. Las elecciones en EE. UU. y la temida vuelta del trumpismo. *Primera Línea,* 2022a. Disponível em: https://primera-linea.com.ar/2022/10/22/elecciones-eeuu-vuelta-trump/. Acesso em: jul. 2023.

MORGENFELD, L. Cumbre de las Américas: fracaso y oportunidad. *Jacobin América Latina,* 2022b. Disponível em: https://jacobinlat.com/2022/06/cumbre-de--las-americas-fracaso-de-biden-y-oportunidad-para-nuestra-america/. Acesso em: jul. 2023.

MOSQUERA, M. Al borde del abismo: Bolsonaro y el retorno del fascismo. *Viento Sur,* 2018. Disponível em: https://viento-sur.info/bolsonaro-y-el-retorno-del--fascismo/ Acesso em: jul. 2023.

NACIF, F. Censo y litio en Bolivia. *El Cohete a la Luna,* 2022. Disponível em: https://www.elcohetealaluna.com/censo-y-litio-en-bolivia/. Acesso em: jul. 2023.

NATANSON, J. ¿Qué Lula es el que vuelve? *Le Monde Diplomatique,* 2022. Disponível em: https://www.eldiplo.org/279-vuelve/que-lula-es-el-que-vuelve_/. Acesso em: jul. 2023.

NORIEGA, C. "Porky", el Bolsonaro de Perú que disputa el segundo lugar. *Página/12,* 2021. Disponível em: https://www.pagina12.com.ar/332319-porky--el-bolsonaro-de-peru-que-disputa-el-segundo-lugar/. Acesso em: jul. 2023.

OPPENHEIME, A. ¿Se viene una «marea rosa» en la región? *La Nación,* 2022a. Disponível em: https://www.lanacion.com.ar/opinion/se-viene-una-marea-rosa--en-la-region-nid12012022/. Acesso em: jul. 2023.

OPPENHEIMER, A. Las 3 grandes oportunidades de América Latina. *El Nuevo Herald,* 2022b. Disponível em: https://www.elnuevoherald.com/opiniones/opin-col-blogs/andres-oppenheimer-es/article262863903.html. Acesso em: jul. 2023.

OPPENHEIMER, A. ¿Mirará EE. UU. a Latinoamérica? *La Nación,* 2023a. Disponível em: https://www.lanacion.com.ar/autor/andres-oppenheimer-63/. Acesso em: jul. 2023.

OPPENHEIMER, A. El plan de Biden para América Latina. *El Comercio,* 2023b. Disponível em: https://elcomercio.pe/opinion/estados-unidos-el-plan-de-joe--biden-para-america-latina-por-andres-oppenheimer-noticia/. Acesso em: jul. 2023.

OPRINARI, P. La "Cuarta transformación" de López Obrador y la izquierda socialista en México. *La Izquierda Diario,* 2022. Disponível em: https://www.laizquierdadiario.com/La-Cuarta-transformacion-de-Lopez-Obrador-y-la--izquierda-socialista-en-Mexico/. Acesso em: jul. 2023.

ORTIZ BETANCOURT, L. Las masas en julio. *La Tizza,* 2022. Disponível em: https://medium.com/la-tiza/las-masas-en-julio- 2902cc3af2d1/. Acesso em: jul. 2023.

OUVIÑA, H. El Estado y la reactivación del Ciclo de Impugnación al Neoliberalismo en América Latina (2019-2020). *In:* BAUTISTA, C.; DURAND,

REFERÉNCIAS

A.; OUVIÑA. H. (Ed.). *Estados alterados:* reconfiguraciones estatales, luchas políticas y crisis orgánica en tiempos de pandemia. Buenos Aires: Clacso, 2021.

PÁEZ, P. La soberanía monetaria vuelve a escena. *Página/12,* 2023. Disponível em: https://www.pagina12.com.ar/514022-la-soberania-monetaria-vuelve-a-escena/. Acesso em: jul. 2023.

PÁGINA/12. El sincericidio de Donald Trump sobre Venezuela: "Estaba a punto de colapsar, nos hubiéramos quedado con todo ese petróleo". *Página/12,* 2023. Disponível em: https://www.pagina12.com.ar/557326-el-sincericidio-de-donald-trump-sobre-venezuela-estaba-a-pun. Acesso em: dez. 2023.

PAGNI, C. De una cumbre anacrónica a un mamarracho judicial. *La Nación,* 2023. Disponível em: https://www.lanacion.com.ar/politica/del-anacronismo--al-mamarracho-nid25012023/. Acesso em: jul. 2023.

PALHETA, U. Nuestro tiempo no es inmune al cáncer fascista. *Rebelión,* 2018. Disponível em: https://rebelion.org/nuestro-tiempo-no-es-inmune-al-cancer--fascista/. Acesso em: jul. 2023.

PAZ RADA, E. Bolivia enfrenta cambios políticos trascendentales. *Nodal,* 2022. Disponível em: https://www.nodal.am/2022/11/bolivia-enfrenta-cambios--politicos-trascendentales-por-eduardo-paz-rada/. Acesso em: jul. 2023.

PAZ Y MIÑO CEPEDA, J. Renacen ideales latinoamericanistas. *Aporrea,* 2023. Disponível em: https://www.aporrea.org/internacionales/a319464.html. Acesso em: jul. 2023.

PEDRAZZOLI, M. Desigualdad creciente y tributación regresiva. *Página/12,* 2023. Disponível em: https://www.pagina12.com.ar/516231-desigualdad-creciente--y-tributacion-regresiva/. Acesso em: jul. 2023.

PÉREZ LLANA, C. La gran transformación geopolítica. *Clarín,* 2022. Disponível em: https://www.clarin.com/opinion/gran-transformacion-geopolitica_0_vFK-0F2T2A0.html. Acesso em: jul. 2023.

PETRAS, J. Brazil's Neoliberal Fascist Road to Power. *La Haine,* 2018. Disponível em: https://petras.lahaine.org/brazils-neo-liberal-fascist-road-to/. Acesso em: jul. 2023.

PETRAS, J. Peculiaridades del imperialismo estadounidense. *Instituto Argentino para el Desarrollo Económico,* 2019. Disponível em: https://www.iade.org.ar/noticias/peculiaridades-del-imperialismo-estadounidense-en-america-latina. Acesso em: jul. 2023.

PINZÓN SÁNCHEZ, A. Colombia es más importante para USA que Puerto Rico. *Rebelión,* 2021. Disponível em: https://rebelion.org/colombia-es-mas--importante-para-usa-que-puerto-rico/. Acesso em: jul. 2023.

POST, C. *The American Road to Capitalism:* Studies in Class-Structure, Economic Development and Political Conflict, 1620-1877. Boston: Brill, 2011.

POVSE, M. China y el "imperialismo bueno". *Reporte Asia,* 2022. Disponível em: https://reporteasia.com/opinion/2022/06/07/china-imperialismo-bueno/. Acesso: jul. 2023.

PUNTIGLIANO, A. Geopolítica de la integración, una perspectiva latinoamericana. *Tramas y Redes,* 1, p. 49-67, 2021. Disponível em: https://www.clacso.org/wp-content/uploads/2021/12/05-Articulos-individuales_Tramas-y-redes_N1.pdf/. Acesso em: dez. 2023.

REFERÊNCIAS

QUIAN, C.; VACA NARVAJA, C. China en la región: la Iniciativa de la Franja y la Ruta en América Latina. *Agencia Paco Urondo,* 2021. Disponível em: https://www.agenciapacourondo.com.ar/debates/china-en-la-region-la-iniciativa-de-la--franja-y-la-ruta-en-america-latina/. Acesso em: jul. 2023.

RAMONET, I. La nueva ultraderecha y la rebelión de las masas conspiranoicas. *Le Monde Diplomatique,* 2023. Disponível em: https://www.eldiplo.org/notas--web/la-nueva-ultraderecha-y-la-rebelion-de-las-masas-conspiranoicas/. Acesso em: jul. 2023.

REGALADO, R. Doble filo del bloqueo (I). *La Tizza,* 2021. Disponível em: https://medium.com/la-tiza/doble-filo-del-blo-queo-i-cc941c630d7e/. Acesso em: ago. 2023.

REGUEIRO BELLO, L. Centroamérica en la disputa geopolítica entre China y Estados Unidos. *Brazilian Journal of Latin American Studies*, p. 106-136, 19 (37), 2021.

REYES, F. Laura Richardson, la hipocresía imperialista y la sinceridad estratégica. *Resumen Latinoamericano,* 2023. Disponível em: https://www.resumenlatinoamericano.org/2023/01/29/nuestramerica-laura-richardson-la-hipocresia--imperialista-y-la-sinceridad-estrategica/. Acesso em: ago. 2023.

RILEY, D. ¿Qué es Trump? *New Left Review,* 2 (114), p. 7-114, 2018.

RINKE, S. *América Latina y Estados Unidos:* una historia entre espacios de la época colonial hasta hoy. Madrid: El Colegio de México; Marcial Pons, 2015.

RIVARA, L. Haití: ¿en la puerta de una nueva ocupación? *Página/12,* 2022a. Disponível em: https://www.pagina12.com.ar/483553-haiti-en-la-puerta-de-una--nueva-ocupacion/. Acesso em: ago. 2023.

RIVARA, L. El progresismo activo de Gustavo Petro. *Página/12,* 2022b. Disponível em: https://www.pagina12.com. ar/498891-el-progresismo-activo-de-gustavo--petro/. Acesso em: ago. 2023.

ROBERTS, M. Brasil: una montaña rusa económica y política. *Sin Permiso,* 2022. Disponível em: https://www.sinpermiso.info/textos/brasil-una-montana-rusa--economica-y-politica/. Acesso em: ago. 2023.

RODRÍGUEZ, J. Evolución de la economía mundial y su impacto en Cuba. *Observatorio Económico Latinoamericano,* 2021. Disponível em: https://obela.org/system/files/CIEM%20Resumen%20sobre%20la%20evoluci%202021)%20%20%20AGOSTO%202021.pdf/. Acesso em: ago. 2023.

RODRÍGUEZ GELFENSTEIN, S. El engaño del progresismo. *Canal Abierto,* 2022a. Disponível em: https://canalabierto.com. ar/2022/01/24/el-engano--del-progresismo/. Acesso em: ago. 2023.

RODRÍGUEZ GELFENSTEIN, S. Perú: todo está en la historia. *Dejámelo Pensar,* 2022b. Disponível em: https://dejamelopensar.com.ar/2022/12/15/peru-todo--esta-en-la-historia/. Acesso em: ago. 2023.

RODRÍGUEZ GELFENSTEIN, S. La creciente presencia militar de la OTAN en América Latina y el Caribe (I). *Diario U Chile,* 2023. Disponível em: https://radio.uchile.cl/2023/02/24/la-creciente-presencia-militar-de-la-otan-en-america-latina-y-el-caribe-i/. Acesso em: ago. 2023.

Referências

ROITMAN ROSENMANN, M. Boric, la farsa del progresismo. *La Jornada,* 2023. Disponível em: https://www.jornada.com.mx/2023/08/09/opinion/016a1pol/. Acesso em: ago. 2023.

ROSSO, F. El FMI y la larga sombra de la pandemia. *La Izquierda Diario,* 2021. Disponível em: https://www.laizquierdadiario.com/El-FMI-y-la-larga-sombra--de-la-pandemia/. Acesso em: ago. 2023.

RUIZ, P. Bases y presencia militar de EE. UU. en Perú. *Rebelión,* 2023. Disponível em: https://rebelion.org/bases-y-presencia-militar-de-ee-uu-en-peru/. Acesso em: ago. 2023.

SABINI FERNÁNDEZ, L. Uruguay, su abundancia de agua es su escasez. *Rebelión*, 2023. Disponível em: https://rebelion.org/uruguay-su-abundancia-de-agua--es-su-escasez/. Acesso em: ago. 2024.

SÁENZ, R. Cuba, un debate estratégico en la izquierda. *Izquierda Web,* 2021. Disponível em: https://izquierdaweb.com/cuba-un-debate-estrategico-en-la--izquierda/. Acesso em: ago. 2023.

SALDIVIA NAJUL, F. Tony Boza, ¿tú estás proponiendo indexar los salarios sin derogar el Memorando 2792 de Eduardo Piñate? *Aporrea,* 2021. Disponível em: https://www.aporrea.org/actualidad/a305249.html/. Acesso em: ago. 2023.

SAMPAIO JÚNIOR, P. El golpe, Lula y Alckmin. *Resumen Latinoamericano,* 2022. Disponível em: https://www.resumenlatinoamericano.org/2022/02/06/brasil--el-golpe-lula-y-alckmin/. Acesso em: ago. 2023.

SÁNCHEZ RODRÍGUEZ, J. Avances y retrocesos, radicalización y cordón sanitario. *Rebelión,* 2020. Disponível em: https://rebelion.org/extrema-derecha--europea-avances-y-retrocesos-radicalizacion-y-cordon-sanitario/. Acesso em: ago. 2023.

SCHAMIS, H. Diez años de la Alianza del Pacífico. *Infobae,* 2021. Disponível em: https://www.infobae.com/america/opinion/2021/05/01/diez-anos-de-la--alianza-del-pacifico/. Acesso em: ago. 2023.

SELFA, L. EE. UU.: las elecciones de medio mandato y algunas de sus consecuencias. *Sin Permiso,* 2022. Disponível em: https://www.sinpermiso.info/textos/eeuu-las-elecciones-de-medio-mandato-y-algunas-de-sus-consecuencias--dossier/. Acesso em: ago. 2023.

SERAFINO, W. Otra mirada sobre lo que ocurrió en Brasil. *Resumen Latinoamericano,* 2023. Disponível em: https://www.resumenlatinoamericano.org/2023/01/14/pensamiento-critico-otra-mirada-sobre-lo-que-ocurrio-en--brasil/. Acesso em: ago. 2023.

SERBIN, A. El Indo-Pacífico y América Latina en el marco de la disputa geoestratégica entre Estados Unidos y China. *Fundación Carolina,* 2021. Disponível em: https://www.fundacioncarolina.es/wp-content/uploads/2021/04/DT_FC_45.pdf. Acesso em: ago. 2023.

SERRANO, P. Redes y medios, el paraíso de los conspiranoicos. *elDiario.es,* 2020. Disponível em: https://www.eldiario.es/opinion/zona-critica/redes-medios--paraiso-conspiranoicos_129_6515723.html/. Acesso em: ago. 2023.

SERRANO MANCILLA, A. Latinoamérica: anatomía de la segunda ola de gobiernos progresistas. *Página/12,* 2022. Disponível em: https://www.pagina12.com.ar/480995-latinoamerica-anatomia-de-la-segunda-ola/. Acesso em: ago. 2023.

REFERÊNCIAS

SOLER, R. *Idea y cuestión nacional latinoamericanas:* de la independencia a la emergencia del imperialismo. Ciudad de México: Siglo XXI, 1980.

SORANS, M. ¿Por qué protesta el pueblo cubano? *UIT-CI,* 2021. Disponível em: https://uit-ci.org/index.php/2021/07/21/por-que-protesta-el-pueblo-cubano/. Acesso em: ago. 2023.

STANDING, G. El advenimiento del precariado. *Sin Permiso,* 2017. Disponível em: https://www.sinpermiso.info/textos/el-advenimiento-del-precariado-entrevista/. Acesso em: ago. 2023.

STEDILE, M.; PAGOTTO, R. Los fascistas "dispararon a sus pies" y provocaron muchas contradicciones con la sociedad brasileña. *Telesur,* 2023. Disponível em: https://www.telesurtv.net/opinion/Los-fascistas-dispararon-a-sus-pies-y-provocaron-muchas-contradicciones-con-la-sociedad-brasilena-20230109-0022.html/. Acesso em: ago. 2023.

STEFANONI P. Aire fresco para el progresismo latinoamericano. *Nueva Sociedad,* 2021. Disponível em: https://nuso.org/articulo/Boric-chile-elecciones/ Acesso em: ago. 2023.

STEFANONI, P. En Venezuela, "Todo está muy bien". *Fundación Carolina,* 2022. Disponível em: https://www.fundacioncarolina.es/wp-content/uploads/2022/10/AC-17.-2022.pdf/. Acesso em: ago. 2023.

SUAZO, J. RD-CAFTA y Agenda Complementaria. *Rebelión,* 2023. Disponível em: https://rebelion.org/rd-cafta-y-agenda-complementaria/. Acesso em: dez. 2023.

SUTHERLAND, M. ¿Por qué Maduro está firmemente en la silla presidencial? *Sin Permiso,* 2022. Disponível em: https://www. sinpermiso.info/textos/venezuela--por-que-maduro-esta-firmemente-en-la-silla-presidencial/. Acesso em: ago. 2023.

SUTHERLAND, M. Maduro ya asumió que es CAP II. *Punto de Corte,* 2023. Disponível em: https://puntodecorte.org/manuel-sutherland-maduro-ya-asumio--que-es-cap-ii/. Acesso em: ago. 2023.

SZALKOWICZ, G. Chile: cuatro razones del contra-estallido electoral. *Página/12,* 2022a. Disponível em: https://www.pagina12.com.ar/479788-chile-cuatro--razones-del-contra-estallido-electoral/. Acesso em: ago. 2023.

SZALKOWICZ, G. Elecciones en Colombia: sorpresas, sinsabores y el optimismo de la voluntad. *Tiempo Argentino,* 2022b. Disponível em: https://www.tiempo-ar.com.ar/mundo/elecciones-en-colombia-sorpresas-sinsabores-y-el-optimismo--de-la-voluntad/. Acesso em: ago. 2023.

SZALKOWICZ, G. Celac: mucho ruido, pocas nueces y una foto del nuevo tiempo en la región. *Tiempo Argentino,* 2023. Disponível em: https://www.tiempoar.com.ar/mundo/celac-mucho-ruido-pocas-nueces-y-una-foto-del-nuevo-tiempo--en-la-region/. Acesso em: ago. 2023.

THERBORN, G. Entre sexo y poder: Göran Therborn sobre familia y capitalismo. (C. Murrillo, Entrevistador). 2018. Disponível em: https://www.laizquierdadiario.com/Entre-sexo-y-poder-Goran-Therborn-sobre-familia-y-capitalismo/. Acesso em: set. 2023.

TITELMAN, N. ¿Adónde fue a parar el apoyo al proceso constituyente chileno? *Nueva Mayoría,* 2022. Disponível em: https://nuso.org/articulo/Chile-plebiscito-constitucion/ Acesso em: ago. 2023.

REFERÊNCIAS

TOOZE, A. La segunda muerte del plan para "construir un Estados Unidos mejor". *Ctxt,* 2022. Disponível em: https://ctxt.es/es/20220801/Politica/40554/adam--tooze-eeuu-cambio-climatico-administracion-biden-impuestos-trump-build--back-better.htm. Acesso em: ago. 2023.

TRAVERSO, E. Islamofobia, el nuevo racismo occidental. *Marxismo Crítico,* 2016a. Disponível em: https://marxismocritico.com/2016/10/03/islamofobia-el-nuevo--racismo-occidental/. Acesso em: ago. 2023.

TRAVERSO, E. Espectros del fascismo. Pensar las derechas radicales en el siglo XXI. *Herramienta. Revista de debate y crítica marxista,* 2016b. Disponível em: https://www.herramienta.com. ar/?id=2555/. Acesso em: ago. 2023.

TRAVERSO, E. Interpretar la era de la violencia global. *Nueva Sociedad,* 2019. Disponível em: https://nuso.org/articulo/interpretar-la-era-de-la-violencia-global/. Acesso em: ago. 2023.

TUESTA SOLDEVILLA, F. Entrevista a Fernando Tuesta Soldevilla, sociólogo y politólogo. (R. C. Tantas, Entrevistador), 2022.

URBANO, S. Neocolonialismo chino en América Latina. Una evaluación de inteligencia. *Revista Fuerza Aérea -EUA,* p. 3-21, 2021.

VALDÉS PAZ, J. Lo que nos queda es la política social de la Revolución. *La Tizza,* 2022a. Disponível em: https://medium.com/la-tiza/lo-que-nos-queda-es-la--pol%C3%ADtica-social-de-la-re- voluci%C3%B3n-9612fd607d5f/. Acesso em: ago. 2023.

VALDÉS PAZ, J. La política tiene horror al vacío. *La Tizza,* 2022b. Disponível em: https://medium.com/la-tiza/la-pol%C3%ADtica-tiene-horror-al--vac%C3%ADo-448746d452aa/. Acesso em: ago. 2023.

VAROUFAKIS, Y. ¿Por qué construir un Nuevo Movimiento de Países No Alineados para luchar por un Nuevo Orden Económico Internacional socialista, democrático y liberador? Porque debemos hacerlo. *Sin Permiso,* 2023. Disponível em: https://www.sinpermiso.info/textos/por-que-construir-un-nuevo--movimiento-de-paises-no-alineados-para-luchar-por- un-nuevo-orden/. Acesso em: ago. 2023.

VEIGA, G. ¿La campaña 2.0 por el 11 de julio llegará a las calles de Cuba? *Página/12,* 2022a. Disponível em: https://www.pagina12.com.ar/435986-la-campana-2-0-por-el-11-de-julio-llega-ra-a-las-calles-de-cu/. Acesso em: ago. 2023.

VEIGA, G. Estados Unidos: la lista Engel para disciplinar a América Central. *Página/12,* 2022b. Disponível em: https://www. pagina12.com.ar/417331-estados--unidos-la-lista-engel-para-disciplinar-a-america-cen/. Acesso em: ago. 2023.

VERZI RANGEL, A. Biden atemorizó a sus pares de América Latina con una eventual guerra atómica. *Rebelión,* 2022. Disponível em: https://rebelion.org/biden--atemorizo-a-sus-pares-de-america-latina-con-una-eventual-guerra-atomica/. Acesso em: jul. 2023.

VILLALOBOS, A. La política económica de Lula estará muy condicionada por sus compromisos con el establishment. *Tiempo Argentino,* 2022. Disponível em: https://www.tiempoar.com.ar/economia/la-politica-economica-de-lula--estara-muy-condicionada-por-sus-compromisos-con-el-establishment/. Acesso em: ago. 2023.

VITALE, L. *Introducción a una teoría de la historia para América Latina.* Buenos Aires: Planeta, 1992a.

REFERÊNCIAS

VITALE, L. Modos de producción y formaciones sociales en América Latina. *Archivo Chile*, 1992b. Disponível em: https:// www.archivochile.com/Ideas_Autores/vitalel/2lvc/02lvchist- socal0008.PDF. Acesso em: ago. 2023.

ZAPATA, V. Aniversario del Movimiento al Socialismo en Bolivia en plena crisis política. *Indymedia Argentina,* 2022. Disponível em: https://argentina.indymedia.org/2022/04/04/aniversario-del-movimiento-al-socialismo-en-bolivia--en-plena-crisis-politica/. Acesso em: ago. 2023.

ZELADA, C. Una nueva correlación de fuerzas contra Dina. *Rebelión,* 2023. Disponível em: https://rebelion.org/una-nueva-correlacion-de-fuerzas-contra-dina/. Acesso em: ago. 2023.

LISTA DE SIGLAS E ABREVIAÇÕES

ACU – União Conservadora Americana (Estados Unidos)

AFP – Administradoras de Fundos de Pensões (Chile)

AFJP – Administradora de Fundos de Aposentadorias e Pensões (Argentina)

Aiib – Banco Asiático de Investimento em Infraestrutura

Alba – Aliança Bolivariana para os Povos de Nossa América

ALC – acordo de livre-comércio

Alca – Área de Livre-Comércio das Américas

AMI – Acordo Multilateral de Investimento

AP – Aliança do Pacífico

Apep – Aliança para a Prosperidade Econômica das Américas

Asean – Associação das Nações do Sudeste Asiático

BID – Banco Interamericano de Desenvolvimento

BNDES – Banco Nacional de Desenvolvimento Econômico e Social (Brasil)

Brics – Bloco informal integrado por Brasil, Rússia, Índia, China, África do Sul, Arábia Saudita, Egito, Emirados Árabes Unidos, Etiópia e Irã

Cafta-DR – Tratado de Livre-Comércio entre Estados Unidos, América Central e República Dominicana

Celac – Comunidade dos Estados Latino-Americanos e Caribenhos

CIA – Agência Central de Inteligência (Estados Unidos)

Comcipo – Comitê Cívico Potosinista (Bolívia)

LISTA DE SIGLAS E ABREVIAÇÕES

Conaie – Confederação das Nacionalidades Indígenas do Equador

CPAC – Conferência Política de Ação Conservadora (Estados Unidos)

CPTPP – Acordo Abrangente e Progressivo para a Parceria Transpacífica

DEA – Administração de Controle de Drogas (Estados Unidos)

ECT – Empresa Brasileira de Correios e Telégrafos

ELN – Exército de Libertação Nacional (Colômbia)

FBI – Escritório Federal de Investigação (Estados Unidos)

FMI – Fundo Monetário Internacional

FIT – Frente de Esquerda e de Trabalhadores (Argentina)

FIT-U – Frente de Esquerda e de Trabalhadores – Unidade (Argentina)

FMLN – Frente Farabundo Martí de Libertação Nacional (El Salvador)

G7 – Grupo dos Sete

G-Rio – Grupo do Rio

Icsid – Centro Internacional para Resolução de Disputas sobre Investimentos

Iirsa – Iniciativa para a Integração da Infraestrutura Regional na América do Sul

Ipef – Marco Econômico do Indo-Pacífico

JP – Juventude Peronista (Argentina)

MAS – Movimento ao Socialismo (Bolívia)

Mercosul – Mercado Comum do Sul

Minustah – Missão das Nações Unidas para a Estabilização no Haiti

Morena – Movimento Regeneração Nacional (México)

Nafta – Acordo Norte-Americano de Livre-Comércio

Otan – Organização do Tratado do Atlântico Norte

OEA – Organização dos Estados Americanos

ONG – organização não governamental

ONU – Organização das Nações Unidas

PAN – Partido Ação Nacional (México)

Pasfta – Acordo de Livre-Comércio entre a Aliança do Pacífico e Singapura

PBF – Programa Bolsa Família (Brasil)

PCCh – Partido Comunista Chinês

LISTA DE SIGLAS E ABREVIAÇÕES

PCV – Partido Comunista da Venezuela

PDVSA – Petróleos de Venezuela S.A.

PIB – produto interno bruto

PP – Partido Popular (Espanha)

PRD – Partido da Revolução Democrática (México)

PRI – Partido Revolucionário Institucional (México)

Prosur – Fórum para o Progresso e Integração da América do Sul

PSDB – Partido da Social Democracia Brasileira

Psol – Partido Socialismo e Liberdade (Brasil)

PSUV –Partido Socialista Unido da Venezuela

PT – Partido dos Trabalhadores (Brasil)

Quad – Diálogo Quadrilateral de Segurança

RCEP – Parceria Econômica Regional Abrangente

T-MEC – Tratado entre México, Estados Unidos e Canadá

Tiar – Tratado Interamericano de Assistência Recíproca

TLC – tratado de livre-comércio

TPP – Parceria Transpacífica

TPP-11 – Acordo de Cooperação Econômica Transpacífico

UCR – União Cívica Radical (Argentina)

Unasul – União de Nações Sul-Americanas

UP – Unidade Popular (Chile)

URSS – União das Repúblicas Socialistas Soviéticas

Usaid – Agência dos Estados Unidos para o Desenvolvimento Internacional

YPF – Yacimientos Petrolíferos Fiscales (Argentina)

ZEE – Zonas Econômicas Especiais (Venezuela)

Este livro foi composto em fonte Adobe Garamond Pro e impresso em papel polen bold 70g, no miolo, e ningbo 250g, na capa pela gráfica Printi para a Expressão Popular em setembro de 2024, há 51 anos do golpe no Chile em 1973 que depôs o governo socialista da Unidade Popular e iniciou a primeira experiência neoliberal no nosso continente.